産業・組織心理学講座
第 4 巻

PSYCHOLOGY FOR BETTER WORK
SAFE AND EFFICIENT WORK AND OCCUPATIONAL HEALTH

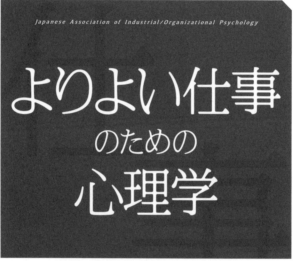

産業・組織心理学会
[企画]

芳賀 繁
[編]

北大路書房

産業・組織心理学会設立 35 周年記念講座
刊行の言葉

　本学会は 2019（令和元）年に設立 35 周年を迎えた。1986（昭和 61）年 11 月 15 日の設立大会以来これまで，節目ごとに学会のあり方を明確化し，学会の役割として学会の知見を集約し，世に広く還元することを試みてきた。すなわち，設立 10 周年には『産業・組織心理学研究の動向　産業・組織心理学会 10 年の歩み』（1994 年 学文社）として学会のあり方行く末を模索し，設立 25 周年には『産業・組織心理学ハンドブック』（2009 年 丸善）として本学会の知見を集約し，世に広く還元する試みを行った。

　今ここに設立 35 周年を迎え，産業・組織心理学を取り巻く心理学界の情勢をみるに，さかのぼること 2015（平成 27）年 9 月，心理学領域における初の国家資格として公認心理師が法制化されたことをあげることができよう。大学における公認心理師養成カリキュラムにおいて，産業・組織心理学は必須科目（実践心理学科目）と位置づけられたのである。これを受けて，本学会は産業・組織心理学を標榜するわが国における唯一の学会として，日本心理学会の求めに応じ，公認心理師大学カリキュラム標準シラバス（2018 年 8 月 22 日版）を提案した（日本心理学会ホームページを参照）。

　このように産業・組織心理学の位置づけが注目される昨今の情勢にかんがみ，設立 35 周年においては，産業・組織心理学のこれまでの知見を集約し，初学者（公認心理師資格取得希望者含む）から若手研究者，実務家のよりどころとなることを目的として，基礎（第 1 巻）から応用（第 2 巻〜第 5 巻）までを網羅した本講座を刊行した。本講座が産業・組織心理学会の現時点における到達点を示し，今後を展望することができれば望外の喜びである。

　2019（令和元）年 9 月

　　　　　　　　　　　　　　　　　　編者を代表して　　金井篤子

—— 産業・組織心理学会設立 35 周年記念講座 ——
編集委員一覧

■ 企画
産業・組織心理学会

■ 編集委員長
金井篤子　名古屋大学大学院教育発達科学研究科教授

■ 編集委員
細田　聡　　関東学院大学社会学部現代社会学科教授
岡田昌毅　　筑波大学大学院人間総合科学研究科教授
申　紅仙　　常磐大学人間科学部心理学科教授
小野公一　　亜細亜大学経営学部経営学科教授
角山　剛　　東京未来大学学長・モチベーション行動科学部教授
芳賀　繁　　株式会社社会安全研究所技術顧問，立教大学名誉教授
永野光朗　　京都橘大学健康科学部心理学科教授

■ 各巻編集担当
第 1 巻：金井篤子
第 2 巻：小野公一
第 3 巻：角山　剛
第 4 巻：芳賀　繁
第 5 巻：永野光朗

はじめに

　本書は産業・組織心理学会設立35周年を記念して編まれた講座（全5巻）の第4巻であり，産業・組織心理学の4つの領域，すなわち組織行動，人事，作業，および消費者行動の中の「作業」に関するものである。この部門について，35年前に書かれた設立の趣旨には「心と行動の総合体として作業を遂行することのできる条件を探究する」と書かれている。

　どのように作業を遂行するのかは明記されてはいないが，「心と行動の総合体」である人間が，「安全，快適，かつ効率的に」作業を遂行することのできる条件を探究するのが作業部門の使命である。

　「作業」は英語でwork。「仕事」とも訳せる言葉である。作業というと工場や建設現場の労働をイメージするかもしれないが，もちろん，われわれはずっと広い範囲の作業を対象にしている。

　つまり，この領域で研究対象とするのは，仕事を安全，快適，効率的に遂行するための条件である。逆に，安全性，快適性，効率性を阻害する条件や要因も研究する。特に，安全性（作業者自身だけでなく，利用者や近隣住民や生産システムの安全も含む）を阻害する人的要因の研究は，産業・組織心理学の最重要テーマの一つである。

　本書は仕事と人間の関係について，産業・組織心理学で研究されているさまざまな側面について，それぞれの第一人者が，研究および実践活動の歴史，背景，最近の動向までをまとめたものである。

　人が仕事に就くとき，まずは仕事を覚えなければならない。第1章の「技能の習熟と伝承」では，仕事を遂行するための技能（あるいは「わざ」）の習得と習熟，伝承について研究をレビューしたあと，ある特定の仕事に必要な技能や知識が何かを同定する職務分析，作業内容や作業方法を分析する作業研究，個人の技能を集団で獲得する組織学習，組織による職業訓練・能力開発へと論を進める。

　第2章「人間工学」は仕事を効率的かつ安全に進めることを目標にした作

iii

業改善の手法，作業環境，作業姿勢，機器や道具のデザインについて解説する。機器のデザインに関する人間工学は，仕事上の作業に用いる機器だけでなく，われわれの生活に深く入り込んでいるさまざまな人工物（自動車，スマートフォン，家電製品，券売機，ウェブサイトなど）にも適用可能な原則や知見を含んでいる。

　第3章「職場環境」は，作業環境の中でもとりわけ働く人の健康に有害な物理的・化学的環境要因である化学物質，粉じん，暑熱，騒音，照明について，法的規制や行政の指針を含めて解説する。腰痛等に影響を及ぼす作業場のレイアウトや道具の環境についても言及する。

　仕事には大なり小なり身体的・精神的負担が伴い，それが大きすぎると安全や健康に悪影響を及ぼす可能性がある。第4章「産業疲労」では，作業の負担，そこから生じる疲労の概念や測定法，過労，睡眠，眠気，生体リズム，夜勤，交代勤務へと議論を進める。

　第5章「職場のメンタルヘルス」は，仕事の負担によって損なわれる精神的健康（メンタルヘルス）の問題を扱う。メンタルヘルスの不調は自殺へとつながることもあり，大きな社会問題となっている。本章では，働く人の心の健康保持・増進に関するさまざまな法令や指針も解説する。産業臨床の現場では従来から臨床心理士が活躍しているが，2015年に改正された労働安全衛生法によって義務化されたストレスチェックは，公認心理師の重要な業務の一つとなるだろう。

　仕事を遂行する際に決して起こしてはならないのが事故と労働災害である。

　第6章「ヒューマンエラーと不安全行動」では，労働災害や事故の主要な人的要因であるヒューマンエラー，違反，リスクテイキング行動について，発生メカニズム，心理的要因，個人差などを理論的，実証的に解説するとともに，実践的なアプローチにも言及する。

　第7章「労働安全衛生」では，1950年代以降の労働安全衛生活動とそれに関連する研究の歴史を振り返ったうえで，現在の日本で起きている大きな労働環境の変化として，ダイバーシティ，働き方改革，少子高齢化，女性活躍推進などに注目し，それらがもたらす安全上のリスクと，今後の安全研究のあり方を提案する。

そして，最後の第8章において，安全を維持し，高める組織的取り組みである「安全マネジメント」について，概念，アプローチ，理論モデルの変遷をたどりながら，今後の研究課題を展望する。

以上，本書を構成する各章は，産業・組織心理学の「作業」領域をほぼ網羅するものであり，読み通すことによってこの領域の全体像を掴むことができる。また，各章は別々の著者により完結した形に書き下ろされているので，興味のある章だけを読んでも，研究や実践に必要な知識を十分に得ることができるだろう。

なお，初学者の皆さんには，本シリーズの第1巻『産業・組織心理学を学ぶ』を先に読むことをお薦めする。

第4巻編者　芳賀　繁

第 4 巻の発刊に寄せて

産業・組織心理学と私

　産業・組織心理学会の初代会長は豊原恒男先生である。先生は心理学の理論や活動を産業現場に活かし，事故防止，安全対策に熱心に取り組んでおられた。先生に師事した時，"君も安全の研究をやりなさい，そして本を書き，人々を啓蒙するよう"と示唆された。先生とご一緒に多くの現場で調査・研究・研修を行った。先生との共著『安全管理の心理学』（誠信書房 1965 年）が第 1 冊目の本である。その後，単著で『産業心理入門』『職場の事故防止』『安全心理』『安全のための心理学』『環境心理入門』『安全心理学』『産業・組織心理学』『増補新版 人間工学』『ヒューマン・エラー』『五感の体操』『危険と安全の心理学』等を上梓させて頂いた。現在，安心・安全，ヒューマン・エラーの事柄は社会的関心事となっているが，この領域は奥が深く，未解明のことが多い。

　産業・組織心理学会の中で，会員の所属する部門で人数や研究発表数が多いのは，「組織行動」と「人事」であり，「消費者行動」や「作業」の会員数は少ない。特にこの傾向が顕著なのは若い世代に強いようである。人数の少ない 2 部門へ若い研究者に来て頂きたいと願うのは筆者だけであろうか？

　閑話休題，近年のマスコミをにぎわせている話題に，落下物の件がある。「米軍ヘリの窓小学校落下，石はね男児けが」「飛行機の部品落下」等の記事が多い。落下物による被災事故だけでなく，落下人による事故も起こっている。通行中の歩行者が飛び降り自殺者に直撃されたり，ビルの屋上から清掃作業中の人が誤って落下し，その巻き添えで死亡するといった事故がそれである。この種の事故事例を見聞すると，なぜ被災者は逃げられなかったのであろうと考える人が多い。気配や物音で危険が迫ってくるのがわかりそうなものだと思う。

　約 40 年前，われわれは 10 年近くかけ，「落下物に対する退避行動」の実験的研究を継続的に行ったことがある。その結果，上方からの飛来物に対して人間は無力であることがわかった。

　建設業や鉄鋼業の現場では，落下物による被災事故が多く，その対策に苦慮されている。作業環境の人間工学的配慮や対策を実施することは，当然のことである。チームで作業を行い，監督者や監視者が付いている状況で，危険が迫っている時，"危ない！"とか"逃げろ！"等の呼称は得策と言えない。一番効果的な方法は，"走れ！"と呼称することである。

立教大学名誉教授　正田　亘

目　次

産業・組織心理学会設立35周年記念講座　刊行の言葉　*i*

編集委員一覧　*ii*

はじめに　*iii*

第4巻の発刊に寄せて「産業・組織心理学と私」　*vi*

第1章　技能の習熟伝承
仕事に必要なわざの分析と訓練 …………………………………………… 1

第1節　技能獲得　*1*

　　1. 技能とは

　　2. 熟練技能

　　3. 技能の熟達化

　　4. 暗黙知と技能

第2節　技能伝承　*6*

　　1. 状況論的アプローチ

　　2.「わざ」の研究

第3節　技能の分析　*11*

　　1. 職務分析

　　2. 作業研究

　　3. タスク分析

第4節　技能の組織学習　*20*

　　1. 組織学習

　　2. 組織における技能

第5節　技能の育成　*24*

　　1. 職業能力開発

　　2. 職業能力開発のタイプ

vii

第2章　人間工学
作業と環境と機器をデザインする　………………………………… 29

第1節　人間工学の歴史と定義　*29*
 1.　人間工学の歴史
 2.　人間工学の定義
第2節　作業改善　*31*
第3節　作業環境　*34*
 1.　視環境
 2.　音環境
 3.　温熱環境
第4節　作業姿勢　*40*
 1.　椅座位姿勢
 2.　立位姿勢
 3.　負担
第5節　ヒューマン・マシン・インタフェース　*45*
 1.　視覚表示
 2.　聴覚表示
第6節　デザイン　*47*
 1.　人体計測
 2.　操作具
 3.　作業空間（作業域）
 4.　バリアフリーとユニバーサルデザイン
第7節　ユーザビリティ　*52*
第8節　ユーザエクスペリエンス　*54*

第3章　職場環境
働く人々を有害要因から守る　………………………………… 55

第1節　職場の環境条件の重要性　*55*
 1.　安全・健康・快適性に影響する職場の物理的・化学的環境条件
 2.　物理的・化学的な危険源が関わる労働災害
 3.　危険な環境で働く人々
 4.　疾病予防のための職場環境管理の重要性

5．本章の目的

第2節　職場環境の物理的・化学的危険要因と心理学　*58*

　　　1．職場環境の危険要因

　　　2．有害な物質とエネルギーの概要

　　　3．労働時間と有害要因

　　　4．有害物等による事故に介在するヒューマンファクター

　　　5．オフィスやサービス業の職場の快適性と安全性

第3節　事業者・管理者に求められる職場環境の管理　*61*

　　　1．労働安全衛生法および関連する規制・指針

　　　2．有害物対策の実効性と継続性

第4節　職場で扱われる危険な物質　*66*

　　　1．化学物質と粉じん

　　　2．酸素欠乏

　　　3．オフィスの空気環境

　　　4．喫煙

　　　5．化学物質・粉じんの障害予防に関する産業・組織心理学的課題

第5節　物理的有害要因　*72*

　　　1．熱中症

　　　2．騒音

　　　3．振動

　　　4．物理学的有害要因に関する心理学的課題

第6節　人間工学的条件と健康　*77*

　　　1．照明

　　　2．道具・レイアウト環境と健康

　　　3．道具・レイアウト環境に関する心理学的課題

第7節　職場環境に起因する身体的疾病の予防に関する心理学の課題　*82*

第4章　産業疲労
働く人の疲労，過労，眠気について ……………………………… 85

第1節　負担と疲労　*85*

　　　1．社会的価値としてのリスク

　　　2．産業疲労研究

　　　3．疲労の本態

4. 負荷−負担モデルから負荷−負担−休息−疲労モデルへ

　　5. 産業疲労研究と過労死

第2節　睡　眠　*91*

　　1. 睡眠時間

　　2. 睡眠構築

　　3. 睡眠経過図

　　4. 入眠の二過程モデル

　　5. 覚醒度の三過程モデル

　　6. 眠気と疲労

　　7. 徐波睡眠（N3）の疲労回復

　　8. レム睡眠のストレス解消

第3節　生体リズム　*102*

　　1. サーカディアンリズム

　　2. サーカセミディアンリズム

　　3. ウルトラディアンリズム

　　4. 生体リズムの個人差

第4節　夜勤・交代勤務　*106*

　　1. 夜勤・交代勤務とは

　　2. 夜勤・交代勤務がとられる理由と職種

　　3. 夜勤・交代勤務のリスク

　　4. 夜勤・交代勤務対策

第5章　職場のメンタルヘルス
働く人の心の健康を守る ……………………………………… 115

第1節　ストレスとメンタルヘルスに関する理論　*115*

　　1. ホメオスタシスと闘争−逃走反応

　　2. 全身適応症候群

　　3. 心理学的ストレスモデル

　　4. ライフイベント

第2節　労働安全衛生法と労働災害　*120*

第3節　過労死・過労自殺の防止　*121*

第4節　労働衛生の3管理・5管理　*123*

　　1. 作業環境管理

x

目　次

　　　2. 作業管理

　　　3. 健康管理

　　　4. 労働衛生教育

　　　5. 総括管理

第5節　安全配慮義務　*125*

第6節　精神障害の労災認定　*126*

第7節　労働者の心の健康の保持増進のための指針　*131*

　　　1. 心の健康づくり計画の策定

　　　2. セルフケア

　　　3. ラインによるケア

　　　4. 事業場内産業保健スタッフ等によるケア

　　　5. 事業場外資源によるケア

第8節　ストレスチェック　*137*

　　　1. ストレスチェックで把握される要素

　　　2. ストレスチェックの実施手順

　　　3. 個人へのフィードバック

　　　4. 集団へのフィードバック

　　　5. 職場環境改善

第6章　ヒューマンエラーと不安全行動
事故につながるエラーと違反 ……………………………………… 149

第1節　現代社会における事故とヒューマンエラー・不安全行動　*149*

　　　1. 【事例1】焼津上空ニアミス

　　　2. 【事例2】新幹線重大インシデント

第2節　ヒューマンエラーとは　*153*

　　　1. ヒューマンエラーの定義

　　　2. ヒューマンエラーの発生メカニズム

第3節　不安全行動とは　*157*

第4節　リスク・リスク認知にかかる人間特性　*158*

　　　1. リスクとは

　　　2. リスクにかかる諸問題

　　　3. リスクのイメージ

　　　4. 専門家と一般市民のリスク認知のズレ

xi

5. リスクコミュニケーション
　　6. リスク認知のバイアス
第5節　リスクテイキングにかかる人間特性　*163*
　　1. リスク受容
　　2. リスク敢行傾向の個人差と一貫性
　　3. リスクテイキングのプロセス
　　4. リスク補償とリスクホメオスタシス
第6節　体験型安全教育の紹介　*167*
　　1. エラー体験プログラムの概要
　　2. 調査の方法と手続き
　　3. 結果
第7節　ヒューマンエラー・不安全行動の位置づけ：結果であり，原因ではない　*171*

第7章　労働安全衛生
　　実践と研究の歴史と展望 ……………………………………………… 175

第1節　はじめに：労働災害とは　*175*
第2節　労働安全衛生活動の歴史と安全研究動向　*177*
　　1.【1950〜1970年代前半】労働安全衛生活動が充実した時代
　　2.【1970年代後半〜1980年代前半】安全衛生活動強化の時代
　　3.【1980年代後半〜2010年代】職場環境とメンタルヘルスおよび新しい取り組み
　　　　の時代
　　4.【2020年代〜】労働安全衛生研究の今後：ダイバーシティ・働き方改革（長時
　　　　間労働，メンタルヘルス，ワーク・ライフバランス）
第3節　わが国における労働人口の減少と取り巻く環境の変化　*188*
　　1. 少子高齢化と労働人口
　　2. ダイバーシティ
第4節　労働災害現況　*193*
　　1. 労働災害の原因と第三次産業
　　2. 年代別問題
　　3. 雇用形態：非正規雇用と事故リスク
　　4. 女性活躍推進とメンタル面でのリスクについて
　　5. 外国人労働者
第5節　今後の展望：労災リスクを見据えた留意点と整備すべき環境　*201*

1. 安全衛生が扱う領域の広がり
2. 多様な働き方を考慮した研究と配慮
3. ビッグデータとAI/ディープラーニング，新しい生理計測による安全研究
4. 今後の産官学での安全研究の在り方

第8章　安全マネジメント
安全を高める組織的取り組み ……………………………………… 207

第1節　安全マネジメントの変遷　*207*
  1.「技術」のフェーズ
  2.「ヒューマンエラー」のフェーズ
  3.「社会－技術」のフェーズ
  4.「組織間関係」のフェーズ
  5. 安全マネジメントシステムの導入
第2節　安全マネジメントの諸概念　*213*
  1. システムズ・アプローチ
  2. 安全文化
  3. 高信頼性組織
  4. レジリエンス・エンジニアリング

文　献　*233*
索　引　*253*

xiii

第1章

技能の習熟と伝承
仕事に必要なわざの分析と訓練

■ 第1節 ■

技能獲得

　資源の乏しい日本が，世界各国と比肩しうることが可能となったのは高い技術力にある。「技術立国」という言葉が示す通り，製造業を中心としてあらゆる分野で，最高水準の科学技術に基づいて最先端の技術が開発されてきた。これに伴い，産業界のみならずわが国全体が発展してきたといえる。しかし，技術開発は非常に重視される一方，これを支えてきた技術者に対する社会的位置づけは必ずしも高くないのが現状である。その理由として，社会が技術者の有する能力——「技能（skill）」の重要性を正当かつ的確に評価してこなかった，また，研究者もこれをどのように評価すべきかを産業界に提示してこなかったことに起因すると考えられる。

1. 技能とは

　技能とは何か。多くの研究者がこれに答えようとしてきた。

　技能研究の初期には，メイス（Mace, 1950）は，技能を身体的技能（physical skill），知的技能（intellectual skill），社会的技能（social skill）に分類した上で，「正確さと速さと経済性を持った動作によって，意図する効果を確実に生み出す能力」と定義した。ラシュリー（Lashley, 1951）は，技能の運動的側面に焦点

を当て,その特徴は言語では表現しえない連続した動作であり,時間的統合にされた一連の動きを「動作の統語論（syntax of action）」と呼んだ。また,ガスリー（Guthrie, 1952）は,技能を「最大の確実さと最小のエネルギーと時間で,一定の結果をもたらす能力」と定義し,技能は「ある種の良さに向かう進歩」であるとし,何らかの成果をもたらす能力であると考えた。

こういった初期の研究を経て,1970年頃から技能の認知プロセスを重視した技能研究が現れることになった。

フィッツとポスナー（Fitts & Posner, 1967）は,技能を必要とする作業の特徴として,「体制化」「目標指向」「フィードバック」をあげた。「体制化」とは,技能には常に一連の統合化された動作を伴うことを意味する。「目標指向」とは,技能を必要とする動作には常に何らかの目的が関わっていることを示す。また,「フィードバック」は,技能には動作に対する反応を利用することが必要であることを示したものである。彼らは,これら3要素を踏まえて図1-1のように技能の分類を試みた。この分類によると,技能を階層的に考え,まず,人間が先天的に有し生命活動に必要な反射行動や活動などを「普遍的技能」とし,後天的に習得される「学習された技能」と区別されている。また,学習された技能には「知覚運動技能」と「言語技能」があり,さらに,知覚運動技能を「全体的身体的技能」「操作的技能」「知覚的技能」に分けている。

ウェルフォード（Welford, 1976）は,技能を「練習と経験の結果としての能力を,能率よく効果的に使うこと」と定義した。ここには,技能を明確に能力と考え,練習と経験の結果として位置づけ,能率よく効果的に使ってこそ意義がある,との考えが含まれている。そして,すべての技能は,①対象や状況との関係で体制化された協同活動により成立し,感覚的・中枢的・運動的機構す

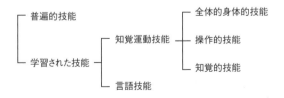

図1-1　フィッツとポスナーの技能概念の分類（Fitts & Posner, 1967）

第1章　技能の習熟と伝承

べてを包含し，②対象や状況の理解により学習され一定の行動様式は反復経験の中で次第に構築され，③さまざまな過程と行動の組み合わせと協同は時系列的である，との3つの特徴を指摘した。

　また，アンダーソン（Anderson, 1980）は，知識を「宣言的知識（declarative knowledge）」と「手続き的知識（procedural knowledge）」に分けた。彼は，「手続き的知識」が技能に相当するとしたが，これに加えて，知的手続きを遂行する能力である「認知技能（cognitive skill）」という概念を提唱した。つまり，手続き的知識（技能）を状況に合わせて用いる能力が認知技能であるとし，技能の階層化を主張したのである。

2. 熟練技能

　こういった研究者の定義とは別に，一般に「熟練技能」と言われる場合には，いわゆる「匠の技」や「名人芸」を連想することが多い。初級者が到底なし得ないパフォーマンス，たとえば，測定器の及ばぬ微細なミクロン単位の差異を検知する手指技能，3次曲面の手仕上げの加工技能などであろう。

　しかし，興味深いことに，このような高度熟練技能者は「そのようなミクロンオーダーの違いは少し練習すれば誰にでもできるようになる」という。「なぜそういった微細な違いを検出するようになったか」という問いに対して，「この工程で丁寧に仕上げておかなければ，次の工程で大きなズレを起こしてしまうからだ」と答える（細田，2005）。すなわち，高度熟練者は，微細な違いを感知することより，「到達すべき成果（仕上がり）イメージ」，事態や状況とその変化の把握といった「場の概念」，動作や運動の感覚をもたらす「空間上の運動概念」および作業の遂行プランと変化の時系列的把握に関する「手段と時間の概念」に習熟していったのである。そして，これらから構成される「作業を進める概念」が熟練技能の本質であると考えられる（森，1996）。このことは，技能者自らが作業対象物に対してどのように取り組むか，つまり，熟練技能は作業状況の判断，情報の把握，作業工程，作業方法，成果イメージなどを自分自身が把握・理解できるのかどうかにかかっていることを意味する。

　技能の定義と合わせて考えるならば，技能には，手指技能はもちろんのこと，

3

材質や環境条件などをどのように把握し，全体プロセスの中でこの作業はどのように位置づけられるかを解釈し，作業するために何の道具が必要であり，どんな知識を用いるか，など作業に対する認知技能も大きく関わっている。さらに，作業に対する知識量，作業工程に関する状況解釈力，遭遇した問題への解決力などを自分自身がどの程度持ち合わせているかといった自己をモニタリングする技能，すなわち，メタ認知技能も重要な働きを担っていると推察できる。

3. 技能の熟達化

松尾（2006）は，技能の熟達化に関する研究を，「熟達化の理論的研究」の領域と「経験からの実践的研究」の領域に区別した。

(1) 熟達化の理論的研究

技能の熟達化の理論的研究は認知心理学を中心に進められた。まず，正確な動作の習得に関する運動技能（motor skill），次いで情報処理の観点から知覚技能（perceptual skill），これらを統合した知覚－運動技能（perceptual-motor skill）と発展した。

技能習熟によって，作業上の誤りを最小限にし，一連の動作が統合されスムーズになり，反応すべき手がかりを学習し数少ない手がかりに反応できるようになる（McDonald, 1959）。フィッツとポスナー（Fitts & Posner, 1967）は技能獲得の3段階の学習モデルを提示した。第1段階は，自分の体の動きに集中しながら，運動技能を言語化し宣言的知識として記憶するためリハーサルしながら動作を遂行する段階である。第2段階は，状況の中での実践によって学ぶ段階であり，言語化しなくても動作が統合化して遂行される段階である。第3段階は，技能学習が完成され意図的な注意や集中を必要としなくても自動的に動作を遂行することができる段階である。

以上の技能の定義および熟達化の理論は主に心理学的観点に基づいている。ただし，狩野（1980）は，技能をすべての人間の機能に還元する「心理主義的偏向」に疑義を唱え，「技能は人間と道具と材料の三者にわたる総合システムである」と主張している。つまり，技能を1つの学問領域の視点から分析してし

まうことに対して強い疑問を投げかけている。

(2) 経験からの実践的研究

技能の熟達の理論的研究では，経験が明示的には組み込まれていなかった。一般に高度な熟練者となるためには，特定領域に携わってから10年の期間を要する「10年ルール（10-year rule）」があるといわれる（Ericsson, 1996）。ただし，熟練技能には，手技的技能（manual skill）もしくは操作的技能（manipulative operation）のみではなく作業状況の判断や成果像など全体プロセスの把握・理解といったメンタルスキル（mental skill）の熟達化も含めて考えられる。

コルブ（Kolb, 1984）は，技能習得などの学習を「経験を変換することを通して知識を形成するプロセス」と定義した上で，経験学習理論を提唱している。そして，図1-2に示すような4ステップからなる経験学習モデルを提示している。このモデルによると，個人は，ある状況下で具体的な経験をして（具体的経験），自分自身の経験を多様な観点から振り返り内省し（内省的観察），得られた教訓を他の状況でも応用できるように抽象的な概念に落とし込み（抽象的概念化），それを新たな状況で実際に適用して試してみる（能動的試行）というサイクルを回すことで，経験が知識に変換され学習されるということになる。そして，経験学習の特徴として以下の6つの特徴をあげている。

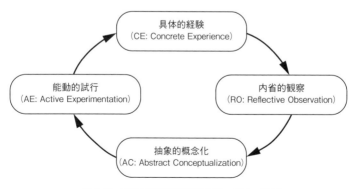

図1-2　コルブの経験学習モデル（Kolb, 1984）

①学習はプロセスであり結果ではない。

②学習は経験に基づく継続的プロセスである。

③学習は環境に適応する上で相反するモード間に生じるコンフリクトを融合することによって生まれる。

④学習は環境に適応するための全体論的なプロセスである。

⑤学習は個人と環境との相互作用を含む。

⑥学習は知識を創造するプロセスである。

4. 暗黙知と技能

技能研究に通底した課題である「知識（knowledge）」と「暗黙知（tacit knowledge）」に若干触れておきたい。

ライル（Ryle, 1949）やポランニー（Polanyi, 1966）が提唱したように，知ること（knowing）には，内容を知ること（knowing that）すなわち知識と，方法を知ること（knowing how）すなわち技能，の両側面がある。ここで留意しておきたいことは，技能の重要な一側面である「暗黙性」である。技能は，知らないのではなく言葉にできない，あるいは，言語化する必要性のないものである。しかし，それは「知っていること（knowing）」に含まれる。その上で，技能が習熟するにつれ自動化され当初の技能習得の目標が下位目標となる。そして，より上位の目標に焦点化されると，それまでの下位目標は従属化して溶け込んでしまった結果として「暗黙知」となる（松本, 2003）。この「知っていること」すなわち「形式知」から「暗黙知」へと内面化する過程も技能形成に関わっていると考えられるが，これについての研究は十分ではない。

■ 第2節 ■

技能伝承

現在，「技能」が多くの産業組織で重視され，いろいろな職場で「技能伝承」

を大慌てで推し進めている。産業組織にとって技能喪失は確かに喫緊の課題である。しかし，だからといって闇雲に教え込めば身につく性質のものではない。中村（1997）は「技能伝承とは，師匠の技能そのものが完全に受け継がれるのではない。師匠の技能の大部分は受け継がれることは可能だが，残りの部分は弟子独自の創意工夫であり，受け継いだ部分と弟子独自の部分の総和が師匠の技能と同等以上の成果を修められるようになったとき，『技能が伝承された』と解釈される」と指摘する。つまり，時代の変化や状況に応じた柔軟な発想によるオリジナリティが発揮されねば技能伝承が完了したことにならないというのである。

　技能伝承については 1980 年代にも関心が高まった。このときは ME（Micro-Electronics）化による雇用の変化を背景として問題提起され，そこでは「技能の人から機械・ロボットへの継承」の方策が議論された。

　2007 年も技能伝承について話題となった。「団塊の世代」の定年退職がこの年に始まることから労働力の減少や技能伝承などの問題として世間の注目を浴びた，いわゆる「2007 年問題」である。熟練技能を若年者層にいかに継承するかが課題とされ，この意味で，「人から人への継承」が主題となった。ただし，この 2007 年問題は，実際のところ，定年年齢の引き上げや再雇用制度導入などにより大きなトラブルにはならなかった。しかし，これは技能喪失問題を先送りしたことにしかならなかった。

　また，1990 年代からの 20 年は「失われた 20 年」ともいわれ，日本経済が低迷し，企業は若年者の雇用を控えた。この影響が 2018 年現在，ボディブローのように効いている。先送りした課題が，今まさに発生し多くの産業現場で熟練技能者が完全退職を迎えた。熟練技能者の技能を引き継いでいるはずの世代，特に 40 代のベテラン作業者が組織にほとんど存在しない事態となった。かつては組織の中に当然のように存在し，そして，組織を支えていたはずの熟練技能そのものが急速に失われることになった。

1. 状況論的アプローチ

　職人と呼ばれる技能者の世界では技能伝承は，昔より徒弟制度のもとで行わ

れてきた。この世界では師匠の技能の獲得手段は「習うより馴れろ」,「見て盗め」といった,いわば不合理な方法しか提供されてこなかった。

この「盗んで覚えろ」の徒弟制度の職人世界のイメージに対して,旋盤工として町工場で50年にわたり働きながら作家活動を続けてきた小関 (2001) は「それは俗説にすぎない」と主張する。「職人たちが隠していたのは,優れた技ではなくて,技の貧しさではなかったかと思えるようになった」という。本当に優れた町工場の職人たちは,弟子が早く技量を獲得して秘伝を教えられるようになってほしいと望んでおり,「自分を超えるような職人を育てられないようじゃ,半端職人だ」と言い伝えてきたという。

一方,心理学の世界でも,技能を習得する「学習」の研究分野が,閉塞状況にあると指摘されている。これまでの心理学で「学習」は,その学習者個人のパフォーマンスや認知プロセスの変化といった個人内部の変容として取り扱われてきた。そのため,多くの学習モデルは,分析的観点から個人内部の心的要素とその要素間の関係から構成しようとした1950年代の基本的考え方から抜け出せずにいる。

それでは,技能獲得や学習をどんな観点から捉えることに発展があるのだろうか。安西 (1991) によれば,その方向性の1つは社会的インタラクションとして学習をみなすことであるという。他者との相互作用を通して学習が行われるという考え方は,学習システムの内部表現よりもむしろ学習者と外界との関係性に焦点を当てるものである。これは外界に対して「開かれた」認知システムを考えると言ってもよいであろう。

この考え方を明確に打ち出したのがレイブとウェンガー (Lave & Wenger, 1991) である。従来,徒弟は「観察と模倣」によって実践の技能を学ぶとされてきた。しかし,彼らは,これは間違った見方だと主張する。1990年代以降のレイブとウェンガーに代表されるような「学習」についてのアプローチは,個人が置かれた「状況」にこそ学習の本質があると考えるという意味で「状況論的アプローチ」と呼ばれる。

状況論的アプローチによると,「新参者が学ぶのは,『実践の文化(この仕事をする自分は社会的にはどのような位置づけにあり,どのように他者から認められるのかといったことも含み,決してその世界だけで閉じたものではない)』

である」という。すなわち，学習そのもの自体が状況に埋め込まれているのであり，新参者は「実践の文化」を吸収し，また，それに吸収されていくのである。

　新参者は，もちろんはじめからその「実践共同体（いわゆる職場）」の中心に位置することはできず，周辺に位置せざるを得ない。新参者が中堅となり，ベテランになり，親方へと移っていく過程の中では新参者も含め全員がその共同体への参加者である。そして，互いに参加者であることを認めることで正統性が生まれる。このことから彼らは新参者を「正統的周辺参加」として位置づけた。そして，「学習者は否応なく実践者の共同体に参加するのであり，また，知識や技能の習得には，新参者が共同体の社会文化実践の十全的参加へと移行していくことが必要だ」と主張する。

　技能伝承は現場から切り離された形で行われるよりも現場そのものの世界に参加することが重要であり，先輩から明示的に教えられることに加え，他の新参者の様子や仕事中の雑談などの周辺的な出来事が技能の自然な習得に大きな効果があると考えられている。その共同体に参加したいと新参者が思えば，何を身につけておかねばならないのか，と新参者は考えることになろう。その中身は，その職場の人間関係，会話の中に出てくるスラングや特殊用語かもしれない。新参者にとって技能はそんな雑多な中に位置づけられるにすぎない。このように考えると，技能は同僚や熟練者との共通言語を持つための1つのツールと考えられる。そうなると，技能習得や技能伝承も共同体で起こるさまざまな出来事の一部であり，技能習得は「実践の文化」の吸収の手段であり，その伝承は図らずも生じる出来事であり，これらは決して目的ではないこととなる。

2. 「わざ」の研究

（1）「わざ」の伝承の研究

　興味深い技能伝承研究の1つが，生田（1987）の伝統芸能における「わざ」の教授方法の研究である。「わざ」と表記されることには，意図がある。

　欧米の先駆的研究に認められるように，「わざ」は，技能に限定する傾向が強い。一方，日本語の「わざ」には，熟練や独創性，技巧にとどまらず働きざま

9

や生きざま，芸など文化的な意味合いが豊かに含まれている（十名，2017）。また，一義的な技術あるいは技能として捉えられることを避けるために「わざ」という表記が用いられる（生田，1987）。

　生田は，「わざ」の伝承の特徴として「模倣」が中心的地位を占めると指摘する。学習者はひたすら師匠の動きに似せようと努めるのみである。また，「評価の不透明性」も「わざ」の伝承の特徴である。師匠は学習者に対して，「それでいい」「だめだ」というだけで，どこをどのように直せばよいなどの細かい指示はない。伝統芸能の伝承には，初級から上級へといった段階的なカリキュラムがあるわけでなく，学習者自らが次の目標や段階を設定し，どのように直せばよいかを自分自身で考え出さねばならない。

　生田によると，学習者が目指すものとして「形（かたち）」と「型（かた）」をあげた。「形」は「外面に表された可視的な形態であり，各『わざ』の世界に固有の技術あるいは技能」と定義される。一方，「型」は「現実感をもった人間として生存する基本であり，人間の生活の中で生じてくる『形』である」と定義する。学習者は，師匠の「形」の模倣から始め，それを超えた「型」を体得することを究極の目標としている，という。

(2)「知の体得」の研究

　野村（1989）は，古来の「技（わざ）の体得」と実験心理学的な「知識獲得」研究を比較しつつ，その両者の融合を試み「知の体得」として表現した。

　彼は，われわれが経験する事象は根本的に一回限りであり，それぞれに特殊な個別性を有することから「変型」である。この一回限りの事象すべてに言葉が対応するわけでない。われわれは個別事象の「変型」を認識するが，同時にそれらの中の「典型」をも認識し，その「典型」を言葉で表現しているに過ぎない。これにより言語の限界と，それに基づく言語による教授の限界を示した。

　また，彼は「技」を従来の「技能」に加え高次の認識能力が関与した「勘」や「こつ」を含めたものとして定義している。そして，「技」の伝授過程において，知的好奇心を促す「あいまいさ」が重要であると指摘する。学習者は「わざ」を修得するために「絶え間ない葛藤，矛盾の克服過程」を経る。その際に教授者から言語による指導を受けるが，その言語には限界があり，そこには必

第1章 技能の習熟と伝承

ず「あいまいさ」が内包される。これを学習者自身が知的努力で補完する過程によって「技」が伝授されるという。

生田（1987）と野村（1989）は，ともに「技（わざ）」の体得には，学習者の自発的修得が要件とされ，それを生み出すのが学習者の置かれた状況要因であると指摘する。伝統芸能の「模倣」と，レイブとウェンガー（Lave & Wenger, 1991）の「『観察と模倣』は間違った見方」との主張とは一見対立するように見えるが，状況に埋め込まれた学習の重要性で一致していることは興味深い。

■ 第3節 ■

技能の分析

作業者が，仕事をする際に何をどのようにしているのか。これを明らかにするための研究法が多数開発されている。

これを概観する前に，各用語を以下に定めておくこととする。

職務（job）とは，「従業員が企業の中で果たさなければならない役割期待の最小単位」として定義される（佐藤ら，1999）。企業や組織が行う事業や組織目標の達成を推進する中で，これに所属する各々の従事者が共通して果たすべき任務であるとともに，何らかの貢献をすることが期待されることを意味する。

これと似た用語として「業務」がある。一般に「業務」は，事業を進めるにあたって各部署でなされる仕事の一部とされる。

タスク（task）は，一定の期間内に成すべき課題であり，ある目的を達するために人間が何らかの努力をするときに生ずる作業を意味する。

技能（skill）は，先述したとおりであるが，対象または状況との関係において，感覚器・中枢・効果器の諸機構の体制化された協同活動であって，職務やタスクを遂行するときの個人の属性である（森清，1981）。

11

1. 職務分析

　職務分析（job analysis）とは，特定の職務の性質（その職務に含まれる仕事と従事者に必要な知識・技能・能力・責任など）を規定する情報を収集・記述する手続きである。

　藤田（1979）は，職務分析の基本的目的と具体的分析項目に分けて整理し，その関係から職務内容や性質を明らかにしようとした。それによると，職務分析の目的は，①組織，②業務改善，③教育訓練，④勤務評定，⑤負荷の適正化・労働時間，⑥安全管理，⑦職務給，⑧資格給，⑨採用・配置・昇進，に整理されている。また，分析項目は，①職務の内容，②責任・権限，③身心活動，④作業条件，⑤習熟過程，⑥就業条件の分類軸からなり，各分類軸はいくつかの分析項目から構成され，分析項目数は合計30に及ぶ。そして，職務分析の直接・間接目的と連関して分析項目が定められている。このように職務分析の目的と分析項目が複合的に関係していることが理解される（申，2017）。

　技能と関連しては，身心活動（項目：身体活動，感覚活動，知的活動，心的態度の保持），作業条件（項目：危険性，人的環境），習熟過程（項目：時間形態，空間動作，精神過程），就業条件（項目：年齢別適性，男女別適性，知識，熟練・特技，人間的特性）などの分類軸および分析項目がそれに相当すると考えられる。

　人事管理や教育・訓練などに職務分析を活用しようとするならば，就労者が仕事をどのように遂行しているか，また，就労するには，当該業務にはどういった知識や技能が求められるかを明確にしなければならない。そのために，これらの諸項目などに基づいた技能の分析が必要となるのである。

　近年，非正規雇用者の割合が上昇し，2014年以降は37%超の高水準で推移している（総務省統計局，2018）。2020年4月より施行される「パートタイム・有期雇用労働法」では非正規労働者と正規労働者の間の不合理な待遇差が禁止されることとなった。その背景となる考え方は，「同一労働同一賃金」であり，正規と非正規の労働者間の不合理な待遇差の解消を目指すものである。そこで，厚生労働省（2015）は，その働き・貢献に応じた公正な待遇を実現するため「職務分析実施マニュアル」を作成した。

第 1 章　技能の習熟と伝承

　それによると，労働者の業務内容と責任の程度を明らかにするために，「職務分析」を行い，その結果を「職務説明書」に整理するという流れとなる（図 1-3 参照）。厚生労働省では，これを実施するメリットとして，以下が示されている。

①非正規労働者と正規労働者との比較が容易になり，非正規労働者からの職務の内容や待遇について説明を求められたとき，分かりやすく説明できる。これにより，非正規労働者の職務に対する納得性が高くなり，それによって能力が十分に発揮されれば，組織にとって大きなメリットとなる。
②非正規労働者の採用にあたり，どのようなスキルや経験を有する人材にどのような仕事を，どの程度責任をもって実施してもらいたいか，ということが明確になる。そのため，具体的な基準に基づく，非正規労働者の選考・採用のため活用することができる。

ここでの職務分析および職務説明書の作成は，以下のステップを踏む。

ステップ 1　情報の収集：非正規労働者・正規労働者の職務内容ついて情報を収集する。その方法として，本人や複数社員および上司に対する面接法が推奨されている。その内容は，日々の業務，業務の目的，必要な知識・技能の習得方法，業務上の責任である。
ステップ 2　情報の整理：ステップ 1 で収集した職務の情報を，業務の内容（主な業務の抽出，取り扱う対象・範囲，必要な知識や技能の水準）と責任の程度（権限，業務成果への役割，トラブル発生時の対応範囲，成果への期待）の 2 つの視点で整理する。
ステップ 3　職務説明書の作成：ステップ 2 で整理した「業務の内容」と「責任の程度」を組み合わせて，職務説明書を作成する。その作成例を図 1-3 に示す。

　この厚生労働省方式の職務分析は，従来の職務分析の方法よりもかなり簡便化され，また，その分析結果も「業務内容」と「責任の程度」に限定される。しかし，一般的な職務分析のための情報収集方法は，観察，面接，質問紙，分析

13

◆職務説明書の作成例

人事・総務部門の例

Aさん（パート社員・正社員）		
職種	人事・総務部門事務職	

業務の内容	主な業務	業務概要	取り扱う対象・範囲
		規定に基づく手続き事務	社会保険関係
		勤怠休暇管理	タイムカード集計
		採用者に関する手続き	入社手続き書類準備
		問い合わせ対応	取次・応対
	必要な知識や技能の水準	数か月の実務経験を積んで身につくレベル	

責任の程度	権限	部下の有無	無
		権限の範囲	確認・承認・決済できる事項はない
	役割の範囲		助言や指導は特に求められない
	トラブル発生時や緊急時の対応		上位者に問題発生を報告することは求められるが，自分で対応するところまでは求められない
	成果への期待の程度		ノルマ等の業務目標はなく，決められたとおりにミス無く業務を推敲することが期待されている

図 1-3　職務説明書の作成例 （厚生労働省，2015）

者の体験，計測，記録書類などがある。本来ならば，多面的に情報が収集されるべきであろうと考えられる。

2. 作業研究

多くの生産現場では，作業能率と品質向上を推進させるために，作業内容や作

業方法について測定・分析し，作業を客観的に把握することを試みてきた。こういった「科学的手法」を用いて作業を捉える研究は「作業研究（work study）」と呼ばれる。

　作業研究の礎を築いたのが，テイラー（Taylor, F. W.）とギルブレス夫妻（Gilbreth, F. B. & Gilbreth, L. M）である。

　テイラーは，勤めていた製鉄所で作業単位あたりの評価基準を設定する方法に取り組んだ。彼は，作業者の一連の動作をストップウォッチで細かく測定した。この測定から無駄な動作を省き，作業方法を改善することで作業能率を高めようとした。この際に用いられた方法が「時間研究」の端緒である。このようにして求められた「1日の公平な仕事量」に従って，労働を「合理的」に管理しようとした。後に，彼は「科学的管理法の原理」（Taylor, 1911）を出版することとなった。

　一方，同時期にギルブレス夫妻は，作業者の一連の動作を細かな要素動作に分解し動作分析する方法を生み出した。これが「動作研究」（Gilbreth, 1911）である。この研究を始めるきっかけは，一見単純に見えるレンガ積工の作業を観察していたとき，その動作に極めて大きな個人差があることに気づいたことによる。彼らは，この動作に関する研究を続け，作業には「唯一最善の方法」があることを見出した。

（1）時間研究

　時間研究（time study）とは，作業を要素作業または単位作業に分割し，発生時刻の順に従って，分割された作業を観測し，これを遂行するために要した時間を測定し，分析する手法である。これには，「ストップウォッチ法」と「ワークサンプリング法」が知られている。

　「ストップウォッチ法」では，観測開始と同時にストップウォッチを始動させ，あらかじめ観測のために定めた要素作業の区切りごとにストップウォッチの目盛りを読み記録用紙に記入する。また，「ワークサンプリング法」では，作業を任意の時間間隔で観測し，その作業内容や各種機器の稼働状態の時間的構成比率を統計的に推測する技法である。この手法では，目的に応じて観測対象の範囲，観測項目，観測回数および観測時刻を決めて，作業を観測し記録する。

この時間研究により，要素作業に必要とされる「標準時間」が算出されることになる。これは，現場作業がムリ・ムダ・ムラなく行われているかどうかを判定するための評価基準となる。ただし，標準時間は，作業者個人の能率を監視するためのツールではなく，現場のマネジメントとして用いられねばならないことに留意が必要である。

(2) 動作研究

　動作研究（motion study）は，作業者の動作を細かく分析し，作業者の疲労を最小限に食い止めるとともに，不必要な動作を排除すること目的とする。このような動作を詳細に分析する技法は技能分析やタスク分析にも活用できる。

　ギルブレス夫妻は，作業者の動作を 18 の基本的な要素に分けて記録するための記号を開発した。これがサーブリック記号（therblig：Gilbreth のつづりを反対から読む）であり，これを表 1-1 に示す。

　動作研究には，サーブリック記号を用いて作業者の動作を観察者が記録・分

表 1-1　サーブリック記号　（申，2017：藤井，2011 をもとに作成，一部改変）

分類		動作	文字記号	記号
第一類	主として上肢で行い、作業に必要な動作	①空手を伸ばす (Tranport Empty)	TE	
		②つかむ (Grasp)	G	
		③運ぶ (Transport Loaded)	TL	
		④分解する (Disassemble)	DA	
		⑤位置を決める (Position)	P	
		⑥使用する (Use)	U	
		⑦組み合わせる (Assemble)	A	
		⑧手放す (Release Load)	RL	
		⑨調べる (Inspect)	I	

分類		動作	文字記号	記号
第二類	第一類の動作を遅らせる傾向のある動作	⑩探す (Search)	S	
		⑪見出す (Find)	F	
		⑫選ぶ (Select)	St	
		⑬考える (Plan)	Pn	
		⑭用意する (PrePosition)	PP	
第三類	作業が進まない動作	⑮つかみ続ける (Hold)	H	
		⑯避けられない遅れ (Unavoidable Delay)	UD	
		⑰避けられる遅れ (Avoidable Delay)	AD	
		⑱休む (Rest)	R	

16

析する「目視動作研究」のほか，「フィルム分析」，「PTS法」などがある。

「フィルム分析」は，目視では正確な分析が困難な早い動作や複雑な動作が記録できる点に優れ，客観性・再現性が期待できる特徴がある。動作研究が開発された当時からもフィルム媒体での記録が進められてきたが，現在のデジタルビデオカメラや超高速ビデオの開発により，より微細な動作まで分析することが可能となっている。

「PTS（Predetermined Time Standard または Predetermined Time System）法」では，同じ動作には同じ時間を要することを前提としている。また，動作研究に標準時間を加えた方法であり，動作・時間研究とも捉えることができる。この手法では，作業を行うために必要な要素動作に対して，あらかじめ定められた時間を当てはめ，それを合計して標準時間を設定する。PTS法には，「WF（Work Factors）法」と「MTM（Methods Time Measurement）法」がある。

「WF法」は，7つに分けた身体部位，動作の運動距離，人為的な調節（一定期間の停止，方向の調節など），重量または抵抗の4要因の組み合わせによって標準動作時間を決定する方法である。一方，「MTM法」では，WT法のような身体部位に基づく動作分析ではなく，サーブリック単位に基づき，手を伸ばす，運ぶ，まわす，つかむ，といった基本要素に従って動作を分析する手法である。これにより動作の基礎時間値が算出されることになる。

3. タスク分析

先の時間研究や動作研究では，時代の要請もあって，生産性の向上のための方法として用いられた。また，作業者の身体的労働の動作が対象となっていた。しかし，生産技術が進歩し機械化や自動化が進み，これに伴い，機械装置のメンテナンスや生産工程システム全体を監視・管理する作業の比重が高まった。これらの作業には高度の緊張と注意の持続，状況の認識や解釈，適切な問題解決，正確な意思決定といったメンタルスキルが求められる。

こういったメンタルスキルの分析は，前述の職務分析や時間・動作研究では困難であり，作業内容を正確に記述する方法が求められるようになった。この期待に応えようとするのが，タスク分析（task analysis）である。タスク分析

は，人間を含むシステムを指向（system-oriented）し，技能分析は個人の能力や活動性という観点から個人指向（person-oriented）だといえる。

　タスクについて，フライシュマン（Fleishman, 1975）は，次のような分類基準を提示した。

　　①何を行っているのか：処理・分析・交渉，など
　　②どのような行動が必要なのか：走査・記憶・意思決定，など
　　③どのような能力が必要なのか：器用さ・速さ・正確さ，など
　　④課題の外的特性はどのようなものか：目標・刺激・教示・手続き，など

　こういった分類軸は，タスクを記述する場合に，個々のタスクをその項目に従った記述によりその特徴が浮かび上がることが期待される。また，人間と機械，機械と環境，人間と環境といった相互作用を形成する事象を記述していくことになる。森清（1981）は，次のような事例でタスク分析のポイントを述べている。

　「『まっすぐで平坦なコンクリートの道を風のない晴れた気温20度の日に，5トントラックで4トンの荷物を時速60Kmで3時間運転する』という記述は，職務や作業の要件としては十分なものと思えるが，トラック運転作業のタスク分析としては不十分である（中略）。たとえば，荷物は危険物か，荷くずれしやすいのか，こわれやすいのかといった荷物の内容によってこれに対する注意の配分も変わり，交通量によっては運転動作にも大きな影響をもってくる。このように作業者と対象と環境の接点において，どのような活動が起こるのかを記述するのがタスク分析である」。

　つまり，タスク分析では，作業の要件とともに認知的・行動的要件を明らかにすることが求められるのである。

　先に，タスク分析ではメンタルスキルの分析が含まれると述べたが，メンタルスキルは外部に表出されにくく，これを分析対象とすることが困難である。これを克服することを目指し，森清（1981）はコミュニケーション法（communication study）を開発した。

　コミュニケーション法は，作業中に交わされる言語メッセージを中心に分析

を行う。このメッセージにメンタルスキルが含まれていると考えた。まずは，時系列に従い，メッセージが収集される。これと並行して，言語コミュニケーションと外的環境との間の対応関係を明確にする。これは，どのようなコミュニケーションがどのような環境条件のもとで発生したかを確認する重要な手掛かりとなる。

　収集されたメッセージや環境情報をもとにして，「リンク解析」が行われる。リンク解析では1人の人間あるいは1つの機器を1ユニットとみなす。人間対人間，人間対機器，機器対機器の情報の流れを，ユニットからユニットに情報が伝達されたとし，そこに「リンク」が成立したとする。このユニット間のリンクによって情報の発生頻度，情報の流れの方向，情報の重要度が解析されることになる。そして，メッセージ内容を分析し，コミュニケーションの機能分析を行うメンタルスキルが推定される。

　森清（1981）の出入港時の操船技能を研究した事例を示す。それによると，見張員が船長に「本船はブイ真横3ケーブルです」とメッセージが送られた（注：1ケーブルは約185m）。この時，船は変針点（船の方位を変えるポイント）にあたっているわけでもなく，周囲には航行の障害になるものは何もない。それにもかかわらず，船長は船を変針させた。送り手である見張員のメッセージは，その時点での状況報告の形をとっているものの，「このブイの横を航行するときは，正規には5ケーブル離れていなければならないが，本船はブイに少し近寄りすぎている」という意図を船長に伝えようとした。メッセージの受け手である船長はその意図にはっきりと反応し，船を変針させたのである。

　このように，状況報告といったいわば記号化されたメッセージを解読する技能の1つの表出がここに認められる。このようにコミュニケーションの機能を分析する際には，受け手と送り手の反応の連鎖・状況との突き合わせ・メッセージの構成の3要素から，できるだけ総合的に判断しなければならない（森清，1981）。

■ 第 4 節 ■

技能の組織学習

　先に示した旋盤工職人の小関（2001）は，真の職人は優れた教育者であったために，近代百年の短期間に日本の工場現場が技術技能を獲得できたと述べる。その上で「まして現在のように技術が高度に発達した産業社会では（中略），工場の技能は集団のなかでしか，獲得し育てることはできない」と主張する。

　この個人の知識や技能を集団で獲得することに関し，主に経営学で発展した「組織学習」の領域の研究知見が今後の技能研究に有用と思われる。

1．組織学習

　組織学習（organizational learning）は，1980年代後半から急速に組織論の中で重要な研究分野の1つと見なされるようになった。「学習」は個々の人間や動物が知識や技能などを獲得する過程として取り扱われていた。これを援用する形で，すなわち，生物としての組織というアナロジーを用いて，組織学習論は経営学の分野で発展した。

　近年の組織学習論は，組織の社会的状況の変化に適応する動的なプロセスを研究対象としている。そのため，組織が有する知識や経験あるいは知識獲得の根本となる組織の価値観がどのように生成・蓄積され，また，これらに基づいて日常的に繰り返される安定的な組織行動パターン（組織ルーティン）に反映されるかなど，多岐に渡るテーマが研究対象となる。

　また，組織学習論は，既存の組織構造の枠組み内で行われる短期的な適応というよりは，むしろ，社会状況に応じた一般的問題解決過程を通じた組織構造自体の変更を伴った比較的長期的な適応過程を主な研究対象としている。つまり，組織の根本的な価値観や枠組みが変化し，その変革プロセスが長期にわたって継続する様相がこの分野では重視される。

　組織学習研究では，組織側から組織学習現象を捉えようとする立場もあれば，組織メンバー側からアプローチする研究もある。安藤（2001）によれば，組織

学習には大きく3系統あるとする。第1は組織ルーティンの変革プロセスに着目した系統，第2はアンラーニング現象を重視する系統，第3は組織介入などを通した組織変革を追求する系統である。

（1）組織ルーティンの定着

　第1の組織ルーティン系統は，組織の中のルーティンが変化したり，淘汰されたり，定着されたりする動態を描こうとするレビットとマーチ（Levitt & March, 1988）の系統である。この系統の研究では，組織の中で生成された規則や手続き，あるいは構造や機能がルーティンとして組織内に記憶され蓄積されること，すなわち，組織記憶（organizational memory）を持つことこそが組織学習であると考える。ここでのルーティンには，「形態，ルール，手続き，監修，技術，戦略」あるいは「それを支える信念，構造，フレームワーク，パラダイム，規約，文化，知識」のことを指す。また，この系統の研究は，他の組織学習研究とは異なり，上記の組織ルーティンがどのように組織内で定着したり確立したりするかということに関心がある。

（2）アンラーニング現象

　第2のアンラーニング系統は，組織内外の環境が大きく変化した場合，組織内にある既存の知識や組織ルーティンの限界を認識し，不適切になったそれらを捨て去り，新たな知識や価値観や発想を求め学習するといったアンラーニング（unlearning：学習棄却）を重視する立場である。この背景には，不要になった古い知識や価値観に拘泥していては，組織にとって真に必要なそれを形成することができないとの発想がある。アンラーニング過程の重要性を強く主張した研究者がヘドバーグ（Hedberg, 1981）である。彼は，新たな知識などを獲得する組織学習と，不要になった知識などを廃棄するアンラーニングとは表裏一体の関係にあると考えている。組織の内外環境が変化する中では，ある時期には，優れた知識や卓越した技能もいつしか時代遅れになる。新しい価値観や発想，あるいは組織変革を生み出すためにも，内外環境に照らして不適切になってしまった知識や組織ルーティンは積極的にアンラーニングされる必要があると考えられている。

(3) シングルループ学習とダブルループ学習

　第3の組織変革系統では，組織学習を，組織メンバー個人を通じて行われる行動・価値観の修正や再構築のプロセスであると考える。その学習には「シングルループ学習」と「ダブルループ学習」の2種類の性質・水準があるとされている。

　シングルループ学習とは，組織の既存価値に基づいて行うエラーや矛盾の修正活動である。ただし，このシングルループ学習に組織が身を置いている限り組織の盲目性や慣性に依存した組織行動しかできず，組織変革には至らない。これに対して，ダブルループ学習とは，組織の既存価値そのものに対して疑問を呈する変革活動であるとされる。しかし，既存の組織自体がダブルループ学習を妨げるシステムとなっているために，これを実現することは困難であるとされる。シングルループ学習を打破しダブルループ学習に移行するためには外部の異なる視点を有するリーダーやコンサルタントなどの介入が必要であるとされる。

　組織学習の研究は，組織に蓄積されている知識や技能がどのように組織ルーティンとしていかに落とし込むか，それ以上に，社会変化に現在の組織が対応しているのか，対応していない場合に何を捨て去るのかを，外部の視点をいかに取り込んで組織の価値観に疑問を呈することができるのか，という問題を突きつけていると考えられる。

　そして，最近では，個々の組織メンバーに知識や技能が保有されているだけでは価値を生まないとされる。その知識が組織の中で，どのように活用されているかが重要との指摘もある。ダベンポートとプルサック（Davenport & Prusak, 1998）は，「知ることと行動することは同じではない。もし，新しい知識が何の行動変化にも結びつかないならば，たとえ，伝達と吸収がそろったとしても何の価値もない」と主張する。しかし，現実には保有知識を有効活用できている組織は極めて稀ともいわれている。このように組織は学習するだけでなく，学習したことを活用する組織である必要があろう。

2. 組織における技能

松本（2003）は，心理学ならびに経営学の技能についての多数の知見をレビューし，また，組織学習研究を踏まえた上で，組織における技能について新たな理論を示している。彼は，産業組織における高度の技能熟達について，「スキル（skill）」「インテリジェンス（intelligence）」「コンピタンス（competence）」の3概念を用いて説明を試みた。

松本によると，スキルは「練習や経験によって獲得した一連の動作によって，意図した成果を，早く正確に，効率よく生み出す能力」と定義される。また，インテリジェンスは「観察や経験あるいは対象や状況の理解による学習によって獲得したスキルを，変化する状況に対してもっとも適当に使い分け，実行する能力」と定義される。そして，コンピタンスは，「スキル」「インテリジェンス」の定義を合わせて，「対象や状況の理解による学習や練習や経験によって獲得した知識や能力を，変化する状況に対応して使い分け，意図する成果を効果的に生み出す能力」と定義される。

このように，コンピタンスは，スキルとインテリジェンスの合成となる。これに加えて，松本は「コンピタンス」には「スキル」と「インテリジェンス」を密接に結びつける「＋α」の要素があると考える。

彼は，この「＋α」について，以下の5要素を提示している。

①創造性：共同体に埋め込まれた技能よりも高いレベルの技能を後継者が生み出すことが「一人前の条件」と認められるように，既存の技能に対して新しいものを生み出せること

②状況をよりよく理解すること：製品に対する know that や know how のみならず，know why（なぜ良品となるあるいは不良品となるのか）といった製造の意味や理由を理解する能力

③組織レベルのインテリジェンス：熟練者は自らの熟練技能に加え，自分の知らないことを誰が知っているか知っている「共同体の記憶」（Orr, 1990）を有することから，組織レベルで，組織内に有する技能を把握し，技能を使い分ける技能を形成すること

④即興性：未知の問題に対しても，それまでに形成した技能とその場の工夫
により解決するといった高度な状況適応性と，既存の状況と即興的な行為
の「ずれ」から生まれる創造性が融合する性質

⑤直観：最上級の熟達段階において主観的な判断が直観的にできる（Dreyfus
& Dreyfus, 1986）ことは，スキルやインテリジェンスとは異なる要素で
あり，両者をより高いレベルに引き上げる機能

松本は，組織における技能形成に関して研究を進めているが，熟練者を「コ
ンピタンス」としての姿として捉える視点は，今後の技能研究に有益な示唆を
与えると考えられる。

■ 第5節 ■

技能の育成

1. 職業能力開発

時代とともに，社会が要請する職業人像が変化する。これに応じて，職業訓
練の目的が「工業その他の産業に必要な技能労働者を養成すること」（職業訓
練法：1958年）から「職業に必要な労働者の能力を開発し，及び向上させるこ
と」（職業能力開発促進法：1985年）と変化した。また，最終的な目標も「経
済発展に寄与すること」から「経済及び社会の発展に寄与すること」とその範
囲も広がったといえる。

一般に，「職業訓練」という用語は，労働関係省庁のもとで労働者に対して行
う職業に関する教育であることを意味する。この場合，職業訓練校といった学
校のような施設があり，そこに教師である指導員と受講生である訓練生がおり，
職業に関する技術・技能の習得を目指しているということを指す（田中，1993）。

このようなイメージがあるものの，社会的な視点から捉えると，職業能力開
発は人的資本投資の一種と捉えることができる。個人が職業能力開発を行うこ
とにより，技能を獲得し品質や生産性が向上し，結果として給与の上昇も期待

第1章　技能の習熟と伝承

される。そして，その個人を雇っている企業の生産性も上がり，ひいては経済全体の生産力も上がる。これは人的資本理論と呼ばれる。

　職業訓練には個人および社会に対する目的があり，個人の職業生活の充実を目指すとともに，社会・経済の発展に寄与することになり経済・労働政策の一部の役割を果たすこととなる。また，職業訓練，特に離職者訓練は，個人としてのセーフティネットでもあり，国の雇用対策の観点から離職者の早期再就職を図る重要な政策の1つとなっている。また，公共訓練は，新規学卒者に対しても無料もしくは低学費で技術技能を学び，職業人としての心構えを身につけるなど職業に就くための教育訓練を受けることができる公共サービスである。

2. 職業能力開発のタイプ

　職業能力開発とは，仕事に役立つ能力や技能を身につけるための学習活動のことである。具体的には，能力開発の対象者と費用負担を軸に能力開発を大きくタイプ分けすると表 1-2 のようにまとめることができる（原，2013）。

　個人が自らの意思で就業時間外に自身で費用を負担し，現在の職務やこれから就きたい仕事に関わる学習のことを「自己啓発」という。自己啓発には，本やインターネットを通じて自習をしたり，通信教育を受講したり，専門学校や各種学校の講座を受講したりすることなどが含まれる。

　また，国や都道府県が主に訓練コストを負担する職業能力開発がある。離職者，在職者，学卒者が公共職業訓練施設内での訓練または委託訓練という形式で

表 1-2　職業能力開発の対象者と費用負担者の関係（原，2013 を一部改変）

対象者	コスト負担者		
	個人	企業	政府
就業者	自己啓発	企業内訓練 ・OJT ・Off-JT	公共職業訓練（在職者訓練）や有期実習型訓練（キャリアアップ型）などの公的な支援のある訓練
失業者・無業者	自己啓発	―	公共職業訓練（離職者訓練）や有期実習型訓練（基本型）などの公的な支援のある訓練

受ける公共職業訓練や，ジョブ・カード制度のもとで行われる雇用型訓練（有期実習型訓練），求職者支援制度のもとで行われる求職者支援訓練などが含まれる。

　一方，企業が勤務時間内に，コストを負担して行う能力開発は企業内訓練という。企業内訓練は，OJT（On-the-Job Training）と Off-JT（Off-the-Job Training）に分けられる。OJT とは通常の職務を行いながら実施される訓練のことを意味し，上司や先輩，同僚から指導やアドバイスをされたり，職務の方法を見て学んだりといったことが含まれる。これによって担当する職務の範囲や幅が広がったり，より権限の大きな仕事が任されるようになったり，ジョブ・ローテーションを通じてさまざまな職務を経験したりすることも OJT に含まれる。一方，Off-JT とは，通常の職務から離れて行う訓練のことで，研修や講習会などへの参加が典型的な例である。

　図 1-4 に，2008 年度から 2018 年度の正規労働者と非正規労働者に対する計画的 OJT および Off-JT の事業者の実施割合の推移を示す。図中の「計画的 OJT」

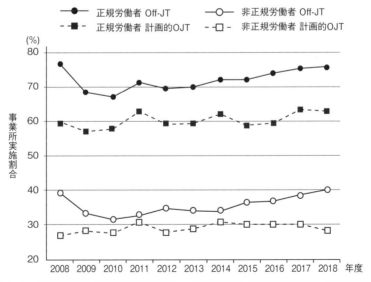

図 1-4　正規労働者および非正規労働者に対する事業所の OJT および Off-JT 実施割合
（厚生労働省，2008 〜 2018）

とは，教育訓練に関する計画書を作成するなどして担当者，対象者，期間，内容を具体的に定めて，段階的・継続的に教育訓練を実施することである。

　ここで注意が必要なのは，企業や事業所が訓練を実施したことと，そこに勤務する労働者が訓練を受講したことを必ずしも意味しないという点である。これを考慮する必要があるものの，一定の傾向を認めることができる。

　まず，2008 年度から 2010 年度に企業内訓練は減少したが，それ以降は漸増傾向にある。また，Off-JT の実施率は計画的 OJT のそれよりも明らかに高い。そして，非正規労働者に対する企業内訓練の実施率は正規労働者のそれと比べて明らかに低い。

　技能低下が懸念される中，各事業所が職業能力開発に注力しようとする姿勢はうかがえるものの，状況に埋め込まれた学習を推進すると考えられる OJT は，まだまだ低調のまま推移していると考えられる。また，業務の相当な割合を非正規労働者が負っている現状があるにもかかわらず，それに対する訓練はまだまだ不十分であり，これが今後の課題と思われる。

第 2 章

人間工学
作業と環境と機器をデザインする

■ 第 1 節 ■

人間工学の歴史と定義

1. 人間工学の歴史

「エルゴノミクス」と「ヒューマンファクターズ」は,ともに「人間工学」と訳され,ほぼ同義で使われている。ただ,歴史の観点から見ると,それらの違いが見えてくる。

斉藤 (2014) は,人間工学のルーツを調べたところ,1857 年にポーランドの科学者ヴォイチェフ・ボグミウ・ヤストシェンボフスキ (Wojciech Bogumił Jastrzębowski) によってポーランド語で著された書物まで遡れることを明らかにしている。この中で,ヤストシェンボフスキは,ギリシャ語のエルゴン (仕事) とノモス (原理もしくは法則) を合わせた「エルゴノミクス」という用語を着想し,世界で最初にエルゴノミクスを定義するとともに,概念をつくった。

一方,英国の The Ergonomics Research Society のホームページによると,1949 年の英国人間工学会設立時の会合で「エルゴノミクス」を造語したとの記述がある。これについて問い合わせたところ,同学会の事務局長オニール (Dave O'Neill) は,「英国人間工学会の創設者等はポーランド語で記述されているヤストシェンボフスキによる著書の存在を知らずにエルゴノミクスを造語したのだろう」との見解を示している (斉藤,2014)。

このように,期せずして同じ造語を生み出したヨーロッパ起源の人間工学

29

とは別に，米国では 1900 年代初頭以来，human engineering や industrial engineering が，産業能率等の実践的な分野で大きな役割を果たしてきた。具体的には，フレデリック・テイラー（Frederick Winslow Taylor）の科学的管理法（scientific management）や，フレデリック・リー（Frederic Schiller Lee）の産業能率の研究（the human machine and industrial efficiency）等がそれにあたる。

ところで，人間工学は 1920 年前後に倉敷労働科学研究所の所長であった暉峻義等らや，松本亦太郎と『能率研究 人間工學』を刊行した田中寛一により，日本にも紹介されている。『能率研究 人間工學』は，労働科学とは異なり，米国流の心理学を基礎として人間力を最も経済的に使用できる手法に重点を置いた human engineering をわが国に紹介した著作である。

現在，人間工学の研究は，ヒューマンエラーの防止や，わかりやすい・使いやすい製品設計など，公共機器・民生機器のみならず，医療・福祉・航空・交通システム・公共施設など，幅広い領域における安全・快適設計へと発展している。

2. 人間工学の定義

1959 年に世界に散らばる人間工学関連の学会を集めて設立された国際人間工学連合（International Ergonomics Association）は，人間工学を以下の通り定義している。

"Ergonomics (or Human Factors) is the scientific discipline concerned with the understanding of the interactions among humans and other element of a system, and the profession that applies theory, principles, data and methods to design in order to optimize human well-being and overall system performance."

また，この定義は一般社団法人 日本人間工学会によって以下の通り和訳されている。

第2章　人間工学

「人間工学とは，システムにおける人間と他の要素とのインタラクションを
理解するための科学的学問であり，人間の安寧とシステムの総合的性能との
最適化を図るため，理論・原則・データ・設計方法を有効活用する独立した
専門領域である」

　人間工学は，学際領域にわたる学術成果と実践活動を対象としており，
physical ergonomics, cognitive ergonomics, organizational ergonomics などの
専門領域が存在する。特に, cognitive ergonomics と organizational ergonomics
の両領域は，心理学の領域を専門とする研究者が活躍している領域である。

　本章では，産業・組織心理学の分野で取り組まれてきた，人間工学と密接に
関わりのある領域について取り上げる。

■ 第2節 ■
────────────────────────────────

作業改善

　20世紀初頭のテイラーらによる科学的管理法（Scientific management）は，
課業管理，時間研究・動作研究を含む作業の標準化，のちの職能別組織の基礎
となる作業管理のための最適な組織形態を原理として，生産性の向上や，労働
者の賃金の上昇を図るものであった。

　人間工学の学問領域は，この中でも，作業の標準化で貢献してきたといえよ
う。人間の認知や行動の支援を目的とし，疲労，覚醒度，ストレス，使いやす
さ，わかりやすさ，快適性，安全性などを評価項目として，作業改善を進める
ための研究に取り組んできた。

　作業改善（KAIZEN）は，現場の作業者自らが，日々の業務の合間に知恵を
絞り，改善を提案するボトムアップの活動といえよう。その活動を支援するた
めさまざまな考え方やチェックリストが開発されているので，本節で紹介する。

31

(1) IEの七つ道具

作業改善は，テイラーの作業の標準化（時間研究・動作研究）に端を発する。現在では，その考え方を7つにまとめた「IEの七つ道具」が，生産現場に普及している。なお，IE（Industrial Engineering）とは，生産工学，経営工学，管理工学などと訳される。IEの七つ道具には，以下の7つの分析や改善が含まれる。

①工程分析：生産工程や作業方法を，加工・運搬・検査・停滞の4つに区分して，工程のムダを探し出す。

②稼働分析：ワークサンプリング方式などによって，設備および人間の稼働状況を把握する。

③動作分析（研究）：対象となる作業方法が絞られたのち，ムダな動作を削減するため，作業の動作を映像に基づいて分析する研究。

④時間分析（研究）：作業にかかる標準所要時間を科学的に測定・設定し，課業（標準作業量）の決定に資料を提供し，さらに作業の計画的遂行に寄与する研究。

⑤マテリアルハンドリング：人の手による梱包，移動，積込みなどの作業を指し，これらの作業の改善は効果が大きい。

⑥プラントレイアウト：効果的に製品を生産するために，工場（プラント）のレイアウトを最適化する。

⑦事務（工程）改善：製造現場に限らず，書類手続き等の事務作業を効率化して，コスト削減を図る。

(2) 改善活動（5S）

職場の抱える課題を解決するために基本となる活動が5Sである。5Sは，管理活動の根幹であり，品質と生産性を高めるだけでなく，災害防止に繋がる安全活動として，多くの企業で取り入れられている。

①整理：不要なものは捨てる。

②整頓：必要なものをすぐ使えるように，所定の場所に置いておく。

③清掃：掃除してきれいな状態にする。

④清潔：整理，整頓，清掃の状態を維持する。

⑤しつけ：職場で定められた規則を守る習慣を身につける。

（3）アクションチェックリスト

国際人間工学会（IEA: International Ergonomics Association, 2017）や，国際労働機関（ILO: International Labour Organization, 2010）は，現場作業および現場設備の人間工学的な問題点を広く洗い出すことを目的とした人間工学的チェックリストを提案している。これらのチェックリストは，問題点をなるべく漏れなく摘出することを目的とし，一般的に点検用に使われているチェックリストとは異なり，問題解決のための改善点をできるだけ的確に指摘することに主眼が置かれている。

アクションチェックリストは，リストアップされた改善策を提案するか否かを回答させるものであり，PDCA サイクルの Action（行動）をより能動的に促す効果が期待できる。

（4）改善の 4 原則（ECRS）

生産現場で，改善を実視するために，工程，作業，動作を対象とした分析に対する改善の順序と考え方を示したものが ECRS である。ECRS は，Eliminate（排除），Combine（結合と分離），Rearrange（入替えと代替），Simplify（簡素化）の頭文字をとったものであり，作業改善に取り組む際の優先順位を示している。

① Eliminate（排除）：作業改善を進めるにあたり，最初の段階で検討すべき視点が，「排除」である。業務のそのものの必要性に立ち戻って見直し，業務をなくすことを視野に入れた検討を行う。その改善効果は大きい。

② Combine（結合）：次に検討する視点が，「C」（結合）である。異なる時間や場所で行っている業務をまとめてできないか検討し，業務の結合と集中化を進める。似たような作業をまとめたり，バラバラの場所や時間で行っている作業を，同じ場所と時間でまとめて行ったりする。

③ Rearrange（再配置）：「R」（再配置）は，主に作業順序や作業方法を見
直すことにより，作業場所，担当作業者を再配置し，作業手順，作業方法，
および作業場所の適正化を目指す。

④ Simplify（簡素化）：業務内容を簡略化し，動作／要素／作業／工程単位
での，最適化を図る。

■第3節■

作業環境

人が最大限にその能力を発揮するには，職務・組織の最適化だけでなく，物
理的な作業環境（work environment）を整える必要がある。人に影響を与える
物理的な要因は，視環境，音環境，温熱環境をはじめ，気圧，人体振動，にお
い，放射線，電磁波などがある。

ここでは，計測が可能であり，数値化できる要因を取り上げて，その計測方
法と評価方法について概説する。

1. 視環境

視環境は，ワットで定義される光の強さを，人の視覚を考慮して評価する。

・光束（luminous flux）：単位は，lm（ルーメン）で表される。ある面を単
位時間に通過するエネルギーを人間の目の特性で補正したもので，光源と
なるライトから放射される光の量を指す。

・光度（luminous intensity）：単位は，cd（カンデラ）で表される。ある方
向へ放出される光束の立体角密度で定義される。光源から出る光のある方
向の強さを指す。

・照度（illuminance）：平面に到達した光の強さ。すなわち，光を受ける面
の明るさを指す。単位は，lx（ルクス）で表される。照度は光源からの距

第 2 章　人間工学

離の 2 乗に反比例するため，思った以上に照度は低くなる。
・輝度（luminance）：単位は，カンデラ／平方メートル（cd/m²）で表される。
　単位面積あたりの照度である。

　いずれも評価したい内容に応じて，計測項目を選択する必要がある。たとえ
ば，机に広げた資料を読む際の明るさは，輝度（cd/m²）ではなく照度（lx）を
計測しなければならない。

(1) 照明環境

　日本工業規格 JIS Z 9110（2010）では，作業の内容や場所毎に適切な照度基
準を示している。照明の基準は，住宅や事務所，工場，学校はもちろん，商業
施設，美術館，住宅，駅舎や駐車場，競技場に至るまで細かく分類された上で，
定められている。たとえば，事務所における一般的な作業（書類の作成や VDT
作業）において必要な照度は，750 lx と推奨されている。

　加齢の影響により，適正な照度が異なる。高橋・渕田（1996）は，高齢者住
宅などで推奨される照度を，概ね日本工業規格 JIS 照度基準の中央値の 2 倍と
している。2018 年 8 月，人事院（2018）は，国家公務員の定年を段階的に 65
歳に引き上げるための国家公務員法等の改正についての意見を出した。少子高
齢化の急速な進展，若年労働力人口の減少により，意欲と能力のある高齢者が
活躍できる場を作ることが目的である。照明学会は，40 歳代を想定した照明基
準を定めているが，今後は，住宅だけでなく事務所も高齢者に対応した照明基
準を定める必要があろう。

　2011 年の東日本大震災以降，節電を目的として駅のコンコース・ホーム・電
車内の蛍光灯を一部取り外し，日中時間帯の消灯などが行われてきた。また，多
くの企業においても，オフィス照明の減光が実施された。このように節電を目
的とした照明環境の変更は，ともすると人間にとって必要とされる照度を下回
る危険性がある。そこで，作業場の照度を一律に落としていくのではなく，た
とえばショーウインドウや広告物の照明など，装飾や演出を目的とする照明か
ら優先的に節電の対象とし，事務室など視作業を目的とする照明では節電を検
討し，駅の階段や乗り物の乗降口，道路，踏切，交差点など安全を目的として

35

設置された照明は維持するなど，メリハリのある照明環境を整えることが求められる（照明学会，2011）。

(2) 色彩環境

　色は，3つの属性（色相：hues，明度：value/lightness，彩度：chroma/saturation）からなる。色相は，赤，橙，黄，緑，青，藍，紫のように光の波長によって変化するもので，色の鮮やかさの度合いを表すのが彩度である。同じ色相および明度の色でも鮮やかな色とくすんだ色があり，これを彩度の違いで表現できる。このとき，白・灰・黒などは無彩色といい，それ以外を有彩色という。明度は，色の明るさの度合いを指し，光の反射率が関係する。たとえば，無彩色の白・灰・黒は，それぞれ明度が異なるだけである。

　情報を早く正確に人間に伝達しようとするときは，効果的な色を選択する必要がある。色には，以下のような特性がある。

- ・誘目性：注意の引きやすさ。黄色や赤などは，目を引きやすい色である。商業地域が誘目性の高い看板であふれるようになると，逆に無地や誘目性の低い看板が目立つ。
- ・視認性：見やすさ。背景と対象の明度差が大きいほど視認性は高くなる。文字の読みやすさは可読性で表現される。
- ・識別性：色同士の見分けのしやすさ。色を利用してグルーピングする場合，色相が近すぎると，隣のグループとの見分けがつきにくくなる。たとえば，国際照明委員会（CIE: Commission international de l'éclairage）は，色同士の違いが明確になるように，4色を用いる場合は，赤，緑，黄，白の組み合わせを，5色を用いる場合は，赤，緑，黄，白，青の組み合わせを推奨している。
- ・連想性：赤は炎・温かい，青は水・冷たいなど，色とその色から連想するイメージの組み合わせ。色だけでなく明度や彩度によっても，連想されるイメージが異なる。色によって連想されるイメージ（連想性）は，視覚表示の1つとして活用される。たとえば，お風呂の蛇口ハンドルにHotやColdの頭文字がなくとも，赤色と青色で塗り分けられていれば，それぞ

れ温水，冷水と理解できる。日本色彩研究所（2010）では，色から連想する言葉や事物を自由に記述させる方法により，色彩によって連想される連想語をまとめている。本調査データによると，スクリーン上に投影した色から連想する言葉や事物を自由に記述してもらった結果，赤色は「あつい」「血」，黄色は「明るい」「レモン」，紫色は「グレープ」，灰色は「ネズミ」「コンクリート」などが連想されている。また，日本色彩学会（1980）は，逆に言葉から該当する色を1色選ばせ，ある言葉に対してどのような色を想起するのかについて調査している。

オフィスの照明においても照度だけでなく，照明の色による使い分けがなされている。具体的に，オフィスの部位別に見た水平面照度と色温度の組み合わせ例を示すと，いわゆるデスクワーク（VDT作業を含む）を行う執務エリアでは750 lxの明るさでニュートラルな色温度は4200〜5000 Kであるが，松島（1995）は，応接面談や意思決定を行う幹部エリアでは，執務エリアと同じ750 lxの明るさで，やや暖かみのある色3000〜5000 K。また，会議室エリアでは，少し暗めの500 lxで，さらに暖かみのある色3000〜5000 Kを推奨している。

2. 音環境

音には，大きい・小さい音，また高い・低い音，がある。音の大小は，物理単位デシベル（dB）で表されるが，人間が知覚できる音の大小は，必ずしも物理量とは一致しない。人間が音を聞いたとき感じる音の大きさ（ラウドネス）は音の高低（周波数）によって異なる。等ラウドネスレベル曲線（図2-1）（国際標準化機構ISO 226，2003）は，周波数別に人間が同じ音の大きさとして知覚できる点を線で結んだものである。また，ホン（phon）は周波数1 kHzの純音で提示される音の大きさデシベル（dB）を表したラウドネスレベルの単位である。等ラウドネスレベル曲線は，騒音レベルの測定にも活用される。このとき，騒音レベルは人間の聴覚感度特性を反映したA特性と呼ばれる周波数補正特性を用いて測定される。

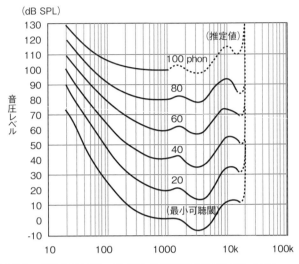

図 2-1 等ラウドネスレベル曲線（国際標準化機 ISO 226, 2003）

(1) 騒音

　人が不快に感じる音は，音の大小にかかわらず騒音（noise pollution）と呼ぶ。日本工業規格 JIS Z 8106（2000）では，不快なまたは望ましくない音，その他の妨害と定義されている。一般的に，音が大きなほうが騒音として感じるが，小さな音であっても音質によっては，不快に感じる音がある。

　騒音の評価は，以下の属性に分けて行われる。

- ラウドネス（loudness）：音の大きさに関する主観的印象（単位はフォン）
- ノイジネス（noisiness）：音の物理的特性に基づく聴覚的不快感
- アノイアンス（annoyance）：騒音の関わる不快感の総称

　このうち，ラウドネスとノイジネスについては，物理量から推定できるが，アノイアンスは，騒音による不快感，迷惑感，悩ましさを総称する属性のため，主観評価が必要である。

(2) BGM

　人間が快適（comfort）な環境で作業するには，騒音の除去が求められる。他方，人間を快適（pleasure）に作業できるようにし，さらなるパフォーマンス向上を期待するには，音を減ずるだけでない対策も有効である。

　バックグラウンドミュージック（BGM: Back Ground Music）は，リラクゼーション効果，作業促進効果等に与える影響が認められている。また，BGMのテンポ，音楽の種類は，作業内容によってもその影響・効果が異なる。たとえば，レストランでBGMを利用するのは雰囲気を作り出すためであり，工場では作業の効率アップが目的となる。図書館におけるBGMは，来館者の知的作業を促進するためではなく，アノイアンスの高い音をマスキングする効果を期待できるからであろう。

3. 温熱環境

(1) 快適な温熱環境

　人が快適と感じる温熱環境は，空気温度（℃），相対湿度（% R.H.），熱の輻射（℃），気流速度（m/s）などの環境側の要素と，着衣量，および人間の活動量などの人間側の要素によって求められる。これを，温熱環境6要素と呼ぶ。

　最も簡便に快適温熱環境を評価するには，定められた複数の部位の皮膚温を測定し，それぞれ固有の係数を乗じて加算した平均皮膚温度を利用するのがよいが，空調への応用を考慮すると，新標準有効温度（SET: new Standard Effective Temperature）や，予測温冷感申告値（PMV: Predicted Mean Vote）などのほうが利用しやすい。SETは，気温・湿度・気流・放射熱・着衣量をもとに，気流のない相対湿度50% R.H.の場合と同じ体感となる気温で表す。また，PMVは，気温，湿度，風速，平均放射温度，clo値，活動量の物理量から算出できる。なお，人が熱的快適さを感じるのは，平均皮膚温33〜34℃，SETが22.2〜25.6℃の範囲，PMVが-0.5〜+0.5℃の範囲とされる。

　2018年になって，54年ぶりに小学校の教室等の環境（換気，保温，採光，照明，騒音等）が見直され，教室内の望ましい温度がこれまでの10℃以上30℃以下であったのが，17℃以上28℃以下に改正された。寒すぎたり，暑すぎたりし

なくなった点は評価できるものの，文部科学省による空調（冷房）設備の設置状況調査によると，全国の公立の小中学校でも空調の設置が進んでいるが，設置率は50％に達していない。いかにして学習環境を整備していくかが今後の課題と言えよう。

（2）被服による調整

　温熱環境は，温度，相対湿度，気流や個人の温冷感等により影響を受けるため，温度のみで判断せず，衣服による温度調節も含め適切な措置を講ずる必要がある。

　被服による調整の目安として，cloを用いると便利である。cloは，衣服の保温性を表す単位であり，1cloとは，気温21℃，湿度50％R.H.以下，気流0.1m/sの環境で，椅座位安静の成人男子が快適に感じ，平均皮膚温度を33℃に維持できるような衣服の保温力であると定義されている。たとえば，気温が21℃から20℃に1℃下がれば，約0.1clo分の着衣量を増やせばよいということになる。

■ 第4節 ■
_____

作業姿勢

　人の生理的，心理的状態を乱すように作用する外的条件や要求の総量を，作業負荷という。

　人間は，日常生活においてさまざまな姿勢をとる。人間の姿勢は，人体のどの部分が主として水平面に接しているかを基準にして，臥位（仰臥位姿勢，伏臥位姿勢，側臥位姿勢），立位（直立姿勢，中腰姿勢，爪先立ち姿勢，寄りかかり姿勢など），座位（椅座位，平座位）を基本として3種類に大別される。さらに，上下肢の動きなどが組み合わさって，多くの姿勢が定義される。

　そこで，本節では，この作業負荷のうち人間の姿勢（作業姿勢：working postures）と負担について解説する（ただし，精神的負荷・負担（ISO10075:1991，JIS Z 8502-1994）を除く）。具体的には，人間が仕事をする上でとることの多い

姿勢，立位，椅座位を取り上げて，机や椅子の果たすべき役割と，生体諸機能へ新たに追加される生体負担の計測・評価手法について解説する。

1. 椅座位姿勢

(1) 椅子

　事務作業や，大学の講義，交通機関を利用した移動の際，椅子に腰掛けた姿勢を椅座位という。椅座位は，立位と比較して生理的な負担が少ないため，作業中に長時間同じ姿勢を維持できる。しかし，事務作業では，長い時間を椅座位で過ごすことから，人間と椅子，椅子と机，人間と机，それぞれの位置や高さを，作業の内容に応じて適切に配置しなければ，椅座位での作業負担が，筋骨格系の痛みや，循環系の疾病となって現れる。

　これらの疾病を予防するために，主に椅子の改良が行われてきた。現在では，オフィスチェアの研究・開発が盛んに行われており，たとえば，ハーマン／ミラー社のアーロンチェアやエンボディチェア，スティールケース社のジェスチャ，岡村製作所のコンテッサなど数多くの製品が開発され市販されている。

　一般的に，椅子の仕様は，以下の項目によって定めることができる（大島，1965）。

・座面の高さ：座面の高さが適当である条件は，深く腰をかけたときに足の裏が無理なく床面に付くこと，大腿後面がどの部分でも局所的圧迫を受けないこと，足部を前方，側方，後方にある程度自由に傾斜あるいは伸ばせること，大腿後面のかなり広い部分が椅子の座に接し，体の安定が維持されることなどがあげられる。
・座面の奥行：座面が短いと，大腿部に座の前縁があたって局部的な圧迫を受ける。座面が長いと，腰部後面と背もたれとの間に隙間ができて背もたれが有効に利用できなくなる。適切な座面の奥行きは，腰部後面から腓腸部までの長さより少し短い寸法を目安にするとよい。
・座面の幅：座面の幅が狭いと，臀部が座面両側縁によって圧迫される。また，自然の椅座位姿勢では両膝がやや開くので，座面の前幅は後幅より少

し広くする必要がある。

・座面の傾斜：作業時の上半身は前屈するので，座面を5°前後まで傾斜させるとよい。座面は，重力によって体重のかかる臀部から太もも裏にかけての血管を圧迫し血流を悪化させないよう，体圧を分散できる素材を用いる。

・背もたれ：背もたれは上体を後方に倒し，休憩形の姿勢となるのを助ける。また，座面に対する状態の圧迫を分散させ，椅座位姿勢を長時間保持させることを容易にする。背もたれがないと体の平衡を保つために前屈姿勢となり腹部が圧迫される。背もたれは，上部と下部で役割が異なる。背もたれは，人間の骨盤部から第1〜第3腰椎骨辺を支持するものが腰部のために効果的であり，上部の背もたれは，背部のための背もたれとなる。

・肘掛け：肘掛けは作業椅子には不適であるとされてきたが，机上における作業がVDT作業に遷ってからは，入力デバイスであるキーボードやマウスを操作するために，肘掛けを上下左右，上下に動かして適切な位置に調整でき，腕への負担を減らせる椅子が増えている。

　一方，椅座位で一定の緊張状態を維持したい場合には，椅子の設計に異なるアプローチが必要となる。鉄道の運転席や航空機のコックピットなど，長時間にわたり一定の緊張を強いる現場においては，快適性が眠気を誘発しないよう留意しなければならない。たとえば，新幹線の運転席は，普通の椅子とは異なり独特な形状をしている。これは，緊張を維持しながらも疲労が少なくてすむという二律背反する課題に取り組んだ結果である（正田，1997）。

　大学の講義室にある椅子が，ソファのようにリラックスできる椅子だと，講義の内容にもよるが，ほとんどの受講生は寝てしまうだろう。これに対して，できるだけ客の回転を早くしたい飲食店等では，長時間くつろげるソファは不要といえる。

(2) 机

　現在のようにインターネットやパソコンが普及していなかった時代の事務机には，紙の書類を広げるスペースと，書類を整理するための本棚が配置されて

いた。それが，OA 化が進み VDT 作業が主になると，机の上を巨大な CRT モニタが占拠するようになる。現在では，CRT モニタと比較して省スペースの液晶モニタが普及し，書類の電子化，いわゆるペーパーレス化が進んだことにより，机の上の自由度は格段に大きくなった。

　日本工業規格 JIS は，机の強度だけではなく，サイズも定義している。現在，机のサイズは縦横の大きさにかかわらず，作業面の高さは 700mm とされている。ただし，この高さが制定されたのは 1971 年であり，これまでの日本人の体格の変化に応じて高さを見直そうとする声もある。一例として，日本オフィス家具協会（2011）は，体格の変化，就労者の多様化，収納力の向上を根拠に，事務机の高さを 720mm として推奨している。

　JIS で事務机の高さが 700mm と制定される以前，旧 JIS では，アメリカの規格を利用した経緯もあり，高さが 740mm となっていた。現行の JIS では，これを 700mm に下げたという経緯がある。

　一方，戸上・野呂（1987）は，座位身体寸法値と選好値に基づいて最適作業面高を提案している。JIS S 1010 に定められている作業面の高さ 700mm は，VDT 作業にとしては高めであること，最適な作業台の差尺は，座高の 3 分の 1 から 4 〜 6 cm を引いた値であることを指摘している。

　小学校の机や椅子は，JIS において，机の高さが 400 〜 760mm，椅子の高さが 220 〜 460mm の範囲で 8 種類あり，学童の成長に合わせて最適な机や椅子を選べる。これらからもわかるとおり，机や椅子の高さは，使用する人体の寸法と作業の内容に適合されるべきである。

2.　立位姿勢

　直立姿勢を維持する際の各関節の固定は，背柱，股関節，膝関節，足関節では筋活動に依存する度合いが極めて小さい。したがって，直立姿勢はエネルギー消費からみて，非常に効率のよい姿勢である。椅座位と比較して，移動できる範囲が広いため，作業域を広く設定できる。立位姿勢で作業を行う場合の作業面の高さは，肘頭高（肘高）を基準とすること，作業で必要となる力に応じて作業面の高さを低くすることなどが推奨されている（労働科学研究所, 1962）。

梁瀬ら（1969）によると，家事の中でも台所での作業は，ワークトップ（作業台）で食材を切ったり，シンクで食器を洗ったり，しゃがんでフロアユニット（下部収納）から調理器具を取り出したり，頭上にあるウォールキャビネット（吊戸棚）からものを取り出したりするなど，実に多様な姿勢で行われている。現在，システムキッチンではこれらの作業を効率的に行えるよう，特にワークトップの高さは，身長に合わせて選べるようになっている。

3. 負担

工場を中心とする生産現場では機械化が進み，人間にとって負担の大きな作業は工業用ロボットが代行するようになった。しかし，農業や林業，漁業などの第一次産業の現場では，依然として無理な姿勢，負担となる環境（具体的には，狭い場所に潜り込んでの作業や，かがみ作業，重量物運搬，においや熱への曝露）での作業を強いられており，早急な対策が求められる。できるだけ，人間が自然に，負担が少ない姿勢で作業できるようにするためには，問題点を明らかにし，対策を講じなければならない。

作業姿勢による負担を評価する方法の1つとして，移り変わる姿勢をサンプリング方式で記録する OWAS 法が用いられる。

OWAS（The Ovako Working posture Analyzing System）法は，まず，作業姿勢を背部，上肢，下肢，重さの4項目で捉え，これらの組み合わせを数字でコード化して記録する。これは，現場で簡易にかつ迅速に記録できるようにするものであり，記録者が目視してコードを記録するのを30秒から60秒程度の時間間隔をおいて実施する。モーションキャプチャを利用するよりも，いつも通りの環境下で作業姿勢を記録できるというメリットもある。

次に，記録された負担を基に姿勢の負担度を評価し，改善の要求度を以下の4段階に要求する。

AC1：この姿勢による筋骨格系負担は問題ない。改善は不要である。

AC2：この姿勢は筋骨格系に有害である。近いうちに改善すべきである。

AC3：この姿勢は筋骨格系に有害である。できるだけ早期に改善すべきであ

る。

AC4：この姿勢は筋骨格系に非常に有害である。ただちに改善すべきである。

■ 第5節 ■

ヒューマン・マシン・インタフェース

　人間工学は，システムにおける人間と他の要素とのインタラクションを理解するための科学的学問である。したがって，人間と機械の接点（インタフェース）は，まさに人間工学の主戦場といえる。

　ヒューマン・マシン・システム（human-machine system）とは，人間－機械系と訳される概念である。佐藤（1971）は，人間－機械系を，1人以上の人間と1つ以上の機械とがある環境条件の下で，入力から望ましい結果を得るために協働する作業的結合と定義している。また，4つの基本的な機能をあげている。

- ・情報受容（information receiving, sensing）
- ・情報蓄積（information storage）
- ・情報処理・判断（information processing, decision）
- ・活動機能（action function）

　ヒューマン・マシン・インタフェース（human-machine interface）は，人間と機械の接続部分にあたり，このインタフェースの善し悪しが人間－機械系による出力の質に大きく影響するのはいうまでもない。

1. 視覚表示

　現在，スマートフォンをはじめとした機器を通じて得られる情報は膨大である。テレビやラジオなどの放送，新聞や雑誌などのマスコミュニケーション，

郵便，電話，ファクシミリなど通信手段を用いて行われてきた情報コミュニケーションは，インターネットに取って代わられようとしている。現に，NHKは，放送番組を放送と同時にインターネットでも提供するインターネット同時配信を進めており，放送とインターネットを融合させつつある。また，年賀状も，その配達枚数が低下し続けている。家電量販店の店頭では，ファクシミリ機どころか電話機売り場を探すのが困難なほどである。

大須賀（2014）は，情報分野における人間工学の目的を，人間の特性に合わせた情報機器の設計（人間への適合性の向上）と，情報機器を用いる際の環境・業務形態の改善（安全・健康・快適性の向上）とに分類した。これによると，1970年代半ばまでは，CRT方式による解像度やノイズ，眼精疲労等が，研究の対象となっていた。1980年代半ばにかけては，日本語ワードプロセッサの普及に伴い，生活場面でもコンピュータに接する機会が増加した。また，Microsoftの MS-DOS や Apple の Macintosh の発売など，パーソナルコンピュータが普及し始めた時代でもある。1990年代半ばまでは，これまでの TUI（Text-based User Interface）から GUI（Graphical User Interface）に移行し始めたため，これ以降の，表示器の解像度，色数など，モニタの表現力が向上した。このようなハードウエアの性能向上は，一方で，人間側の負担を増加させた。長時間のVDT作業をした結果，眼精疲労などの弊害が認識されだしたのもこの時代である。

このように，コンピュータとのインタラクションは，文字や数字を入出力することから始まった。次に，解像度や色数など表示器の表現力向上により，絵や図を表示できるようになるとともに，アイコンやウェブデザインが発展していった。また，スマートフォンに代表されるモバイル端末などでは，指で画面に触れながら操作するタッチパネルとマルチタッチジェスチャーによる入力ができるようになった。

物体から発せられた光は，人間の感覚器官である眼に入り，網膜に映し出された像は，視神経を経由して大脳の視覚中枢に到達する。人間は，脳でそれが何であるかを判断する。したがって，視覚情報表示装置は，人間にとって見やすい表示であることは当然だが，読み取りやすく，快適に使えることが求められる。視覚情報を提供するにあたっては，下記の人間の視覚特性を考慮しなけ

ればならない（日本工業規格 JIS Z8513, 1994）。

- ・可視性（可視度）（visibility）：対象物の存在の認めやすさ，対象物の見えやすさの程度
- ・可読性（明視性）（legibility）：文字や記号の読みやすさの程度
- ・誘導性（誘目性）（conspicuity）：周辺環境内での目立ちの程度

2. 聴覚表示

音は指向性がなく，人間がどこを向いていても，また他のことをしていても，情報を伝達できるため，警報装置などで多用される。たとえば，駅の発車ベルは，いろんな方向に注意が向いている旅客に対して注意を促すのに有効であるが，これから乗ろうとする電車の発車時刻や到着ホーム番号等の案内は，視覚表示を用いるべきである。このように，音声による情報の伝達には，単位時間あたりに伝達できる情報量が視覚表示よりも少ないため，多くの情報を伝達することができない。駅の案内放送では，できるだけ単純で短い情報に限る必要があろう。

■ 第6節 ■

デザイン

1988 年ノーマン（Norman, D. A.）は，著書『誰のためのデザイン（*The Design of Everyday Things*）』で，それまでのユーザ中心設計のアプローチに認知科学を取り入れ，利用者が誤りなく理解しやすいよう設計すべきであると提唱した（Norman, 1988）。

デザイン（design）には，色や形で表されるハードウエアの設計だけでなく，作業改善を含む管理設計も含まれるが，本節ではハードウエアを対象としたデザインを取り上げる。

1. 人体計測

　人間－機械系のインタフェースで用いられるのは，キーボードやマウスによる入力，タッチスクリーン，音声，ジェスチャーなどによる入力がある。これらのインタフェースは，人間の指や足の可動範囲等の特徴を知っておかなければ，人間に無理な操作を強いる結果となる。人間の計測項目には，それぞれ長さと形，姿勢，動き，力と変形などがあり，人体寸法値などは，人間生活工学研究センターが人間特性・生活特性データのウェブサイト（https://www.hql.jp/database）で公開している。

2. 操作具

　人間－機械系において，人間の操作を機械に伝えるための機具を操作具と総称する。たとえば，回転するノブの場合は，目盛りの回転方向とノブの回転方向は同じとすること，目盛りの数字は左から右に向かって増加すること，時計回りの操作で設定値が増加することなどが望まれる（図 2-2，McCormick, 1976）。

　近年，人間の声によってスマートスピーカーやスマートフォンを操作し，音声認識，IoT，AI 等の技術を駆使して操作の結果を返すサービスが普及しつつある（Google Home，Amazon Echo など）。また，自動車においても，運転中に表示画面や入力操作に煩わされずに入力ができるため，ジェスチャや音声によるコミュニケーションが活用されつつある（Mercedes の me connect，トヨタの T-connected，BMW の Gesture Control など）。また，表示画面を見ながら指で操作するタッチスクリーン式のタッチユーザインタフェースも，スマートフォンを中心に広く普及しているのは言うに及ばない。

　このように，インタフェースの多様化に伴って，システムの高度な機能に容易にアクセスできるようになったが，今でもキーボードを使った文字入力はなくなっていない。キーボードは，両手のすべての指を使ってキートップを押下することにより入力を可能とするデバイスである。物理的な機構を持つため，その反力を入力時の応答として指先で感じることができる。これまでに，さまざまなキーボードの配列やレイアウトが提案されてきたが，機械式タイプライ

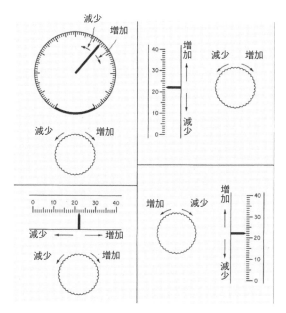

図 2-2 操作方向とディスプレイ図（McCormick, 1976, p.209 Figure 8-5）

ターの時代に，英語圏で使用される単語の入力とタイプライターの物理的動作の制約から生まれた QWERTY キー配列のキーボードが，現在でも使用され続けている。キーボードは，キーのサイズや間隔，配置，押下する際の重さなど，まさに人間の指の形態に合致させなければならず，どのようなキーボードを選択するかは，筆記具選びと同じくらい重要であるといえよう。

タッチスクリーン入力や，ボタン入力が進んだため，操作盤の限りあるスペースを物理的に占有するダイヤルやノブは廃れつつある。また，物理的な機構を伴うこれらの操作具は，接点の劣化など，長期間の使用によって故障することも多く，よりメンテナンスが容易なボタンなどに移行している。

操作具は，操作に使用する体の部分の特性に適合するように選択，設計，配置することが求められる。技能，正確さ，速度，力の条件について，国際標準化機構 ISO 6385（2016）では，次の事項を考慮するよう推奨している。

・操作具の形式，意匠，配置は学習や生得の反応を含めた人の特性を考慮し，

操作作業と適合するようにすること。
- 操作具の動きや操作抵抗は，操作作業や身体機能ならびに人体寸法のデータを基にして選ぶこと。
- 制御動作，装置の応答および表示装置の情報は，それぞれの間で適合すること。
- 各操作具の機能は混同することなく容易に区別できること。
- 操作具が多数設置されている場合は，安全，確実かつ迅速に操作できるように配置すること。
- 特に重要な操作具は，不意の誤操作に対し保護されていること。

3. 作業空間（作業域）

限りある作業空間の中で，最大限の作業能率を発揮するには，人体測定値の有効活用が欠かせない。

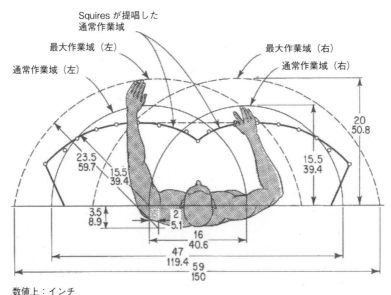

数値上：インチ
数値下：センチメートル

図2-3 通常作業域と最大作業域の違い（McCormick, 1976, p.278 Figure 10-8）

第2章　人間工学

　人間が一点に立って，もしくは座った状態で，手足を動かした場合，その最大の領域は限られている。これは作業域といい，上腕を軽く体側につけて肘を曲げた状態で自由に手の届く領域である通常作業域と，思い切り上肢を伸ばした場合に達しうる領域である最大作業域に分けられる（図2-3）。さらに，腕の上下に動かしたときに描かれる領域を垂直面作業域という。これらの作業域を考慮して，本棚や文具の置き場所を決めておくことは，作業能率の点から見て合理的といえる。また，これらの数値は，機械の設計にも役立てられている。

4.　バリアフリーとユニバーサルデザイン

　人間は，生まれながらの障害，病気，事故，加齢などさまざまな理由で，聴くこと，認知すること，体を動かすこと，話すこと，見ることのできる程度に差がある。従来，バリアフリーの研究は，主に都市計画，建築，公共交通などの領域で盛んに行われてきた。これは，障害を持っている人のバリアを取り除こうとする考え方に基づいている。現在では，この概念の延長線上に，誰もが容易にアクセスできるようにとの目的で，ユニバーサルデザインの考え方が広く行き届くようになった。

　これは，障害だけでなく，年齢，性別，人種など，より対象範囲を広くしたものと捉えてもよいだろう。また，バリアフリーが施設等の計画に規制することで普及した行政指導型であるのに対して，ユニバーサルデザインはよいものを褒め称え推奨する民間主導型で普及したことにもこれらの違いが見て取れる。

　内閣府（2008）は，共生社会政策の一環として「バリアフリー・ユニバーサルデザイン推進要綱」をとりまとめ，物理的な障壁のみならず，社会的，制度的，心理的なすべての障壁に対処するとともに，施設や製品等については新しいバリアが生じないよう，誰にとっても利用しやすくデザインするという考え方に基づいた取り組みを推し進めている。

　また，The Ronald L. Mace Universal Design Institute（1997）は，ユニバーサルデザインの7つの原則を提唱して，建築，製品，コミュニケーションなど広範囲の設計に適用を図っている。

原則 1 ：公平な利用ができる（equitable use）

原則 2 ：柔軟性のある使い方ができる（flexibility in use）

原則 3 ：簡単で直感による使い方ができる（simple and intuitive use）

原則 4 ：わかりやすい情報である（perceptible information）

原則 5 ：エラーに対して寛容である（tolerance for error）

原則 6 ：身体的な負担が少ない（low physical effort）

原則 7 ：利用するための大きさや広さがある（size and space for approach
　　　　and use）

■ 第7節 ■

ユーザビリティ

　ユーザは，使い勝手のよい製品を求める。一言で「使い勝手」と言っても，使いやすいか，操作は簡便か，思った通りの結果が得られるか，操作や表示がわかりやすいかなどさまざまな評価尺度がある。これらは，いずれもユーザビリティ（usability）を定義する尺度である。さらには，使い勝手の善し悪しの前に，製品は，ユーザが求める機能を備えているか，製品を使用することにより事故を誘発したりしないか，最低の機能は備えておかなければならない。これらは，ユーティリティのレベルで満たしておかなければならない尺度である。近年の研究は，ユーザの満足度など，ユーザエクスペリエンスを向上させるよう発展を続けている。

　これまでは，機能性や安全性を実現するためにユーティリティの向上が図られてきた。そのために，ユーザが求める機能など，どちらかというと定量的な評価がなされてきてきた。ユーティリティを確保したら，次は，製品やサービスの操作性，認知性および快適性を考慮したユーザビリティが注目されるようになり，製品の使い勝手の良さを，定量的だけでなく定性的に評価することが求められるようになった。

　国際標準化機構 ISO 9241（1998）では，ユーザビリティを，「特定の利用状況

において，特定のユーザによって，ある製品が，指定された目標を達成するために用いられる際の，有効さ，効率，ユーザの満足度の度合い（Extent to which a system, product or service can be used by specified users to achieve specified goals with effectiveness, efficiency and satisfaction in a specified context of use)」と定義している。

それぞれの度合いは，以下の3つの項目で評価される。

有効性（effectiveness）：ユーザが指定された目標を達成する上での正確さ，完全性

効率性（efficiency）：ユーザが目標を達成する際に，正確さと完全性に費やした資源

満足度（satisfaction）：製品を使用する際の，不快感のなさ，および肯定的な態度

しかし，このような尺度は主観に頼らざるを得なく，定量的な表現が難しいため，客観性が乏しくなり体系的なアプローチを困難とする。この課題をクリアするためにさまざまな評価法が提案されており，そのなかでも代表的なものに GOMS がある。GOMS は，目標（Goals），オペレータ（Operators），方法（Methods），選択規則（Selection rules）の4つの要素を，英単語の頭文字をとって表したものである。それぞれ，システムによって達成されるべき目標，目標に到達するために必要な認知的もしくは身体的行為，目標を達成するための方法，複数の方法から最適な方法を決める法則である。GOMS は，4つの構成要素に分けて，熟練ユーザがコンピュータ操作するときの行動を予測するもので，高い時間精度を誇る（John & Kieras, 1994）。

■ 第8節 ■

ユーザエクスペリエンス

　これまでの人間工学研究は，製品に求められる要求事項をクリアするために行われてきた。岡田（2014）は，生活用品を対象とした人間工学研究を俯瞰し，初期においては安全性，操作のしやすさ，見やすさまでがその主なテーマとなっていたが，その後，わかりやすさ，対象ユーザの拡大にも矛先が向くようになり，近年は満足感など豊かな感性の獲得についても人間工学的アプローチがなされるようになったと指摘している。

　山岡（2017）は，人間工学の役割の変化を3分類し，①機能中心主義（1945年から1985～1995年ごろ），②人間中心主義（1985～1995年ごろから2005～2010年ごろ），③価値中心主義（2005～2010年ごろから現在），人間工学の役割の拡大とともにそれぞれ人間工学1.0，2.0，3.0と命名した。

　ユーザエクスペリエンス（UX: User Experiences）は，この流れに沿って現れた新しい概念であり，国際標準化機構 ISO 9241（2010）では，「製品，システム，サービスの利用および予期された利用のどちらかまたは両方の帰結としての人の知覚と反応（person's perceptions and responses resulting from the use and/or anticipated use of product, system or service）」と定義されている。要するに，ユーザエクスペリエンスは，企業，サービス，および製品と，ユーザ間のすべての側面を網羅する概念といえよう。

　黒須（2013）は，ユーザビリティとユーザエクスペリエンスの概念を「品質」の観点から次のように整理している。まず，設計者にとって設計時に問題になる「設計品質」と，ユーザにとって利用時に問題になる「利用品質」を分ける。また，「客観的品質」と「主観的品質」を分ける。これら2つの区分を組み合わせると，4つの品質特性領域（客観的設計品質，主観的設計品質，客観的利用品質，主観的利用品質）に分類できる。

　ユーザエクスペリエンスの向上は，客観的な設計品質と利用品質を向上させるだけでなく，主観的な設計品質と利用品質も併せて向上させる必要があるといえる。

第3章

職場環境
働く人々を有害要因から守る

■ 第1節 ■

職場の環境条件の重要性

1. 安全・健康・快適性に影響する職場の物理的・化学的環境条件

　通常の生活や仕事において，照明，温熱環境，空気の成分などの物理的・化学的環境条件を気に留めることは，何らかの許容できない条件がない限りあまりない（Baron, 1995）。1929 ～ 1932 年に実施された歴史的な産業心理学の研究であるホーソン研究は，工場の照明などの物理的環境よりも心理社会的な要因の影響が大きいという結果を報告した（批判的論評として，狩野，1970）。ホーソン研究は，その後の心理学の研究に多大な影響を及ぼしたが，その影響で環境の問題が心理学の主流のテーマからは後退してしまったのかもしれない。

　一方で，温熱環境，騒音，照明，空気の質の影響を検討した多くの研究は，物理的環境条件がパフォーマンスや人間関係に影響を及ぼすことを明らかにしている。また，環境に危険があるという認識が不快感や心理的ストレスを引き起こし，パフォーマンスや健康にネガティブな影響を及ぼし得るのは当然といえる（Baron, 1995）。バロン（Baron, R. A.）は，明らかに非快適あるいは劣悪な温度環境，照明，レイアウト，空気の環境などを我慢しながら働く状況は比較的快適な職場が多いと思われるオフィスにおいてさえ現実にはよくあることも指摘している。

55

本章では，現在のわが国の産業において，職場の物理的・化学的環境の危険や非快適性によって働く人たちの安全・安心と健康，時には生命が脅かされている例が少なくないことに着目する。そして，環境に起因する労働災害の防止のための産業・組織心理学の課題が多数あることを示したい。

2.　物理的・化学的な危険源が関わる労働災害

　産業現場では，一般の家庭やオフィスなどでは使用されることのない危険な化学物質，高温や高圧などの高いエネルギー，強い動力などが使用されることがある。それらによる障害と事故，安心して働くことができない非快適の問題があり，関連する労働災害の発生状況は現在も深刻である。工場の生産機械や建設機械が関わる事故，生産現場での有害物への接触，危険な物質による火災や爆発による災害が発生している。こうした状況は，厚生労働省が定期的にインターネットで公開している労働災害発生状況の「業種・事故の型別の発生状況」を見れば理解できる。

3.　危険な環境で働く人々

　産業の自動化や第三次産業の従事者の増加に伴って，オフィスなどの比較的安全な場所で行われる仕事が増えた。しかし，農林水産，製造，建設，輸送，販売，機器・設備のメンテナンスなどの現場が社会を支えていることは今も変わらない。2017年の職業別就業者数（労働政策研究・研修機構，2018）を見ると，もっぱら事務作業に従事する労働者は全労働人口の20％ほどである。生産工程従事者（13.6％），運搬・清掃・包装等従事者（7.1％），建設・採掘従事者（4.6％），輸送・機械運転従事（3.4％），農林漁業従事者（3.3％）の5種の就業者を合わせると32％となる。これらの仕事では機械・工具の使用，高いエネルギーへの曝露や接近，高所などの危険な環境での作業，激しい身体的な活動，あるいは危険な化学物質の取り扱いの可能性がある。

　その他の，専門的・技術的職業従事者（16.0％），販売従事者（13.2％），サービス職業従事者（7.2％）と分類される職業では，取り扱う商品や機器，あるい

はサービスの対象者によっては疾病・障害の危険への曝露の可能性がある。たとえば，医療・福祉では，患者・利用者の移乗・移動介助などの身体的な負担が大きい作業があり，腰痛などの障害の問題がある。病院のスタッフには感染や薬品の危険がある。たとえば注射針などの廃棄物を介した感染（吉川，2013），抗がん剤など治療薬の調剤作業中の曝露の問題がある。今日でも多くの労働者が物理的・化学的危険源を扱う仕事をしているのである。

4. 疾病予防のための職場環境管理の重要性

仕事に起因するさまざまな疾病の危険があることは古くから知られていた。産業医学（occupational medicine）の父と言われるイタリアの医師ラマツィーニは1700年初版の著書，『働く人の病』の中で，働く人々の病気の原因として「扱う物質の有害性」と「激しく，そして不規則な動作や不自然な姿勢が身体に及ぼす影響」の2つをあげている（Ramazzini, 1713）。仕事に起因する疾病の予防のためには，「働く環境・場所」を安全にし，「働き方」を安全にしなければならない。また，働き方を安全にするためには職場の設備やレイアウトといった広い意味の環境の整備も必要である。仕事に起因する疾病を対象とした予防医学である産業衛生学（occupational hygiene）では，環境中の有害要因を取り除く「作業環境管理」と，有害曝露の防止，作業負担の適正化等のための「作業管理」に「健康管理」を加えた3つの管理が重要とされている。

5. 本章の目的

本章では，まず，現在明らかにされている職場環境のさまざまな有害要因と，それらに対する必要な対策を概観する。そして，有害要因ごとに産業・組織心理学が産業衛生への貢献・支援をするための研究課題を提示する。事業者が主導で行う産業衛生活動を支援するためには，行政の法令・指針によって事業者に何が求められているかを理解することが有効と思われる。そのため，有害物等の対策に関しては，まず法令・規制で求められていることを記載し，心理学的に重要と考えられることにも言及する方針とした。行政による規制の整備は，

これまでの産業衛生の構築・発展の重要な部分を占めてきたとも思われる。しかし，法や規則がすべてではなく，産業衛生の本質ではないことには留意してほしい。

それぞれの化学物質，粉じん，有害エネルギーの有害性の詳細や最新の研究成果については専門書や日本産業衛生学会等などの学術情報を参考にしてほしい。精神的な健康も喫緊の課題であり，心理学が産業衛生に最も貢献できる分野と思われるが，それは他の章に譲る。

■ 第 2 節 ■

職場環境の物理的・化学的危険要因と心理学

1. 職場環境の危険要因

本章では，身体的な疾病に結びつく環境条件のうち，①化学物質・粉じん，②暑熱環境，③騒音，④振動，⑤照明，および⑥レイアウトや道具の環境による影響を取り上げる。①と②は現在，死亡災害を含む多くの労働災害の原因となっている。③，④，⑤は，それぞれ難聴，振動障害という特有の疾病と視覚系への負担・疲労を引き起こすものであるが，古くから感覚・知覚を扱ってきた心理学が取り組みやすい課題と考えた。⑥は腰痛などの筋骨格系障害の予防が関わる問題である。

一方，本章では感染症などを引き起す生物学的危険源，放射線，有害光線，電磁場，気圧（高圧／低圧），動揺病（車酔いなど）および重力に関しては取り上げない。これらの問題についても予防的な取り組みのあり方はある程度共通していると考えられる。これらの危険性の詳細，規制の現状，対策などについては産業衛生の書物などを参考にしてほしい。

視覚環境に関連して，今日では映像インタフェース技術の発展と普及が著しく，映像への依存が多くなっている。これも本章では取り上げないが，映像環境の安全衛生が新しい課題として重要になっていくと考えられる（伊藤，2007）。なお，光環境は物理的環境に分類されるが，視覚環境として人間工学で扱われ

ることが多いので，⑤照明については，⑥レイアウトや道具の環境ともに，第6節の「人間工学的条件と健康」の中で取り上げることにする。溶接アークなどで問題となる眼に有害な光線（紫外線，ブルーライトなど）については産業衛生の専門書を参考にしてほしい。

ヒューマンファクターが関わる機械等による事故も広い意味での職場環境の問題である。機械の安全については，労働安全衛生法と関連する法令・指針での扱われ方について若干の言及をするにとどめる。

2. 有害な物質とエネルギーの概要

疾病の防止にために配慮が必要となる環境の有害な物質とエネルギーは数多くあるが，主なものの一覧は，インターネットでも公開されている日本産業衛生学会の「許容濃度勧告」で見ることができる（日本産業衛生学会, 2018）。そこで取り上げられている有害性をおおまかに分類すると，①化学物質・粉じん，②騒音，③高温，④寒冷，⑤振動，⑥電場・磁場・電磁場・紫外放射である。これらは，身体的な疾病に直接結びつく主な物理的・化学的危険要因（物質とエネルギー）の一覧と見なせるだろう。なお，有害曝露の許容値に関しては，アメリカ合衆国産業衛生専門官会議（ACGIH: American Conference of Governmental Industrial Hygienists）が，その都度の研究の到達点のレビューに基づき，化学物質の許容濃度値（TLV: Threshold Limit Values）と生物学的モニタリング（尿中の代謝物の分析による曝露量の評価）の指標（Biological Exposure Indices）を毎年公表している。TLV は，最新の国際的な標準として参照・採用されることが多い。

3. 労働時間と有害要因

日本産業衛生学会や ACGIH から提示されている安全の基準は，通常・適正の労働時間や作業時間での日々の作業で曝露が継続しても健康に害を及ぼさない濃度の上限を示したものである。たとえば，産業衛生学会の勧告では，「労働者が 1 日 8 時間，週間 40 時間程度，肉体的に激しくない労働強度で有害物質に

曝露される場合」を想定しているとの記載がある（日本産業衛生学会，2018）。わが国で問題になる事の多い過長な労働時間・作業時間は，有害物等の曝露の問題にも関わることである。

4. 有害物等による事故に介在するヒューマンファクター

　どのような産業事故や労働災害であっても，その原因を遡れば，心理学的な要因，すなわち人の認知・行動および組織等の要因が関わっている。これは有害物等が関わる災害でも同様である。まず，どの程度まで工学的に周到な安全対策を実施できるかには，企業・組織の規模，特性，状況などが大きく関わっている。また，ハードウエアや環境の対策を物的かつ形式的に整えることができた場合でも，実際の作業，管理，メンテナンス等に関わる人や組織のエラーや違反を防ぐことができなければ事故や障害の可能性は残る。有害物等による災害の防止においても産業・組織心理学による検討と支援は重要である。

　危険な物質を扱う作業をパートナー企業が実施することも多い。請負関係における組織安全の改善や，小規模事象者の安全衛生管理の支援が重要である。外国人労働者や経験の短い作業者の支援も重要である。

5. オフィスやサービス業の職場の快適性と安全性

　比較的安全と見なされるオフィスやサービス業などの職場環境に関しては，長期的に健康を維持しながら安心して働けるような高いレベルの安全性と快適性をさらに推進すべきである。これは心理学が大いに貢献できる領域である。オフィス作業者の環境条件への曝露は静的で持続的である。長期的・潜在的な影響への対策が手遅れにならないためにも，物理的・化学的危険が十分に排除されていなければならない。

　サービス業等では顧客や利用者の安全や快適性のみが優先されがちである。利用者およびスタッフの双方の安全・快適性の両立・一体の改善が望まれる。

第3章　職場環境

■ 第3節 ■

事業者・管理者に求められる職場環境の管理

1. 労働安全衛生法および関連する規制・指針

（1）労働安全衛生法

　職場の化学的・物理的危険性を適切に管理することは，事業者の従業員に対する安全配慮義務（労働契約法第5条など）の順守の最低限の条件の1つといえよう。職場での安全と健康を維持するために事業者と労働者が実施すべきことを規定している日本の法律が労働安全衛生法である。この法律の目的は，労働災害の防止のための，①危害防止基準の確立，②責任体制の明確化，および③自主的活動の促進の措置を講ずる等の総合的計画的な対策を推進し，職場における労働者の安全と健康を確保するとともに，快適な職場環境の形成を促進することである（労働安全衛生法第一条）。労働安全衛生法で事業者が取り組むべきとされている項目を以下にまとめた。より具体的な取り組みの内容は次項で述べる省令や指針に示されている。

①事業場の規模，請負関係の有無等に対応した安全衛生管理スタッフ・組織の整備（安全衛生管理体制）。
②労働者の危険や健康障害を防止するための措置，調査（リスクアセスメント）の実施など（労働者の危険又は健康障害を防止するための措置）。
③機械の製造の許可，専門機関による検査・検定等の規定，譲渡・貸与・設置の制限等への対応・順守。定期検査等の実施など（機械等に関する規制）。
④危険物・有害物の製造等の禁止や認可，容器や包装の表示，危険に関する情報を示す文書等についての規定への対応・順守。調査（リスクアセスメント）の実施など（危険物及び有害物に関する規制）。
⑤就業時や作業の変更時の安全衛生教育の実施。中高年齢者への配慮など（労働者の就業にあたっての措置）。
⑥有害物を使用する作業場における環境の測定と管理。危険への曝露を防ぐ作業方法の管理。健康診断と事後的措置の実施。長時間労働の従事者への

61

医師による面談等の実施。ストレスチェックと事後的措置の実施。受動喫煙の防止など（健康の保持増進のための措置）。

⑦快適な作業環境の維持管理の継続。作業方法の改善の継続。疲労を回復するための施設・設備等の充実。健康増進のための取り組みの実施など（快適な職場環境の形成のための措置）。

（2）労働安全衛生法に関連する法令と指針

職場環境の安全と快適性を維持するために事業者が取り組むべきより具体的な内容は，化学物質や機械などの各領域ごとに労働安全衛生法から派生した省令や指針が規定している。例として化学物質や粉じんによる障害を防ぐための主な法令の一覧を表3-1に示した。

これらの法令では，職場で使用されるそれぞれの物質に応じて事業者が実施すべき対応（基準を満たす設備の設置，掲示や表示，物質の製造のための許可，定期的な環境測定，機器の定期検査，実施義務のある健康診断の項目など）が定められている。なお，機械安全などのその他の領域に関してもそれぞれの労働安全衛生法の関連法令，指針等があり，労働安全衛生全般をカバーしている。安全と健康に関する問題の動向や新たな問題の発生・社会問題化に対応した法の改正と指針の策定がその都度行われている。後述の自主対応とリスクアセスメントに関する法改正と指針は，近年の重要な動向である。

表3-1　化学物質と粉じんに関する主な労働衛生関係法令

労働安全衛生法	
以下関係省令	
有機溶剤中毒予防規則	鉛中毒予防規則
四アルキル鉛中毒予防規則	特定化学物質障害予防規則
酸素欠乏症等防止規則	事務所衛生基準規則
粉じん障害防止規則	石綿障害予防規則
労働安全衛生規則	
作業環境測定法	
じん肺法	

第 3 章　職場環境

（3）事業者の自主的な取り組みの重要性

　法や規制の順守だけで職場の安全衛生が確保できるわけではない。現在の労働安全衛生関連法と諸規定においては，その特色として，労働基準法のように最低基準を規定しているのではなく，快適性の推進・維持を明記していること，基準や手順の詳細を定めた条項だけでなく，事業者による自主的な取り組みの義務または努力義務を規定している条項や指針が多いことがあげられる（甲田，2013）。

（4）リスクアセスメント

　有害物等による危険は職場ごとの多様な条件によって異なるものである。災害を防止するためには，職場で取り扱っている原料，部材をはじめ，さまざまな物の危険性に関する情報を収集し，事故の可能性を高めるさまざまな事態を先取的に想定したリスクアセスメントを実施し，合理的な優先順位による多重の対策（後述）を同時並列的に推進することが必要である。これよって，より高いレベルの安全・安心を目標とした改善を継続することが望まれる。労働安全衛生法の「労働者の危険又は健康障害を防止するための措置」では，こうしたリスクアセスメントの実施が規定されている。さらに派生した指針として「危険性又は有害性等の調査等に関する指針」（厚生労働省，2015）がある。

（5）機材・資材を提供する側のリスクアセスメント

　事業者がメーカーから購入する機材や物質に関しては，メーカーが安全な製品を提供しなければ安全は確保できない。安全な製品の開発においてもリスクアセスメントが有効な手段となる。機械安全のリスクアセスメントに関しては2007 年の「機械の包括的な安全基準に関する指針」などがあり，機械の製造者と使用者の双方のリスクアセスメントの実施による多重の事故防止方法が規定されている。

（6）管轄省庁などの規制および工業規格

　事業の内容や取り扱う物に対応する各管轄省庁による規制や指針への配慮も求められる。たとえば化学物質に関しては人への有害性だけでなく環境への影

63

響，火災や爆発などのさまざまなリスクに考慮する必要があり，労働安全衛生の規制（厚生労働省）だけでなく，経済産業省，環境省，消防庁などによる規制がある。

製品安全や工業製品に関する規格等（JIS：日本工業規格，ISO 規格：国際標準化機構，IEC 規格：国際電気標準会議）には，職場で使用されるさまざまな機器の安全性やユーザビリティが関わる仕様の規格や，マネジメントシステムなどの規格が含まれている。なお，最近，労働安全衛生マネジメントシステムの JIS 規格化がなされた（日本工業標準調査会，2018）。

2. 有害物対策の実効性と継続性

(1) アクション志向の重要性

事業者の安全衛生的活動においては，法令などに基づく手順や書類の整備に注力することが重要なのではなく，可能なことからアクションをして一歩でも改善を進める活動を継続することが重要である。PDCA（Plan-Do-Check-Actin）のマネジメントシステムの手順によって，小さなステップであっても改善を積み重ねることが重要である。具体的なアクションとその具体的な記録，誰がいつまでに実施するかといった具体的なプランの繰り返しの過程で逐次改善を継続することが望まれている。

(2) 現場志向の重要性

規制されていない有害物等の危険性が後に明らかになったり，未知の新たな危険が生じることは常にあり得ることである。また，特定の現場に固有の設備・環境や，特定の現場や個人に特有の作業方法が事故・障害のリスクを高くしていることもあり得る。作業者への聞き取りや，作業者の改善活動への参加によって，作業者が感じる怖さ，不安，非快適さ，作業のしにくさ，面倒さなどを考慮した対策・改善をすることが重要である。心理学がこうした問題に関与することが望まれる。

（3）多重の防御の重要性

　事故防止対策全般に言えることであるが，有害物等による労働災害防止においても，多重の対策・防御を備えることが重要である。有害物等の対策として，危険な物質等自体の排除（不使用や変更），危険源の隔離，個人の保護具，情報の表示，作業方法・手順の改善，事故の際の被害軽減，教育，緊急時対応法の策定などを可能なことから同時・並行的に整備することが重要である。

（4）人の特性に適合した対策

　アクション志向と多重防御の整備を前提として，一般に危険源側への対策と比較して作業者側の対策（個人保護具など）には脆弱さがあることも認識しておくべきである。最も作業者側に位置すると言える作業者のスキル，注意，態度などは，これらの1つにでも問題があれば事故につながるものとも言えるが，これらのみに依存した対策には脆弱さがある。人間の特性と適合しない対策，作業に適合しない対策の脆弱性は，人の心理・行動を扱う心理学による産業界と行政への警鐘が特に望まれる問題である。

（5）個人保護具

　作業者側の対策の例として個人保護具がある。有害物を取り扱うときに着用するマスク，転倒・転落，衝突などの事故の際の防護となるヘルメット，転落から命を守る墜落制止用器具などである。保護具は最終段階側に位置する防護手段として重要である。作業に対応した装着義務や保護具の仕様に関する規定が労働安全衛生規則などの法令に定められている。

　騒音対策として使用される耳栓による聴覚の感度の低下，防護服で温熱条件が悪くなる，軍手による巻き込まれなど，防護の器具・機材にはデメリットもある場合が多い。また，一見危険がないような場合でも着用を継続しなければならないというルールの守りにくさが問題となる場合もある。保護具等の装着手順からメンテナンスまでを含んだユーザビリティやコストへの考慮も重要である。

(6) 注意喚起の表示

危険源をなくすなどの根本的対策が難しい場合には，危険であることを示す情報の表示が最終防護の1つになる。表示の見落とし，見間違いなどのエラーを防ぐための方法に関しては，感覚・知覚・認知に関する心理学の成果による最適化が重要である。表示の方法は極めて重要である。表示が小さすぎて見えなかったといった単純な不備でも重大な結果を起こし得る。

一方で，注意喚起などの情報提示，ましてやいわゆる「注意喚起」の指示などの対策は，それだけでは脆弱さがある。その効果は，本人の危険認識のレベルはもちろん，作業の内容や状況，多忙，疲労やストレスなどで容易に変動する認知的なキャパシティや注意にも依存していることに留意する必要がある。

(7) 本質安全志向の重要性

現在の行政の指針等では，リスクアセスメントの取り組みにおいて，危険源そのもの不使用や危険な作業そのもの中止といったいわゆる「本質安全」を志向した対策を優先すべきことが明示されている。

■ 第4節 ■

職場で扱われる危険な物質

1. 化学物質と粉じん

(1) 多種多様な化学物質

現在産業で使用されている化学物質は約6万種におよび，毎年約1,200の物質の新規届出がある（厚生労働省労働基準局, 2013）。複数の物質が混合されたものも扱われる。主な有害物については前述の「許容濃度勧告」（日本産業衛生学会, 2018）を参考にしてほしい。

化学物質による有害性のタイプも多様である。国連の勧告であるGHS（Globally Harmonized System of classification and labelling of chemicals）による有害性の分類（有藤, 2013）を表3-2に示した。いわゆる毒性だけでなく，

第 3 章　職場環境

表 3-2　有害性のタイプの分類（有藤，2013）

急性毒性
皮膚腐食性／刺激性
眼に対する重篤な損傷性／眼刺激性
呼吸器感作性または皮膚感作性
生殖細胞変異原性
発がん性
生殖毒性
特定標的臓器／全身毒性－単回ばく露
特定標的臓器／全身毒性－反復ばく露
吸引性呼吸器有害性

表 3-3　安全データシートの記載項目（原，2013b）

1	化学品及び会社情報	2	危険有害性の要約
3	組成及び成分情報	4	応急措置
5	火災時の措置	6	漏出時の措置
7	取扱い及び保管上の注意	8	ばく露防止及び保護措置
9	物理的及び化学的性質	10	安定性及び反応性
11	有害性情報	12	環境影響情報
13	廃棄上の注意	14	輸送上の注意
15	適用法令	16	その他の情報

皮膚の障害，発症までの遅延がある発がん性，感作性（アレルギー），子孫への影響などさまざまな有害性のタイプがあることがわかる。

　多種類であり多様な有害性のある化学物質に対する安全の管理のためには，有害性や取り扱いの注意点についてのわかりやすい情報の提供が必須である。これに関する取り組みの例として，安全データシート（SDS: Safety Data Sheet）の統一・整備が進められてきた（原，2013b）。化学物質に対する配慮すべき事項を知る参考資料として SDS の記載項目を表 3-3 に示した。

(2) 粉じん

　粉じんによる障害には，代表的な肺線維症（じん肺など）以外に，職業性喘息，主に喫煙が原因の慢性閉塞性肺疾患（COPD: Chronic Obstructive Pulmonary

Disease），過敏性肺炎，急性肺損傷／急性呼吸促迫症候群（ALI／ARDS: Acute Lung Injury／Acute Respiratory Distress Syndrome），肺がん，悪性中皮腫などがある（森本・堀江，2013）。じん肺の原因となる物質は多数あり，さまざまな物質の粉じんや溶接ヒュームによる障害がある（森本・堀江，2013）。

　粉じんの害に関しては，多数の炭鉱労働者が被災したじん肺の歴史が知られているが，ごく最近にも労働災害が発生している今日的問題でもある。近年問題となったアスベストは，建材に使われることもある蛇紋石と同類の鉱物であるが，細かい特有の繊維状になっていることが問題となる。成分が毒物というわけではないこともあり，短期的に気づかれる影響はなく，長い潜伏期間の後に中皮腫や肺がんを発症するという危険な物質である（外山，2013）。

　粉じんの対策においては，発生させない，飛散させないことが第一である。粉じんが飛散する作業では，粉じんの濃度や曝露の測定に基づいて，専用の換気装置による曝露の防止，マスクによる個人防護などを実施する必要がある（名古屋，2013）。飛散した粉じんが機械の上，床，梁，さんに堆積して再び飛散する二次発じん源にも配慮する必要がある（名古屋，2013）。

（3）メンテナンス，リサイクル，災害の問題

　メンテナンスやリサイクルが関わる有害物曝露の問題もある。たとえば，アスベストは日本を含む先進国では使用がすでに禁止されている。しかし，産業廃棄物からの飛散や古い建造物の解体やアスベストの撤去作業などに伴う飛散，特に解体や回収の作業を行う人の曝露の問題があり，産業衛生の現在の重要課題になっている（外山，2013）。

　地震などの被災で建物の倒壊などが起こった場合には，アスベストなどの有害な粉じんや化学物質の飛散・流出の可能性がある。被害は市民や復旧活動を行う作業者に及ぶ。

2. 酸素欠乏

　酸素が不足している場所に気づかずに立ち入ったり接近したために死亡や障害に至る例がある。有害物質を使用していない職場で突然作業者が倒れて死亡

するという事態を引き起こすことになる。酸素不足になる場所・理由の例として，地中にある鉄などの酸化によって発生した酸素不足の空気の地下工事現場などへの流出，食品などの製造過程での発酵，密室の倉庫内などでの農作物や牧草の酸素消費による酸素不足，化学工業の製造過程の化学反応による酸素の減少などがあげられる（眞野，2013）。酸素濃度がごく低い（6%未満）空気の中では一呼吸で失神する。ただちに意識障害が生じないレベルの酸素不足でも判断や動作の能力の劣化による二次災害の恐れがある（眞野，2013）。なお，危険物・爆発物でない物質の粉じん爆発も，通常は危険のない物質を扱っていても状況によって危険が生じる点でこれと類似した問題である。

3. オフィスの空気環境

オフィスに関しても空気の質を快適に保つ管理が必要である。労働安全衛生法に基づく省令である事務所衛生基準規則において，労働者一人当たりの部屋の容積（気積），部屋の換気，気流，一酸化炭素と二酸化炭素の含有率等に関する規定がある。

4. 喫煙

（1）喫煙の有害性

長期間の能動喫煙（自分でたばこを吸うこと）が，肺がん，口腔がん，喉頭がん，食道がん，胃がん，膀胱がん，大腸がんを含むほとんどのがん，心筋梗塞や狭心症などの循環器疾患，COPD，糖尿病などの代謝性疾患のリスクとなることが多くの研究によって立証されている（大和，2013）。

（2）受動喫煙の有害性

たばこ先端からの副流煙と喫煙者が吐き出した吐出煙の混合物を非喫煙者が自らの意思とは関係なく吸わされることを受動喫煙という。副流煙を吸い込む量は主流煙（吸い口からの煙）と比較して多いというわけではないが，単位重量当たりの有害物の含有量は副流煙のほうが主流煙よりも多い。副流煙の曝露

による肺がんのリスクがあることを複数の研究およびメタ研究が立証しており，循環器疾患が増加するという報告もある（大和，2013）。

（3）分煙と禁煙

　自らの意思に関係なく吸わされる受動喫煙に関して，職場や公共の場における健康被害の防止のための規制の強化が日本でも徐々に進められるようになった。また，分煙の効果には限界があることと（後述），能動喫煙者自身の健康維持の目的もあって，建物全体の禁煙化や，職場の健康管理部門等による禁煙の推奨や指導がなされることも多くなった。受動喫煙の問題を受けて，厚生労働省の法令・指針では1992年の「快適職場指針」で受動喫煙の問題がはじめて取り上げられ，その後の指針によって，喫煙室の必要性や，その要件を定めるなど，徐々に整備が進められている（大和，2013）。

　分煙によって実際にどの程度受動喫煙が防げているのかの確認が不十分な現状である。職場のたばこの煙による粉じんの分布を測定した調査によれば，換気などの施設の要件に関する規制を満たしている喫煙室であっても，ドアの開閉の仕様によっては，煙が外に流れ出てしまう例があった（大和，2013）。筆者も換気ダクトの構造のために，せっかく設けた喫煙室の煙が別室の禁煙の休憩室に漏れている例を観察した経験がある。

（4）全面禁煙

　現在では，少なくとも非喫煙者が職場でたばこの副流煙に曝露されないことは必須条件である。それに加えて，上述の喫煙室の設置の効果の限界や，喫煙者の喫煙後の呼気や，服装，髪に付着した煙の成分の揮発による悪臭や喘息などの健康影響である三次喫煙（残留たばこ成分）も問題にされるようになった（大和，2013）。こうした状況や国際的な動向もあり，測定に基づくより有効な分煙設備が推奨されるとともに，従業員の禁煙を推奨し，職場の全面禁煙を第一選択とする方向に進んでいる（大和，2013）。公共の場の喫煙の制限が進められる動向も最近の話題である。2018年には，公共の場などの受動喫煙の防止対策をより具体化した「改正健康増進法」が定められた。

5. 化学物質・粉じんの障害予防に関する産業・組織心理学的課題

（1）有害物質の管理の支援

　多種の化学物質を使用する業種に関しては，使用されている物質の有害性を確実かつ効率的に把握・管理して対策を実施するための技術開発が課題になっている。これまでの取り組みの例として，既述の安全データシートの整備（原，2013b）や，世界共通のラベル表示制度の整備（原，2013a）がある。認知心理学なども関わる取り組みとして，国連によるGHS（化学品の分類および表示に関する世界調和システム）では，できるだけ文化・言語の異なるさまざまな人々や専門家でない人々に化学物質の危険性の情報を伝えることができるピクトグラムのデザインが検討されて整備・統一が実施された（城内，2013）。

（2）ヒューマンファクターを考慮した災害防止の支援

　すでに述べたように，有害物等による健康被害にも，他の産業事故と同様にヒューマンファクターの関わりがある。化学物質と粉じんに特有の問題として，ただちに障害には至らない長期的・蓄積的な健康影響である場合に，危険の認識が甘くなる問題がある。少なくともそうした場合に，繁忙や作業のしにくさ，安全のための手順の煩雑さや装備等のユーザビリティの悪さ，慣れと油断等の条件が1つでも重なれば，作業者が保護具の着用を省いてしまったり，安全な手順に従わないといった行動をとってしまう可能性は高いと考えるべきである。気づかれにくい長期的な曝露の蓄積的影響や，発がん性のような被害が顕在化するまでの時間遅れがある有害性に対する人の意識や行動の特性を考慮した確実な予防対策の検討が望まれる。

　一方で，不快なにおいや違和感を感じる有害物ならば常に事故が防げているという現状とは言いがたい。気づいていたけれども我慢を続けて被災をしたという例も多い。背景にある社会心理学的な要因や人の認知・感情・行動の特性の検討に基づく対策が望まれる。

（3）未知の危険の被害を防ぐための関係者の連携

　現在の労働安全衛生関連法令の整備状況の背景には多数の労働者の犠牲があ

る（甲田, 2013）。これは過去の歴史のみの話ではない。比較的新しい問題とし
てアスベストによる被害があった。グレーな危険に対する事業者や行政の対応
が遅れたり，影響が長期的な健康影響であったために手遅れになってしまうと
いう災害がごく最近も発生している。

　最近の事例の1つとして，2012年に，大阪のある印刷会社の勤務経験者に
高い確率で胆管がんが発症していたことが明らかになった。調査により原因と
みなされた物質（1,2-ジクロロプロパン）に関して，当時は十分な行政の規制
がなされておらず，事後的に特定化学物質障害予防規則等が改正されることと
なった。規制が事後的となった物質が原因で，他の会社も含めて多数の労働者
が犠牲になっている。不運ともいえる事例ではあるが，この物質の場合は，有
機溶剤特有のにおいや刺激を不快・危険と感じることはできたのかもしれない。
自主的なリスクアセスメントによる多面・多重の対策・防護のさらなる推進や，
快適性を安全衛生の目標とすることの重要性をこの種の事例が示していると捉
えるべきとも思われる。

　有害物等による労働災害の未然防止の推進のための社会・組織面での課題は
多く，マクロな社会制度の課題もある。市民・企業・行政・学術研究などの立
場の異なる関係者の連携のあり方も課題であろう（藤垣, 2002）。

■ 第5節 ■

物理的有害要因

1. 熱中症

（1）熱中症の概要

　毎年多くの人々の命を奪っている熱中症は，高温多湿な環境下において，体
温を維持するために多量の汗をかくなどして，体内の水分および塩分（ナトリ
ウム等）のバランスが崩れたり，体内の調整機能が破綻したりすることによっ
て発症する障害の総称である（宮本, 2013）。熱中症の症状は多様であり特異
性がない。めまい・失神，筋肉痛・筋肉の硬直，大量の発汗，頭痛・気分の不

快・吐き気・嘔吐・倦怠感・虚脱感，意識障害・痙攣・手足の運動障害，高体温などが生じる（宮本，2013）。

原因となる温熱条件は，高い気温，輻射熱，高い湿度であり，気流は緩和する要因として働く。身体からの放熱を妨げる服装も影響し，危険のある職場で着用される防護服，マスク等は熱中症の危険をさらに高くする。

(2) 熱中症が発生しやすい職業

熱中症はさまざまな職業で多数発生している。件数が最も多いのは建設業であり，次いで製造業，次いで運送業，警備業の順に多い（厚生労働省，2017）。屋外の職場や，空調による温熱環境の管理に制約のある職場の問題がある。製造業の場合，建屋の中の作業であっても，空調が不十分な例，倒れていても見落とされるような広大な工場，熱源や湿気をもたらす機材を使用するなどの例がある。運送業では，温熱環境管理が行き届かない屋外や倉庫などで荷役や配達などの作業を行う場合が多い。顧客の指定する場所で作業をすることが多いので，機材や環境の整備や負担軽減対策がなされない場合も多いと思われる。

(3) 熱中症のリスクの評価

気温，湿度などの測定値に基づいて快適性や危険性を評価する温熱指標が複数考案されている（Parsons, 2014）。主観評定に関しては，日本建築学会の基準（日本建築学会，2014）に，種々の手法の解説がある。

環境測定に基づく暑熱ストレスの指標として現在世界的に広く使用されているのは，米国の軍用に開発された WBGT（Wet Bulb Globe Temperature：湿球黒球温度）である（Parsons, 2014）。WBGT は気温と湿度と輻射熱を考慮した指標であり，黒球温度，湿球温度および乾球温度のそれぞれに重みづけをした加算式で算出できる。インターネット等に WBGT 値の算出方法や，値ごとの注意事項などの解説資料が公開されている（例：環境省熱中症予防情報サイト）。

身体活動のきつさも熱中症のリスク要因である。前述の産業衛生学会の許容濃度勧告では，1時間の連続作業，2時間の断続的作業のそれぞれについて，身体活動のレベルごとの WBGT の上限を提示している（日本産業衛生学会，2018）。

身体活動のレベルは労作時のエネルギー消費量，安静時のエネルギー消費量および基礎代謝量から算出するRMR（Relative Metabolic Rate）で示されている。RMRの値が示す作業の強度がどの程度かに関して，相当する作業の例も掲載されているので，特殊な測定を行わずにおよその評価ができる簡便法としても利用できる。

(4) 熱中症の対策

　熱中症の対策においても，本質安全志向の改善が第一である。すなわち暑熱環境自体の改善・緩和（空調の整備など），身体作業負荷の軽減といった環境側・危険源側の改善が望まれる。熱中症のリスクがある環境で作業をせざるを得ない場合，特に身体的な負荷が大きい作業の場合には，作業時間と休憩の適切な管理が必要である。また，短時間でアクセスできる涼しい休憩場所の確保，水分摂取の管理，健康状態などの種々のリスク要因の管理も必要である。

　熱中症につながる行動として，涼しい場所での休憩をとらずに作業を継続する・させる，水分の摂取不足，塩分の摂取不足がある。作業への没頭や作業の進捗に関わるプレッシャーなどを背景に，無理に作業を継続してしまう・させてしまう行動が問題である。

　体調不良やさまざまな背景的疾患，特定の治療薬の使用なども熱中症の危険を高めるので，健康管理も重要である。また，暑熱への耐性に関して温熱順化と呼ばれる現象があり，暑い環境に慣れていないと熱中症になりやすい。シーズンの初期の作業や，休日明けの作業で熱中症になりやすい。

　熱源の取り扱いがあったり著しく暑熱な環境の職場，逆に低温物体の取り扱いがあったり寒冷環境の職場に関しては，いくつかの法律・規則に別途の諸規定がある。そこでは，時間の制限，年少者と妊産婦の就業，環境の測定と管理，設備等に関する制限・規定が決められている。詳しくは堀江（2013）が一覧にした資料を参照してほしい。

2. 騒音

(1) 騒音の危険性

大きな音への曝露量が一定以上だと一時的な聴力の低下（NITTS: Noise-Induced Temporary Threshold Shift）が生じる。NITTS は騒音の曝露を中止して耳を休ませれば徐々に回復する。しかし，回復が追いつかない頻度の曝露があると，回復しない聴力の低下（NIPTS: Noise-Induced Permanent Threshold Shift）が生じ，騒音性難聴になる。騒音性難聴は聴覚器官の不可逆的な損傷を伴うので，現在のところ治療方法がない（Byrne & Morata, 2018）。NITTS から NIPTS への移行しやすさは音の大きさに関係し，爆発事故などによる極度に大きな騒音は短時間でも騒音性難聴を引き起こす。

一般に騒音性難聴は何年もかけて進行する障害であり，85db（デシベル）以上の音の長時間の曝露が長期に続くと最初の 6 〜 10 年で難聴が進行する。難聴になってしまって聞こえにくくなるとそれ以上は進行しなくなるという経過をたどる（Byrne & Morata, 2018）。音声よりも高い周波数帯域から障害が進行するので，音声が聞き取りにくくなってしまうまで気づきにくい。85dB はさほど苦痛を感じないレベルと考えられ，繰り返しの長時間曝露の防止が重要である。

(2) 騒音の評価と対策

騒音の曝露限界は日本産業衛生学会（2018）に記載されており，周波数帯域ごと，曝露の時間ごとの限界値，および騒音計の A 特性で簡便な測定をする場合の曝露時間ごとの限界値が図表で示されている。騒音は時間的に変動する場合が多く，変動する騒音のレベルの評価法には，音響パワーに変換した値を一定時間内の平均で表す等価騒音レベル等が用いられる（伊藤, 2013）。労働安全衛生管理における職場の騒音測定の具体的な手順については「騒音障害防止のためのガイドライン」（労働省, 1992）にイラストつきでわかりやすく解説されている。

騒音の遮断，防音は単純な技術のようにも思われるが，実際は重くてかさばる資材・構造が必要であり，音の特性に基づいた効率的な騒音対策の工夫が重要である（アメリカ合衆国労働省労働安全衛生局, 2003）。一般的に機材の追加

や壁などの増築による騒音の遮断はコストがかかるため，最初の段階で低騒音の機器を採用・使用することが望まれる。

3. 振動

(1) 振動による障害

　振動障害は，工具，機械の振動が主として手腕系を通じて人体に伝播されて起こる健康障害である（二塚, 2013）。手指が蒼白化するレイノー現象で知られる末梢循環障害，しびれや感覚麻痺が生じる抹消神経障害，および筋骨格系障害を引き起こす。

(2) 振動の評価と対策

　日本産業衛生学会（2018）の許容濃度勧告には，全身振動（車両の座席など）および手指振動（手持動力工具など）別に曝露限界が示されている。測定法と影響の評価方法に関してはISO/JISなどの諸規定がある（前田, 2013）。

　振動障害の予防対策としては，振動の発生の少ない機材を使用することが第一である。振動がある工具の使用においては，振動の強さに応じた作業時間の管理による曝露の制限が必要である（前田, 2013b）。寒冷環境などのリスク要因への対策も推奨される。

4. 物理学的有害要因に関する心理学的課題

　今回取り上げた物理学的危険に関しては，エネルギーの存在自体は作業者や管理者の感覚・知覚で把握できるものである。災害が我慢や油断により発生していることから，人の感覚のみに頼ることはできないといえる。しかし一方で，人の優れた感覚・知覚・認知の特性に関する心理学の成果を，予防的研究や快適性を目標とした研究に適用する試みは，危険性の理解や危険への感受性の教育等と並行して継続する意義があると思われる。

　騒音と振動に関しては，人の知覚で感受可能ではあるとはいえ，さほど苦痛や恐怖を感じない強さの曝露が長期的には障害に結びつく面があると思われる。

第3章　職場環境

長期的な影響を含めた障害のリスクに関する周知と対策が重要である。

　熱中症に関しては，自覚症状と対処行動が重要なので心理学的な課題が多い。比較的短時間のうちに生命に関わる障害が発生することがあるにもかかわらず，熱中症には特異的な症状がなく，他の原因による体調不良や身体的な疲労との明確な区別が現在のところ困難な面はある。しかし，主観評定や行動の分析に基づいた予防のための研究開発の継続の意義はあると思われる。また，無理な作業の継続や対策の不備には組織要因が関わっている。熱中症に対しても，ヒューマンファクターを考慮した災害事例の分析と検討がまず必要である。

　熱中症を引き起こす暑い環境での無理な作業の継続，水分と塩分の摂取を忘れること，といった行動を回避させる適切な管理を支援するための自動的なアラーム技術の開発を複数のメーカーが進めている現状であり，心理学や人間工学による実効性のある技術開発のための支援が望まれる。

■ 第6節 ■

人間工学的条件と健康

1．照明

（1）照明の重要性

　視認性は作業効率や安全に直接的な影響を及ぼす。照度の不足やグレア（視野内の光源や反射による部分的領域のまぶしさ）は作業のしやすさや眼の疲労に大きな影響を及ぼす。また，精密な視認を要する作業（例：製品の検査，医療の画像診断），およびそれを長時間繰り返す職業（例：出荷前の検査作業者，医療の検査技師や放射線技師）があり，特に念入りな照明条件の最適化が必要な職場がある。作業で求められる動作や視認に対応した視覚環境の最適化は心理学が扱いやすい課題であり，労働安全衛生への一層の貢献が望まれる。

（2）照明に関して事業者に求められる取り組み

　照明に関して事業者が取り組むべきことを取り上げた初期の行政の指針であ

77

る，事務所衛生基準規則（改正前の最初の通達は1972年）では，精密な作業での照度が300ルクス（lx）以上，普通の作業150ルクス以上，粗な作業70ルクス以上というおおまかで最低限の基準が示された。「快適な職場環境の形成のための措置に関する指針」（厚生労働省，1992a）では，①作業に適した照度の確保，②視野内に過度な輝度対比や不快なグレアが生じないように必要な措置，③採光，色彩環境，光源の性質などにも配慮した措置が追加された。指針に関連して出された通達（厚生労働省，1992b）にはより具体的な記載があり，年齢等の個人差への配慮，手元照明の利用，グレア対策の例，光色や演色性への考慮，色彩の心理的効果への考慮，照度については，それぞれ作業場所における作業態様等に応じて，関連する文献等を参考にして定めること，という記載がある。

パソコン作業に関して，2002年に改訂された「VDT作業における労働衛生管理のためのガイドライン」（中央労働災害防止協会，2003（2019年に改正）；厚生労働省，2019）は，パソコン作業の管理全般が取り上げられており，照明に関してはグレア対策の実施，ディスプレー画面を照らす照度を500ルクス以下に，書類やキーボード上の照度を300ルクス以上にするなどの規定が加えられた。

照明に関する最近の指針では，一律的な基準を満たした照度の確保ではなく，作業の内容や周囲の環境の状況に基づいて，文献資料を参考にした自主的な対応をすることが求められている。照明は作業のしやすさに直接的に影響するので作業者の主観や意見が有用であろう。また手元照明など，比較的低コストの改善が進めやすい課題でもある。なお，照明の最適化に関しては，日本の照明学会が学会誌や『照明ハンドブック』（照明学会，2003）をはじめ，製品開発と連携した学術情報や一般向けのブックレット等も提供している。

2. 道具・レイアウト環境と健康

（1）筋骨格系障害の人間工学的リスク

負担の大きい姿勢および力の発揮が筋骨格系障害のリスクとなる。作業姿勢は職場のレイアウトなどの環境条件の影響・制約を受ける。これに関しては，人

間工学に多数の研究がある。腰痛予防に関する労働衛生の指針として腰痛予防指針（厚生労働省，2013）がある。

　姿勢は視認性の条件や作業内容，心理状態にも影響を受けると考えられるので，心理学が関与できる課題も多いと思われる。以下には，筋骨格系障害などを予防するための最低限の条件に関わる産業衛生学の取り組みの状況を述べる。

（2）作業姿勢と動作の障害リスク

　工場のライン作業のように多数回の同じ動作が繰り返される仕事においては，負担の大きい姿勢と動作が腰，首，肩，手と手首などの障害に結びつく（Hagberg, 2000）。腰痛に関しては，米国の国立労働安全衛生研究所（NIOSH: National Institute for Occupational Safety and Health）が，その発症と作業の方法や負荷の関係を検討した研究のレビューを公表している（Bruce, 1997）。これらの知見に基づいた障害のリスクのない作業環境の整備が当面は基本であろう。

　作業姿勢が障害に結びつく主な原因として，まず，①関節や筋にかかる物理的・メカニカルな負荷がある。たとえば，前方の遠い距離の重量物を低い位置から持ち上げる場合には，手を状態に伸ばす，大きく前傾するといった姿勢によってモーメントが大きくなり，回転部である腰部への負荷が大きくなる。単に前傾姿勢をとっただけでも上半身の重量による腰部への負荷が生じる。2つめの原因として，②関節可動域の上限・下限に近い姿勢による負荷がある。わかりやすい例として，手首が極端に曲げられた状態での力を発揮がある。また，③どのような姿勢であっても同一姿勢の持続は一般に筋骨格系，血流などへの負担を伴う。睡眠中でさえ寝返りによる姿勢の変化が生じ，麻酔や疾病が原因で睡眠姿勢が変わらないと褥瘡が生じてしまう。座位姿勢でも立位姿勢でも長時間の持続は負担を伴う。①，②で示した姿勢が長時間持続したときの負担は極めて大きい。

（3）筋骨格系障害リスクの評価と対策

　作業における筋骨格系障害のリスクは，観察やビデオ画像の記録で姿勢角度等を分析すればある程度の評価が可能である。どのような姿勢や動作に障害の

リスクがあるかに関しては，人間工学の成果を集約したツールが参考になる。たとえば，上肢作業による蓄積的な障害（CTD: Cumulative Trauma Disorder）のリスク要因をチェックするツールの1つとしてCTD risk index（Freivalds & Niebel, 2009）がある。そのチェック項目は，立位姿勢，指などへの負担の大きいタイプのグリップやピンチ（つまむ動作），パワーグリップ（すべての指を使って手すりや工具をしっかり握るタイプのグリップ）が使用できないこと，上下方向の腕のリーチ，負担の大きい手首の曲り（4方向），前腕のひねり，90度でない肘の角度，上腕の挙上（外転および屈曲），大きい首の屈曲，バランスの悪さ，グリップまたはピンチの強さ（通常値と最大値），鋭利な角への接触，手袋・軍手の使用，振動，静的な動作の多さ，および寒さであり，これらがリスク要因すなわち改善が望まれる事項としてチェックされる。いずれも，工具やワークステーションなどの広義の環境の改善による緩和が可能な要因である。作業姿勢を含む全般的な人間工学的改善を，参加型かつアクション志向で実施するためのツールとして人間工学アクションチェックポイント（International Labour Office, 2010）がある。

　重量物を取り扱う作業で作業姿勢を適切に保つためには，機材や棚などのレイアウトが重要である。米国の国立労働安全衛生研究所（NIOSH: National Institute for Occupational Safety and Health）は，作業姿勢（持ち上げ対象の位置と高さ）から持ち上げが許容できる重量を算出するツール（NIOSH Lifting Equation）を開発している。持ち上げる対象物が低すぎる，高すぎる，前方の距離が長い等の危険な条件では許容できる重量が小さい値として算出される。

　許容する重量に関しては日本人の体形や性別などに考慮した対応が必要である。重量の上限に関しては上述の腰痛予防指針に体重や性別に対応した重量の上限（18歳以上の男子で体重の40%以下など）が示されている。妊娠中の女性に関しては女性労働基準規則に重量物を扱う仕事への就業制限の規定がある。

（4）パソコン作業と健康

　座位で行うパソコン作業は，エネルギー消費や下肢の筋が関わる負担は少ない。しかし，姿勢の拘束の持続，視覚系への負担，指や腕などの局所の身体負担などがあり，運動不足による健康への影響なども考慮すべき作業である。デ

スク，椅子，ディスプレイ，キーボードなどの人間工学的条件の最適化で作業姿勢を良好に保つことが重要である。不適切な照明やグレア，快適でない空調条件，体温を奪う不快な気流やドライアイを引き起こす顔面への気流などがあると，同一場所の同一姿勢での曝露が長時間持続することになる。パソコン作業の産業衛生に関する指針として「VDT 作業における労働衛生管理のためのガイドライン」（中央労働災害防止協会，2003（2019 年に改正）；厚生労働省，2019）がある。

　座位で行う作業は長時間の継続をしてしまいがちである。作業を中断して姿勢を変える，立ち上がる，歩くなどの動作を伴う休憩を意識的に挿入することが重要である。上記ガイドラインでは事業者が講ずべき措置として，一連続作業時間が 1 時間を超えないようにし，次の連続作業までの間に 10 ～ 15 分の作業休止時間を設け，かつ，一連続作業時間内において 1 ～ 2 回程度の小休止を設けることを記載している。

3. 道具・レイアウト環境に関する心理学的課題

　照明，道具，レイアウトの条件に関して心理学が扱うことのできる課題が多いことは言うまでもない。技術発展に伴う IT 機器の変化，照明の LED 化などの環境や道具の変化に対応することも望まれる。

　筋骨格系障害の予防に関しては，作業の観察・分析や意見収集などに基づき，安全性，作業のしやすさ，快適性などに考慮した改善・最適化に心理学の知見と手法が適用できる。人の知覚・認知などの特性を利用して自然に健康的な行動を導くための技術開発や職場のデザインも有意義と思われる。たとえば自然に安全な作業方法が選択できるワークステーションや，デスクワークで休憩が自然に取得できる技術などである。

■ 第7節 ■

職場環境に起因する身体的疾病の予防に関する心理学の課題

　仕事の内容や取り扱う対象によってさまざまな物理的・化学的危険がある。これまでに明らかにされている主な有害物・有害エネルギーに関しては労働安全衛生法を基幹とした省令や指針による規制があり，事業者が実施すべき取り組みや必要な組織体制が定められている。新たな危険性が生じたり，未知だった危険が発見されることは常にあり得ることであり，これまで，関係者の努力によってその都度に規制の改正等が行われてきた。しかし，事後的な対応しかできなかったために労働者が化学物質や粉じんなどの犠牲になるという例は最近まで発生している。また，さまざまな仕事で発生している熱中症や，医療・介護労働で多発する腰痛など，環境や作業の有害性がわかっているにもかかわらず十分に解決されていない課題も多い。今後も技術の発展，生産方法の変化，働き方の変化などによって新たな危険が生じる可能性があり，新たな犠牲者を出さない未然予防のために細心な目配りが必要と言える。

　職場・現場ごとに異なる多種多様な有害要因による災害を未然に予防するために，事業者には自主的な対応が求められている。その1つとして職場ごとの危険を発見し，あり得る危険事象の予測と対策を行うリスクアセスメントの実施が法的に求められるようになった。

　こうした状況下で，職場の環境に起因する身体的疾病を予防する事業者の取り組みに関して，心理学が支援・貢献できる課題を以下にまとめた。

1）安心・快適職場を構築する予防的取り組みの支援

　一般に，健康被害等に関しては，結果的に生じる疾病や怪我に関心が集中しがちである。より上流に位置する原因やリスク要因にも目を向け，法的な基準のクリアのみを目標とするのではなく，安心と快適を目標とすることが望まれる。快適性，改善効果の波及，対策・改善の作業への適合性や自然さにも着目できる広範さのある心理学の視点を，有害物等が関わる災害の予防に生かすことが望まれる。

第3章　職場環境

2) 現場ごとのリスクの把握の支援

　産業衛生のヒューマンファクターに対する心理学の関与が望まれる。危険な物質（ハザード）の存在から実際の危険（リスク）や事故に至るプロセスにおいては，ヒューマンファクターが多大な影響を及ぼす。心理学的手法による管理者，作業者双方の意識と行動の調査・分析によって人の認知・行動や組織が介在する危険の発見に産業・組織心理学が貢献できる。

　作業環境の非快適性や怖さといったリスクに対する人間の優れた感覚を利用した把握の手法の最適化も期待できる。また，種類や影響のプロセスが極めて多様な有害要因を適切かつ効率的に把握・管理する方法に認知心理学等の知見が適用できる。

3) 職場や作業に適合した対策立案の支援

　安全衛生対策は，作業と適合していて，効率的で負担のない作業のしやすさの障害にならないことが重要である。有害物等の取り扱いや管理をする作業の分析，行動観察，意見収集などの調査・分析によって，対策の立案や選択の支援をすることが考えられる。特に，情報の伝達や共有などのソフト面での改善に心理学の知見と手法を活用すべきと思われる。

4) 技術変革や新しい働き方への対応

　新しい物質，新しい技術，働き方の変化などに伴って新たな有害性が生じる可能性がある。新しいリスクによる災害の発生に関して，人の心理・行動や組織要因の関与を広い視野で見渡して予測的に検討し，対策を提案することが心理学に望まれる。

5) 多様性への対応

　女性が活躍できる職場，高齢者の活躍の支援，障がい者も働きやすい職場などが求められる動向である。有害要因（物質，エネルギー，人間工学的環境条件，作業条件）への脆弱性や感受性が異なる人に対する条件整備が必要になると，職場環境のあり方も変化する可能性がある。多様な人々の多様な心身の特性への理解と配慮が今後ますます必要になる。

6) 安全衛生教育の支援

　影響が長期的・潜在的であるために体感しにくい化学物質・粉じんなどの危険に関して，適切な情報提供や学習の支援，危険感受性を育てるための支援・

83

教育に心理学が貢献できる。

7) 健康管理の支援

健康に関わる個人の意識・行動の解明と介入だけでなく，事業者・組織による疾病予防・健康管理におけるヒューマンファクターや組織要因に関する検討と介入が望まれる。

8) 技術開発の支援

近年，企業のさまざまな管理を支援する ICT（Information and Communication Technology）が急速に発展している。また，モバイル機器のセンサーなどによるさまざまな測定技術の低価格化と普及が急速に進んでいる。産業衛生活動のための有害性のセンシングや情報の収集・分析，リスクの可視化，防護や対策の支援の技術も今後発展していくと考えられる。こうした産業衛生の新技術を，仕事の内容や職場環境に適合し，人の感覚・知覚・認知・行動特性を考慮した技術にするための心理学の支援が望まれる。こうした新しい技術を有効に利用してより高いレベルの安全・安心を維持できる働き方や組織のあり方の検討も重要と思われる。

第 4 章

産業疲労
働く人の疲労, 過労, 眠気について

■ 第 1 節 ■

負担と疲労

1. 社会的価値としてのリスク

　労働者にとって負担と疲労が重要であることは, これらが安全性, 健康性, 生活性のリスクと強く結びついているからである。そもそもこれらのリスクは, 個人的なリスクであるが, 安全性であれば, 産業組織において, 労働者個人の安全性の低下は, 人間の生命を左右する医療機関, 交通機関, 巨大装置産業などの社会システム上の崩壊に密接に関連している。また, 個人の健康性の低下や生活性の低下は, 医療費や社会保障費の高騰を招くことから社会的にも大きなリスクをもたらす。したがってそれらのリスク対策のために, リスクの基礎となる労働者の負担と疲労の発生, 進展, 解消・回復過程を明らかにすることが重要になるのである。

2. 産業疲労研究

　産業現場における労働者の疲労に関わる研究は, 産業疲労研究 (暉峻, 1925) の名の下で行われてきた。具体的には, 主に日本産業衛生学会で最も古い研究会である産業疲労研究会が担ってきた。初期の産業疲労研究では, 疲労物質を特定して疲労の内的メカニズムからアプローチがなされていた (産業衛生協

会・産業疲労委員会，1957, 1962)。しかしこれらのアプローチは，労働者の安全，健康，生活リスク対策への寄与という点では大きな影響を及ぼさなかった(斎藤，1996a, 2016)。

そこで産業疲労研究では，労働者の疲労の内的メカニズムの解明に代わって，作業の遂行に伴い消長するそれらの徴候を捉えることによって現実的な対策を講じてきた。すでにこれまでの研究で，疲労徴候は，労働者個人の疲れの体験を基礎とし，それが産業組織内で，時系列に従って生理的な変化，心理的な変化，行動的な変化として観察されることが明らかになっている。

小木（1983/1994）は，労働者の疲労が，時系列に従う休息要求によって区分できることを示した。なぜなら労働者は疲労が進展すると，自発的な休息要求が生じて，休息を取るようになるからである。そこで，その休息機会を介して図 4-1 に示したように，時系列的に労働者の疲労を急性疲労，亜急性疲労，日周性疲労，慢性疲労の4つの疲労に区分した。また現代の労働者は，連続5〜6日間働き，週末に休息することから，日周性疲労と慢性疲労の間には，週末の休息で疲労が回復する週内性疲労があることも指摘されている（斎藤，2005）。

いずれにしても，産業疲労研究は，産業組織における疲労が，作業の遂行によって時系列的に発生し，休息を節目として，適切な休息機会を与えなければ

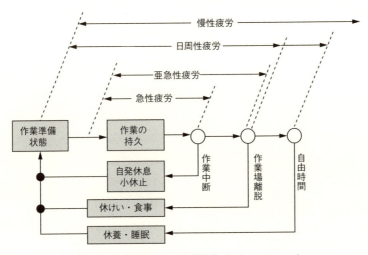

図 4-1 休息要求による疲労区分（小木，1983/1994）

進展し，適切な休息機会を与えられれば回復することを明らかにした。

　このことは，労働者の疲労は，産業疲労研究の深化によって労働負荷（労働に伴う労働者を拘束する外的条件）対策がなされ，労働負荷が小さくなっても，決して消え去る現象ではなく，労働者が作業の遂行に関して何らかの拘束を受けている限り，時代相対的に存在する現象という特徴を持つことになる。それは，疲労が，これ以上作業を続けていけば，近い将来に過労に至ることを防止する予見性，また心身防御の点で積極的な機能を持つことに他ならない。それが休息要求として表出するのである。

　しかしながら，現代社会では労働態様が，全身的な労働から局所的な労働に移行しており，休息要求が見過ごされることが多くなっている。全身的な労働は，心身にオールアウト（all out）を生じさせ，休息機会を強制的に取らせるが，局所的な労働では，「もう少し，切りのよいところまで終わらせよう」と思いがちなため，全身労働時のような強制力が働かない。とりわけ産業組織に取り入れられた情報機器の深化によって，その休息機会の見逃しに拍車がかかり，長時間労働，24時間労働，感情労働（Hochschild, 1979/2000）のストレスを助長している。

3.　疲労の本態

　労働者の疲労は，生理，心理，行動の3つの水準で捉えることができる。この3つの水準は，生理，心理，行動の順にリスクの予測性の高さを表している。産業疲労研究では，「問題となる疲労」（小木, 1977）すなわち過労を見つけ，対策を立てることを目的とすることから，疲労がこれらの3つの水準に現れることを念頭に置いておく必要がある。しかし生理水準は，可視化が難しいという問題がある。最近では，ウェアラブルな計測装置の開発によってその改善の兆しは見られるが，産業組織での測定には少なからず煩雑さが伴う。また行動水準は，すでにパフォーマンス上に現れた疲労徴候であるから，予測性という点では劣っている。またパフォーマンステストを用いる場合は，テストによる習熟効果の影響があり，基準値を設定しにくい。そこで，これまで心理的な疲労徴候である疲労感指標が多く用いられ，現在でも使われている。

表4-1　自覚症状しらべ（日本産業衛生学会産業疲労研究会，1970）

No.＿＿＿＿

自 覚 症 状 し ら べ（日本産業衛生学会産業疲労研究会撰）

なまえ＿＿＿＿＿＿＿＿＿＿

＿＿＿＿年＿＿月＿＿日　午前／午後＿＿＿時＿＿分頃記入　　今日の勤務＿＿＿＿＿＿＿＿＿＿

いまのあなたの状態について，おききします。

つぎのようなことが {あったら ○／ない場合には×} のいずれかを，□のなかに必ずつけて下さい。

Ⅰ			Ⅱ			Ⅲ		
1	頭がおもい		11	考えがまとまらない		21	頭がいたい	
2	全身がだるい		12	話をするのがいやになる		22	肩がこる	
3	足がだるい		13	いらいらする		23	腰がいたい	
4	あくびがでる		14	気がちる		24	いき苦しい	
5	頭がぼんやりする		15	物事に熱心になれない		25	口がかわく	
6	ねむい		16	ちょっとしたことが思いだせない		26	声がかすれる	
7	目がつかれる		17	することに間違いが多くなる		27	めまいがする	
8	動作がぎこちない		18	物事が気にかかる		28	まぶたや筋肉がピクピクする	
9	足もとがたよりない		19	きちんとしていられない		29	手足がふるえる	
10	横になりたい		20	根気がなくなる		30	気分がわるい	

　表4-1は，日本産業衛生学会の産業疲労研究会（1970）が作成した「自覚症状しらべ」である。この主観的な疲労感尺度では，疲労徴候を，狭義の疲労である「眠け」や「だるさ」（Ⅰ群），「いらいら」などの注意集中の困難（Ⅱ群），「肩がこる」，「腰が痛い」などの局所的身体違和感（Ⅲ群）に3分類できるとした。つまり，Ⅰ群は，拘束状況に対して中枢神経を抑制させる意味があり，Ⅱ群は，拘束状況を克服しようと中枢神経を興奮させる意味があり，Ⅲ群は，拘束状況下の身体部位に現れ，労働者に拘束状況を自覚させる意味がある。その中でも，この3分類では，心身を抑制させるⅠ群と心身を興奮させるⅡ群といった相反する徴候が位置づけられていることが特徴である。

　これは疲労の進展の法則に従えば，疲労はやがて過労へと移行し，過労は疲弊へ，疲弊は疾病へと移行する（佐々木，2013）が，これらの移行の動因が自覚

症状しらべのⅡ群の疲労徴候だからである。換言すれば，疲労の本態は，Ⅱ群要因に反映される緊張，負担，ストレス状態にあると考えることができる（斎藤ら，1970）。

4. 負荷－負担モデルから負荷－負担－休息－疲労モデルへ

　産業疲労研究では，労働者にかかる負荷がすぐさま疲労を生じるというグランジャン（Grandjean, 1968）の負荷－疲労モデル（図4-2）よりも，負荷－負担を重視した。

　労働負担指標は，古沢と白井（1936）によって提唱され，沼尻（1972）によってまとめられたエネルギー代謝率（RMR: Relative Metabolic Rate）による研究から地位を確立した。RMRは，安静時のエネルギーと作業を行っているときのエネルギーの比で表現する方法で，ダグラスバックに呼気を集め，作業に費やされるエネルギーから労働負担を推測した。RMRの最大の特徴はさまざまな労働負荷に対して，エネルギーという統一的な指標に換算したため，さまざまな労働態様での負担を比較できたことであった。この方法は，1960年代までの全身的労働の時代には，大きな成果を上げた。

　しかし1970年代に入って産業職場がOA（Office Automation）化し，キィパ

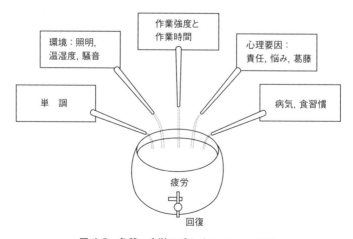

図4-2　負荷－疲労モデル（Grandjean, 1968）

ンチャーに見られるような局所的な労働に労働態様が変化する中で，RMR は効果を示さなくなった。このような新しいタイプの労働負担が，RMR では測定できないことに思い至らなかった研究者によって，キィパンチャーの頸肩腕障害が見過ごされた（斎藤，2004）とされる。

　そのような静的筋負担作業や精神的作業の場合は，姿勢の拘束や単調な動作反復のような物理的負荷が小さい場合でも，精神的疲労が強く現れることや，負担が比較的強くても，休息時間の長さや頻度などの休息条件のあり方によっては，必ずしも強い疲労が生じない（斎藤，1995）ことを考慮しなかったからである。

　負担概念は，現代の産業組織でもますます重要になってきている。情報機器を用いた労働の深化がなされ，現代の産業組織では，コンピュータと対峙しながら抽象的な内容の情報を，迅速かつ正確に処理する作業が要求されるようになっている。このような作業の場合，労働者が負荷に対して身体的にも精神的にも努力している様である負担が，パフォーマンスに大きな影響力を及ぼすことが知られている。

　疲労感の指標においても，現代人の疲労である慢性疲労の背景には，特にコンピュータの使用によって視覚負担が強いことを考慮して，自覚症状しらべに替わって，5 因子 25 項目から構成される「自覚症しらべ」（酒井，2002）が開発されている。

　現在では，過去の反省を込めて，産業疲労研究では，負荷−負担のみならず，負荷−負担−疲労の 3 項の関係で疲労を捉えるようになっている（斎藤，1993）。正確には，疲労が休息要求を介して回復するという特徴から，負荷−負担−休息−疲労の 4 項モデルで捉えていることになる。

5.　産業疲労研究と過労死

　昨今の労働者を取り巻く環境は，ますます厳しくなっている。2014 年には，過労死等防止対策推進法が制定され，過労死概念が社会に広く知られることになった（厚生労働省，2014）。しかしながら，産業疲労研究では，過労死という概念が成立しないことも押さえておきたい。なぜなら，産業疲労研究におい

ては，過労の次には疲弊が生じることになっているためである。英語で疲労は
「fatigue」，過労は「over-fatigue」（斎藤，1988）であり，過労死は「over-work
death」（Uehata, 2005）であることから，過労死は産業疲労の概念ではなく，社
会医学の概念である。

■第2節■

睡　眠

　睡眠は労働者の負担（ストレス）の解消過程や労働者の疲労の回復過程とし
て大きな役割を担っている。斎藤（1996b）は，大学生 63 名に疲れを感じた状
態とストレスを感じた状態を聞いた結果，疲れの症状は「眠くなる（87.3%）」，
「横になりたい（85.7%）」，「だるくなる（73.0%）」であり，ストレスの症状は
「イライラする（79.4%）」，「不安になる（58.7%）」といった異なる結果となった
が，疲れやストレスの対処法を聞くと，疲れ（96.8%）もストレス（65.1%）も
寝る（睡眠）が最も多かったことを報告している。
　このことからも睡眠は，労働者のストレスの解消過程であり，疲労の回復過程
として位置づけられる。また疲労の時系列変化において，睡眠で回復しない疲
労を慢性疲労と規定しており，睡眠は疲労の最終的な回復過程であること，ま
た現代の産業組織における疲労の特徴が慢性疲労であることから，睡眠への理
解が重要になる。
　実際，産業疲労研究においては，これまで疲労が急性疲労から慢性疲労に移
行した頃から，積極的に睡眠研究（斎藤・松本，1988）が行われるようになっ
た。また諸外国の睡眠研究においても，初期の研究では，全く睡眠を取らせな
い全断眠（total sleep deprivation, Carskadon & Dement, 1979）研究が主流
であったが，やがて日常生活を模擬して短時間睡眠を長期間とらせる部分断眠
（partial sleep restriction, Carskadon & Dement, 1982a）研究に研究課題が移
行した。それらの知見が，産業疲労研究での睡眠研究を後押しした。
　睡眠は，睡眠の量である睡眠時間と睡眠の質である睡眠経過および睡眠構築

（sleep architecture）から捉えることができる。

1. 睡眠時間

（1）安全リスク

　睡眠時間が短縮することは，覚醒時間が延長することである。1日の覚醒時間（先行覚醒時間：prior wakefulness, time awake）が延長すると，睡眠欲求（sleep propensity）としての眠気（sleepiness）が生じる。この眠気は安全性のリスクに関連する。ヴァン・ドンジェンとベレンキー（Van Dongen & Belenky, 2008）は，反応時間テストによって午前10時から連続覚醒させて，覚醒時間がパフォーマンスに及ぼす影響を調べた。この反応時間テストは，PVT（Psychomotor Vigilance Task; Dinges & Powell, 1985）と呼ばれ，パフォーマンステストで問題とされる練習効果がないことが特徴であるため全世界で使われている。睡眠の時に生じる脳波（シータ波）に対応する500ms以上の反応時間である「ラプス（lapse）回数」（Dinges et al., 1997）は，先行覚醒時間が16時間を超えると著しく増えることが知られており，労働者の安全性を維持できる睡眠時間は，24時間から16時間を除した1日7～8時間とされる。

　またヴァン・ドンジェンら（Van Dongen et al., 2003）は，長期間の軽度睡眠短縮が安全性に及ぼす知見も報告している（図4-3）。縦軸は，3日間の断眠，14日間の4時間睡眠，6時間睡眠，8時間睡眠時のPVTのラプス回数，横軸は14日間の経過日数を示している。この結果から，4時間睡眠を14日間続けたPVTのラプス回数は，2晩徹夜した後のラプス回数と同じであること，6時間睡眠を14日間続けたPVTのラプス回数は，一晩徹夜した後のラプス回数と同じであること，しかもこの「反応時間の遅れ」を本人が自覚できないことを明らかにした。

　さらには，ベレンキーら（Belenky et al., 2003）は，3日間の8時間睡眠，その後1週間にわたって9時間睡眠，7時間睡眠，5時間睡眠，3時間睡眠をとらせ，その後3日間にわたって8時間の回復夜睡眠を取らせた際にPVTを行った（図4-4）。その結果，9時間睡眠以外のPVT値は，実験日を経るに従って劣化した。しかも7時間睡眠でも回復夜3日後のパフォーマンスは初期値に戻ら

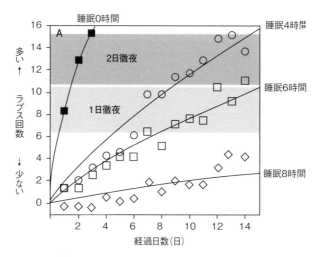

図 4-3 2日間の断眠，14日間の4，6，8時間睡眠時間と PVT のラプス回数
(Van Dongen et al., 2003)

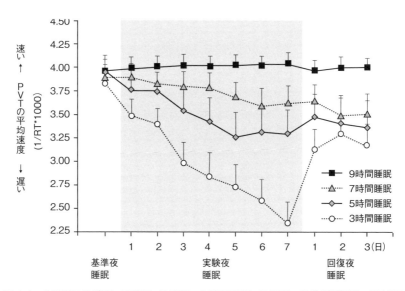

図 4-4 1週間の9時間，7時間，5時間，3時間睡眠と3日間の8時間睡眠下の反応時間
(Belenky et al., 2003)

なかったと報告した。

　これらの知見は，軽度な睡眠短縮でも継続されると，経過日数に従って本人が意識することなく「負債」を貯めることになるとした睡眠負債（sleep debt; Kleitman, 1939/1963）の説明として用いられる。

　この睡眠負債概念は，昨今，安全や健康のみならず，やりがいや達成感をもって働ける企業（ホワイト企業）で着目されている。その理由は，睡眠短縮による眠気の発現は，安全リスクのみならず，能率リスクの指標であり，そのような組織においては，職場を欠勤するアブセンティーズム（absenteeism）よりも，出勤はするものの自らのパフォーマンスを十分発揮できないという意味のプレゼンティーズム（presenteeism）が問題視されているからである。

　これまで睡眠不足問題は，個人の問題であった。しかし産業組織のIT（Information Technology）化，ICT（Information Communication Technology）化によって，いつでもどこでも働けるようになったことから，睡眠が仕事中のパフォーマンスに影響を与える組織の重要な要因として捉えるようになってきている。その点では，現代の産業組織では，安全性，健康性，生活性に加えて，能率性，快適性のリスク（斎藤，1995）も産業疲労研究で扱う社会的リスクに含めることが大切と考えることができる。

(2) 健康リスク

　睡眠時間の短縮は，健康リスクを高める。たとえば，睡眠時間が7〜8時間の者よりも，5時間以下の睡眠者では，喫煙率1.9倍，アルコール依存2.6倍，うつ病3.0倍，不安症2.1倍であるとの報告がある（John et al., 2005）。

　しかしながら，睡眠時間と健康リスクの関係は，睡眠時間と高血圧（Gottlieb et al., 2006），睡眠時間とうつ病（Kaneita et al., 2006），睡眠時間と死亡率（Tamakoshi & Ohno, 2004）において，睡眠時間7〜8時間を底点とするU字カーブを示すことが多くの研究で報告されている。このことは，短時間睡眠の場合はもちろん，長時間睡眠の場合でも健康リスクを高めることを意味している。したがって，睡眠時間だけでは，健康リスクについて説明できず，後で記すように睡眠の質を検討する必要がある。

（3）生活リスク

社会活動や余暇活動は，睡眠を減らしても行いたい行動と位置づけられる（Basner & Dinges, 2009）。しかしながら，睡眠時間と種々の活動時間の関係を調べた研究（Basner et al., 2007）では，社会的時間，リラックス，娯楽時間も平均睡眠時間を底点として，健康リスクと同様，U字カーブを示すと報告されている。

（4）勤務間インターバル

睡眠時間が，安全，健康，生活リスクに関連していることから，睡眠時間を確保するための対策として，勤務間インターバルがある。これまでの労働法制では，労働時間を規制することによって労働者が被るリスクを回避する方策がとられてきた。一方，勤務間インターバルは，勤務と勤務の間の休息（睡眠）時間を確保することによってリスク回避を行う対策である。

わが国では，近年，高速ツアーバスなどで痛ましい事故が続いている。そこで安全リスク対策として，最も早く勤務間インターバルを導入した産業組織が，道路貨物輸送業（トラック）や道路旅客輸送業（バス，ハイヤー・タクシー）である。それらの組織では，「自動車運転者の労働時間等の改善のための基準（改善基準告示）」によって8時間以上の勤務間インターバルを空けるよう勧告されている（厚生労働省，1989）。また脳・心臓疾患（過労死）の決定件数が多い業界として知られるが，8時間の勤務間インターバルを遵守している道路旅客運送業（バス，ハイヤー・タクシー）は，遵守されていない道路貨物運送業（トラック）より，過労死における脳・心臓疾患の決定件数は低く抑えられていることが報告されている。

一方，欧州では，欧州連合（EU）の労働基準法であるEU労働時間指令（EU Directive）で，24時間につき最低連続11時間の勤務間インターバルを設けることを義務づけている（EUR-Lex, 2003）。

欧州では，11時間未満の勤務間インターバルは，「早く職場に戻る」という意味でクイック・リターンズ（quick returns）と呼ばれており，その勤務間インターバルは，安全リスクや健康リスクを高めることが報告されている（Vedaa et al., 2016）。

しかし 11 時間の勤務間インターバルは，月 20 日の労働日で換算すると，毎日 4 時間の時間外労働時間を意味し，月時間外労働は 80 時間に及ぶ。これはわが国の過労死認定基準（脳心臓疾患の認定基準に関する専門検討会，2001）の時間外労働時間に相当する。したがって 11 時間の勤務間インターバルが最適解であるとされるのは誤りである。

　勤務間インターバルを何時間にするかについては，短時間のインターバルよりも長時間のインターバルの方が，睡眠時間，疲労の回復（Kubo et al., 2018），血圧（Ikeda et al., 2017），精神疾患（Tsuchiya et al., 2017）への効果が大きいという報告がある。安全や健康リスクを避ける 7 ～ 8 時間の睡眠時間を確保するには，勤務間インターバルは 16 時間を必要とすることも報告されている（Kecklund & Åkerstedt, 1995）。しかし，わが国の産業組織では，そのようなインターバルを確保することはなかなか難しい。

　そこで，時間による勤務間インターバル規制ではなく，勤務間インターバルに，「疲労の回復（recovery phase）」，「次の仕事への心身的な準備（preparatory phase）」，「娯楽（leisure phase）」の 3 つの内容が含まれることが重要であるとする知見（Dawson et al., 2011）がある。この考え方は，産業疲労研究では，過労の動因が負担（ストレス）であることを考慮すれば，その解消過程である「娯楽」が，勤務間インターバルの内容として位置づけられていることは，大いに納得できる知見と言える。

2. 睡眠構築

　睡眠の質は，睡眠構築と睡眠経過から判断できる。睡眠構築は，脳波，眼球電図，筋電図などさまざまな生体現象の導出を行うことによって知ることができる。これを睡眠ポリグラフ（polysomnograph）という。生体には，乾電池の 100 万分の 1 の電圧（10 ～ 100 μV）が生じており，これを増幅させて視覚化する。睡眠ポリグラフの測定法と評価法はリッヒトシャッヘンとケールス（Rechtschaffen & Kales, 1968）による 6 段階の標準法に従うが，近年ではより詳細な方法としてアメリカ睡眠医学会（AASM: American Academy of Sleep Medicine）のイベルら（Iber et al., 2007）の 5 段階法が用いられている。いず

表 4-2　**睡眠の分類とその特徴**（Rechtschaffen & Kales, 1968；Iber et al., 2007）

睡眠段階				特徴
Rechtschaffen & Kales（1968）			Iber et al.（2007）	
覚　醒				β波，α波
ノンレム睡眠	軽睡眠	段階 1	段階 N1	θ波，瘤波，頭頂部鋭波
		段階 2	段階 N2	紡錘波，K - 複合波
	徐波睡眠	段階 3	段階 N3	δ波，1 エポックの 50%未満
		段階 4		δ波，1 エポックの 50%以上
レム睡眠			段階レム	急速眼球運動，抗重力筋弛緩，交感神経亢進

れも 1 区画 20 〜 30 秒で睡眠段階が評価される。

　表 4-2 に睡眠構築における睡眠段階とその特徴を記した。とりわけ産業組織においては，徐波睡眠が疲労の回復，レム睡眠がストレス解消に関係することを知ることが重要である。これらの睡眠段階は，時間経過に従って変化する特徴があり，それを睡眠経過図（hypnogram）して表すことができる。

3.　睡眠経過図

　入眠から覚醒までの睡眠段階の変化を時系列で示したのが睡眠経過図である。睡眠は，入眠後，睡眠段階 1，睡眠段階 2 といった軽睡眠，その後，入眠 15 分以降に睡眠段階 3，睡眠段階 4 との深睡眠を経て，再び睡眠段階 3，睡眠段階 2，睡眠段階 1 に戻り，入眠後約 70 〜 90 分でレム睡眠に至る。これを睡眠周期（sleep cycle）という。睡眠段階 3 と睡眠段階 4 を合わせて徐波睡眠，イベルらの方法では N3 と表現される。一晩の睡眠を 3 区分すると，睡眠前期は徐波睡眠優位，睡眠後期はレム睡眠優位となる（Czeisler et al., 1980）。一晩の睡眠では，徐波睡眠が 15 〜 20%，レム睡眠が 20 〜 25%出現する。これが通常の睡眠経過である。

4. 入眠の二過程モデル

睡眠で最も大切な要因は，寝つきである。入眠困難，中途覚醒，早朝覚醒が生じた場合を睡眠障害（Ong et al., 2016）というが，いったん，中途覚醒や早朝覚醒が生じても再び入眠ができれば問題は小さい。したがって睡眠障害は，入眠困難（寝つき）に収束される。

この寝つきのメカニズムは，ボルベイ（Borbély, 1982）によって，二過程モデル（two process model）と名づけられた。その第1因子は，先行覚醒時間の関数で入眠が生じるプロセスSである。次の第2因子は，生体リズムによって生じるプロセスCである。これらの因子は，独立しており，入眠を促進させるために，相補的に働く。

5. 覚醒度の三過程モデル

1日の覚醒度の変化は，ボルベイの二過程モデルの逆数として表現される。産業組織においては，睡眠不足から生じる安全リスクが問題になる。安全リスクは眠気として現れるからである。覚醒度のモデルは，オッケルシュタッドとフォルカード（Åkerstedt & Folkard, 1995）によって提言された三過程モデルが有名である（図4-5）。

三過程モデルの第一因子は，先行覚醒時間の関数で生じるプロセスS，第二因子は生体リズムで生じるプロセスCとその合計であるプロセスS＋Cである。この2つの因子の合計が覚醒度の状態である。プロセスS'は睡眠で眠気の回復を示している。第3因子としてプロセスWがある。睡眠の二過程モデルに従えば，睡眠圧（sleep pressure）の範囲を0〜100とすると，睡眠の開始時には睡眠圧が100と高く，睡眠の終了時には睡眠圧は0になることから，起床時には十分覚醒していることになる。しかし，日常生活を考えれば容易に想像できるように，十分睡眠時間を確保したにもかかわらず，起床時に「ぼぅー」とした感じが継続することがある。これがプロセスWであり，物理学の慣性の法則に倣って睡眠慣性（sleep inertia, Lubin et al., 1976）と呼ばれる。睡眠慣性の持続時間は，起床条件によって異なるため，約3分（Wertz et al., 2006）

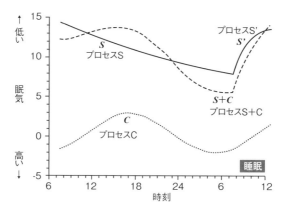

図 4-5　眠気の三過程モデル（Åkerstedt & Folkard, 1995）

から 120 分（Jewett et al., 1999）の範囲であると報告されている。

6．眠気と疲労

　産業疲労研究では，疲労感指標の「自覚症状しらべ」に見られるように，眠気は疲労の一要因（Ⅰ群）として捉えてきた。しかし，欧米の睡眠研究においては，1980 年代から「眠気／疲労（sleepiness/fatigue）」と表現され，眠気と疲労を分離させないことが主流だった（Torsvall & Åkerstedt, 1987）。2000 年にイスタンブールで開催された第 15 回欧州睡眠学会において，「眠気（sleepiness）と疲労（fatigue）を分けられるか？」というシンポジウムが開催され，その後，眠気と疲労の相違に関しては，さまざまな議論がなされているが統一的な見解に至っていない（Shen et al., 2006）。近年では，「科学的には言及できないが，疲労と眠気は同じ概念でない」と捉える傾向にある（Åkerstedt et al., 2009）。

　産業疲労研究では，ローベンス報告（小木ら，1997）以来，とりわけ安全リスク対策を行う手法として，法律による安全管理を行う法規準拠型（rule-based）ではなく，労働者自らが安全対策を積極的かつ継続的に行う自主対応型（enabling act）に変わってきた。その概念は，近年，パイロットの疲労管理でも使われるようになってきている。これまでパイロットの乗務時間は，ど

のような条件でも画一的に規制してきたが，それを労働者の疲労から管理する方法に変わってきた。それが，国際民間航空機関（ICAO: International Civil Aviation Organization）が提唱する疲労リスク管理システム（FRMS: Fatigue Risk Management System）（ICAO, 2015；佐々木，2014）である。

　FRMS は，睡眠の二過程モデルと覚醒の三過程モデルを基礎とする生物数理モデル（Bio-Mathematical Model）に基づいて，疲労を定義し，管理する。ウェゼンシュテンら（Wesensten et al., 2004）は，FRMS で用いられている眠気と疲労の変化の関係を示している（図 4-6）。図は 1 日めの 6 時 30 分から 3 日目の 13 時までの 54.5 時間の断眠中に，1 日めの 8 時〜2 日めの 22 時まで（断眠 40 時間），2 時間間隔で 1 ブロック 1 分の PVT を 10 分間行った結果である。縦軸は平均反応時間の逆数であり，下に向かうと反応時間が遅くなるように表している。横軸は時刻である。図は，反応時間の推移が起き続けている時間（time awake）と生体リズム（time of day）の合計による変化を示している。また 10 分間の 1 ブロック中（1 分）の反応時間は，ブロック回数が増える（time on task）と遅延している。したがって FRMS では，time awake + time of day の変化を眠気，time on task の変化を疲労に分けて捉えていることがわかる。しかしこの FRMS の疲労は，産業疲労研究の疲労の定義とは異なっている。負荷

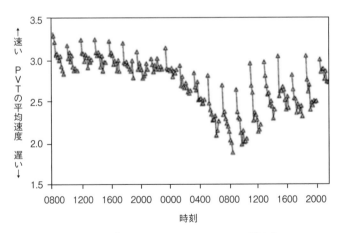

図 4-6　40 時間断眠中の 10 分間の PVT の time on task 効果（Wesensten et al., 2004）

第4章　産業疲労

－負担－休息－疲労の4項モデルを用いる産業疲労研究では，FRMS の疲労は，負担に相当し，2時間間隔で休息を伴い変化する10分間の PVT のブロック1の値こそが疲労だからである。

7．徐波睡眠（N3）の疲労回復

　徐波睡眠が疲労の回復過程を担っていることは，内的メカニズム的には，徐波睡眠出現時に成長ホルモンが多く分泌され（Holl et al., 1991），細胞レベルで疲労回復がなされていることや，8時間睡眠後に44時間断眠をさせて，その後，9時間の睡眠機会と6時間の睡眠機会を設けた条件で，回復睡眠1日目は，8時間の基準睡眠よりも徐波睡眠は多く出現するが，2日目以降には，基準値の値に素早く回復することからも説明される（Jay et al., 2007）。この傾向は，レム睡眠には認められない。徐波睡眠は，先行覚醒時間の関数で出現することから，覚醒時間の延長に伴って進展する疲労を回復する機能がある。

8．レム睡眠のストレス解消

　一方，レム睡眠は，重力に対抗している抗重力筋が弛緩し（muscle atonia）急速眼球運動（REM: Rapid Eye Movement）が生じて夢を見ている睡眠である（Solms, 2000）。前者で身体ストレスを解消し，後者で情動ストレスを解消するストレス解消の睡眠である。

　グジャールら（Gujar et al., 2011）は，昼間に90分の仮眠を取り，その前後に「恐れ」，「悲しみ」，「怒り」，「喜び」の写真を見せて4段階評価をさせ，後の値から前の値を引いた感度を縦軸に示している。睡眠の中にレム睡眠が含まれる群と含まれない群を比較すると，含まれる群は「恐れ」の感度が低下し，「喜び」の感度があがることを明らかにし，レム睡眠が情動ストレスの解消過程であることを明らかにした。

　したがって疲労の動因がストレスであることを考慮すれば，睡眠中にレム睡眠が十分確保できるかが，疲労回復には重要である。

101

■ 第3節 ■

生体リズム

疲労は時系列に従って生じるが，特に1日の疲労性の変化には疲労が強く現れる時刻と疲労が現れにくい時刻がある。また疲労の回復過程が睡眠であることを考えるならば，睡眠が生じやすいリズムと生じにくいリズムがあることを意味する。

1. サーカディアンリズム

1日のうちで最も強力な生体リズムは，サーカディアンリズム（circadian rhythm）である。サーカディアンとはハルバーグ（Halberg, 1959）が，ラテン語の「おおよそ」を意味する「サーカ（circa）」と「1日」を意味する「ディエス（dies）」から作った造語である。日本語では概日リズムという。産業組織においては，リズムのずれが負担となる夜勤・交代勤務職場で重要な役割を示す。さまざまな生体現象がサーカディアンリズムを示すことが知られているが，最も古くから用いられてきたのは深部体温である。リズムは，最も体温が高い頂点位相（acrophase）と最も低い底点位相（nadir）を結んだコサイナー曲線で現すことができる（Naitoh et al., 1985）。一般に，体温の頂点位相は18〜19時頃，底点位相は4〜5時頃（Åkerstedt, 1996）に位置する。このリズムはもともと24時間きっかりではなく，24時間より長く（Duffy et al., 2011），これまでの知見では，平均24時間11分（Czeisler et al., 1980）や平均24時間10分（Kitamura et al., 2013）との報告がある。したがって体内のサーカディアンリズムは，自然な状況に置かれると，少しずつ後ろにずれていく。それを早朝の太陽の光によって24時間に調整している（Wever, 1980）。

深部体温，血しょうメラトニン，瞬目率，緩徐眼球運動，認知機能などもサーカディアンリズムを示すことが知られている（Cajochen et al., 1999）。

2. サーカセミディアンリズム

　24時間未満のリズムは，ウルトラディアンリズム（ultradian rhythm）と呼ばれるが，特に約12時間のリズムをサーカディアンリズムの半分のリズムとして，サーカセミディアンリズム（circasemidian rhythm, Broughton, 1975）と呼ぶ。日本語では概半日リズムという。

　産業組織においては，とくに日中の眠気(14〜16時)に関わるリズムとして重要である。デメントらは（Dement et al., 1982）は，睡眠潜時反復テスト（MSLT: Multiple Sleep Latency Test, Carskadon & Dement, 1982b；Carskadon et al., 1986）を使って，サーカセミディアンリズムを示す日中の眠気を明らかにした。

　MSLTは，睡眠脳波用電極を装着した被験者にベッドに臥床させ，1日2時間ごとに「眠ってください」と入眠を誘導する教示を行い，入眠まで（シータ波出現まで）の時間（潜時：latency）を測定して，その潜時を客観的な眠気の強さとする方法である。つまり，眠気が強い場合は，当然睡眠圧が強いわけであるから，それだけ入眠傾向が強いという原理である。

　前日が断眠（睡眠時間0時間）の場合は，どの測定時刻帯も睡眠潜時は短くなる（床効果：floor effect）。一方，前日の睡眠時間が9時間である場合の睡眠潜時は，他の睡眠時間の睡眠潜時よりも長いが，15時30分の測定時点は，入眠潜時が短くなり，サーカセミディアンリズムを示す。

　したがって，常日勤者が前日の睡眠で疲労が回復しない場合，このサーカセミディアンリズムの時刻帯に睡眠圧が生じて睡眠を生じさせ，疲労を回復させる仕組みがある。またこの時刻帯に眠気が生じる場合は，前日の睡眠が不足していると考えることができる。

　このサーカセミディアンリズムを利用したのが，眠気対策としての昼寝である。昼寝前後の引き算課題と睡眠深度の関係を調べた研究（Stampi, 1992）によると，徐波睡眠（睡眠段階N3）に起床すると，最も成績が落ちることが知られている。そこで，徐波睡眠が出現するのは入眠後15分以降であることから，14〜16時の時刻帯に15分以内の昼寝を取れば，睡眠慣性が生じず，眠気の解消に効果的である（Fushimi & Hayashi, 2008）。

　一方，眠れるサーカセミディアンリズムがあることは，眠れないサーカセミ

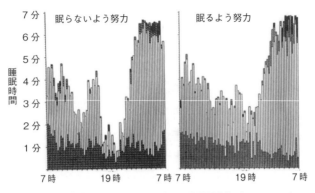

図 4-7 超睡眠-覚醒法による睡眠の時系列変化 (Lavie, 1986)

ディアンリズムもある。ラヴィ (Lavie, 1986) はこれを，超短時間睡眠-覚醒法 (ultrashort sleep-waking schedule) によって示した（図4-7）。超短時間睡眠-覚醒法とは，労働者の1日24時間のモデルは，8時間の睡眠と16時間の覚醒の合計24時間であるが，1日の睡眠と覚醒のモデルを7分の睡眠と13分の覚醒の合計20分として，その組み合わせを朝の7時から翌日の7時までに，睡眠脳波を測定しながら繰り返す実験を行うのである。その結果，7分間の睡眠期間のデータを時間ごとに並べると，被験者に「眠らないよう努力してください」（左図）と教示した場合も，「眠るよう努力してください」（右図）と教示した場合も，19〜22時付近は，睡眠時間が短くなる時刻帯であることが明らかになった。これは睡眠禁止帯 (sleep forbidden zone) と言われる。

また同様な方法を用いて，10時付近にも眠れない時刻帯があることが報告されており，ラヴィが睡眠に着目したのに対して，覚醒に着目していたことから，覚醒維持帯 (wake-maintenance zone) と命名されている (Strogaz et al., 1987)。

3. ウルトラディアンリズム

約24時間未満のリズムをウルトラディアンリズム (ultradian rhythm) というが，多くの場合，ウルトラディアンリズムとは，約90分のリズムを示す。これを基礎休息活動サイクル (BRAC: Basic Rest Activity Cycle, Kleitman,

1939/1963）という。このリズムは，睡眠一周期のリズムが 90 〜 120 分であることから，睡眠中にも生じている。

4. 生体リズムの個人差

　生体リズムを伴って変化する眠気や疲労の発現には，個人差があることも知られている。ヴァン・ドンジェンら（Van Dongen et al., 2004）は，7 日間にわたる 6 時間睡眠後の 36 時間断眠条件，7 日間にわたる 12 時間睡眠条件後の 36 時間断眠の 3 つの睡眠条件で PVT を行った結果，異なる睡眠条件による PVT の成績よりも，被験者間の成績のほうがばらつきが大きいことを報告した。

　これまでも，朝に強い朝型（lark type）と夜に強い夜型（owl type）が知られており，それを判別する質問紙がさまざま作られてきた（Horne & Östberg, 1976；Torsval & Åkerstedt, 1980；Barton et al., 1995；Roenenberg et al., 2003）。眠気のリズムの個人差には，時計遺伝子の 1 つである *per-3* が関与している（Viola et al., 2007）。たとえば産業組織において，午後から夕方にパフォーマンスが向上する夜型の労働者に朝活を強いることは，パフォーマンスの低下をもたらす。近年，そのような個人リズムと社会リズムの乖離が問題となっており，社会的時差ボケ（social jet lag）と呼ばれる（Wittmann, 2006）。この社会的時差ボケの産業組織的な対策として，たとえば，病院勤務，コールセンター労働者，警察官を対象にして，生体リズムの個人特性に合わせて，自分で労働時刻を選択できるようにしたところ（periodic self-rostering），夜型の労働者は朝型の労働者よりも夕方や夜間を選択したとの報告がある（Ingre et al., 2012,）。

　このような生体リズムの個人特性を踏まえて産業組織を編成することは，前述した能率性，快適性の社会的リスクを避ける有効な対策になり得ると言えよう。

■ 第4節 ■

夜勤・交代勤務

1. 夜勤・交代勤務とは

　夜勤・交代（交替）勤務とは，1日24時間をいくつかのチームに分けて交代して働く制度である。このチームは，産業組織によって呼び方が異なり，「直」，「番」，「組」，「勤」などと呼ばれている。

　小木（1996）は，夜勤・交代勤務を図4-8のように分類している。まず「輪番交代」か「固定勤務」かで分ける。輪番交代とは，1日24時間を日勤，夕勤，夜勤の3つの時間で分ける。3交代制ならば，1人の労働者やチームがそれらの3つのシフトを順繰り勤務していくのか，それとも日勤だけ行う労働者，夕勤だけ行う労働者，夜勤だけ行う労働者に分ける。それによって「狭義の交代

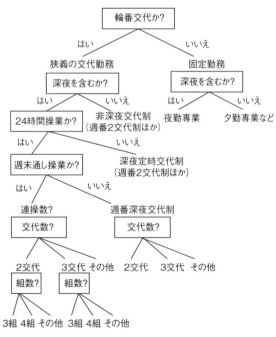

図4-8　夜勤・交代勤務の分類法（小木，1996）

勤務」と「固定勤務」に分けられる。次は，深夜勤務を含むか否かである。深夜勤務は，わが国の労働基準法に従えば，22 ～ 5 時の時刻帯を含む勤務をいう。次に 1 日 24 時間の操業の有無で分類する。24 時間操業する場合を「全日制」という。その先は，週末も操業するか否かで分け，週末も操業する場合は，連続操業の意味で「連操型」という。その後，交代数と組数に分ける。

　諸外国では，これまで 2 交代勤務の場合は，日勤と夕勤とで編成され，3 交代勤務になってはじめて夜勤が入るように編成されていた（Åkerstedt, 1988）。しかし近年では，国際的にも 1 日 24 時間を 12 時間の日勤と 12 時間の夜勤で編成する 12 時間 2 交代制や，わが国の看護，介護職場で見られるような 1 日 24 時間を 8 時間の日勤と 16 時間の夜勤で編成される 16 時間 2 交代が見られるようになっている。

　その他の夜勤・交代勤務編成の名称は，医療，消防，警察などでみられ，勤務スケジュールが 1 か月ごとに作成される「交番表勤務（roster work）」，飲食，郵便，航空，バスなどで見られ，長い休憩を挟んで 2 つの勤務を行う「スプリット勤務（split shift）」（Anund et al., 2018），看護，介護で見られるような，2 つの勤務の勤務間インターバルを通常のインターバルより短くしたり，2 つの勤務を連続させ，その勤務間インターバルを負担の高い夜勤の後につけて，夜勤による疲労回復力を高める「圧縮勤務（compressed working week）」（Bambra et al., 2008），また医療で見られる「オンコール勤務（on-call）」などがある。

2. 夜勤・交代勤務がとられる理由と職種

　夜勤・交代勤務がとられる理由は，おおむね 5 つにまとめることができる（松本，1984）。1 つめの理由は，病院，電気，消防，警察など公共事業および，これに準じるもの，2 つめの理由は，新聞，放送，運輸など，現代生活をする上で国民にサービスが求められるもの，3 つめの理由は，鉄鋼業や化学工業のように生産技術上連続操業が求められるもの，4 つめの理由は，警備員，守衛などのように工場・事業場などの保安・警備上の理由から連続勤務が要求されるもの，そして 5 つめの理由は，設備投資に対する減価償却を早めるために行うものである。最近では，利便性の追求から飲食店，コンビニエンスストアなど

107

も夜勤・交代勤務を行っている。現在，夜勤・交代勤務に従事している労働者は，全労働人口の20%前後である（Stevens et al., 2011; 久保, 2014）が，今後ますます増加することが予想される。

3. 夜勤・交代勤務のリスク

　夜勤・交代勤務のリスクに関するモデルは，図4-9に記したルーテンフランツのモデル（Rutenfranz, 1976）が有名であり，現在でも有効である。このモデルには3点の意味がある。第1点めは，夜勤リスクの根本原因は，夜勤・交代勤務のシフトと睡眠位相のずれにある点。第2点めは，夜勤・交代勤務そのものが直接的に夜勤リスクを生じさせるのではなく，その間に介在する要因がある点。したがって第3点めは，それらの要因を考慮して夜勤リスク対策を講じれば，夜勤・交代勤務リスクを低減させることができるという点である。また最近の夜勤・交代勤務のモデルとしては，疾病を中心に夜勤・交代勤務の内的メカニズムに言及したモデルも紹介されている（Kecklund & Axselsson, 2016）。

(1) 安全リスク

　ドーソンとレイド（Dawson & Reid, 1997）は，夜間覚醒時の安全リスクについて報告している。その方法はアルコール酩酊法（alcohol intoxication）といい，夜勤と酒気帯び運転の状態とがどれだけ同じかを比較したものである。方

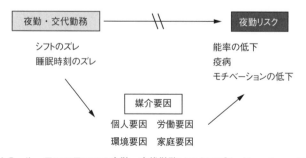

図 4-9　ルーテンフランツの夜勤・交代勤務リスクモデル （Rutenfranz, 1976）

法としては，被験者を2つのグループに分け，第1群には，10〜15gのアルコール飲料を，8時から30分ごとに摂取し，血中アルコール濃度が0.1％になるまでトラッキング作業を行うグループ。第2群は，8時〜翌朝の12時までの連続覚醒中にトラッキング作業を行うグループである。その両群を，トラッキング作業の値でマッチングさせ，先行覚醒時間と血中アルコール濃度の関係を検討した結果，夜勤時刻帯の覚醒度は，血中アルコール濃度0.05％以上の酒気帯び運転状態であることを明らかにした。

これまで世界的大惨事と呼ばれる，スリーマイル島の原子力発電所の事故（1979年），ボパール（インド）の化学工場の爆発（1984年），チェルノブイリ原子力発電所の事故（1986年），エクソン・バルディーズ号の座礁（1989年）などは，すべて夜間に起こっている（Moore-Ede, 1993）。わが国でも，関越自動車道高速ツアーバス事故（2012年）は，4時40分，北陸自動車道バス事故（2014年）も5時10分に起こっていることからも，夜間時刻帯に働く夜勤では，安全リスクが確実に高まる。

この理由は，昼高夜低型のサーカディアンリズムが，夜勤中にも継続することによる。それは夜勤だけを専門に行う夜勤専従勤務者（permanent night worker）であっても，完全にサーカディアンリズムが夜勤に適応できる労働者は，3％しかおらず，部分的に適応できる労働者は25％未満，残りの72％は適応できないとの報告がある（Folkard, 2008）。一方，労働者のリズムが夜勤に適応できないのは，社会環境が大きく，北海油田のような労働者を取り巻く社会環境も逆転している場合は，サーカディアンリズムが容易に夜勤適応できるという知見もある（Bjorvatn et al., 1998）。

(2) 健康リスク

夜勤・交代勤務が及ぼす健康リスクへの影響は，初期の研究では胃腸・十二指腸潰瘍など消化器系の疾患が指摘されていた（Segawa et al., 1987）。その後，疫学研究の深化によって循環器疾患，糖尿病など，すべての疾病が関与していることが明らかになっている（Knutsson, 2003）。そして，近年最も注目されているのが，癌である。

世界保健機関（WHO: World Health Organization）の国際癌研究機関（IARC:

International Agency of Research on Cancer）は，発癌性要因を 5 つに分類している。が，2007 年に，夜勤・交代勤務を上から 2 番めの「発癌性はおそらくある（グループ 2A）」に初めて分類した（IARC, 2010）。

このメカニズムは，LAN（Light At Night, Stevens, 1987）と呼ばれ，夜勤時に曝露される光によって，抗腫瘍・抗酸化作用のある睡眠物質であるメラトニン（melatonin）が抑制され，それによって女性では性ホルモンのエストロゲン（estrogen）の上昇が生じて乳癌，男性では性ホルモンのテストステロン（testosterone）の上昇が生じて前立腺癌にり患するというものである。特に光の中では，波長の短い 460 ナノメーターの青色光が最もメラトニンを抑制させる（Brainard et al., 2001）ため注意が必要である。しかしながら，青色光は，光照射の中で最も眠気を抑制する（Lockley et al., 2006）ことも知られており，このことは，夜勤・交代勤務では，安全リスクと健康リスクがトレードオフする状態にあることから，それぞれのリスクを理解することが求められる。

（3）生活リスク

夜勤・交代勤務者は，勤務の休日と国民の休日が必ずしも一致しないこと（Bittman, 2005）で社会生活上の不利益を被る。また勤務の中では夕勤が多いと，個人生活，社会活動，家族責任の点で常日勤者より不利益が生じることが報告されている（Diekmann et al., 1981）。レンチングとナッハライナー（Lenzing & Nachreiner, 2000）によると，夜勤・交代勤務者の子どもは，常日勤者と比較して，集団よりも個人的な遊びを好み，社会的に孤立に陥りやすいとの報告がある。

4. 夜勤・交代勤務対策

（1）勤務編成の変更

1982 年に第 6 回国際夜勤・交代勤務シンポジウムが京都で開催されており，クナウトとルーテンフランツ（Knauth & Rutenfranz, 1982）が人間工学的な勤務編成のガイドラインとして報告したのがルーテンフランツ 9 原則である（表4-3）。この原則は，曖昧な表現が多いものの，それゆえに，現在まで交代勤務

第4章　産業疲労

表 4-3　ルーテンフランツ 9 原則（Knauth & Rutenfranz, 1982）

1. 連続夜勤は避けるべきである。
2. 日勤の開始時刻は早くすべきでない。
3. シフトの交代時刻は個人に融通性を持たせるほうがよい。
4. シフトの長さは労働負担によって決め，夜勤は他の勤務より短くすべきである。
5. 2 つのシフトの短い勤務間隔時間は避けるべきである。
6. 連続勤務を行う場合は，少なくとも 2 連続休日の週末を含むべきである。
7. 連続勤務においては，（時計回りの循環の）正循環にすべきである。
8. シフトの（勤務開始から休日までの）1 周期は長くすべきでない。
9. シフトの循環は規則正しく行われるべきである。

編成の指針として効果を示してきた。それは，夜勤・交代勤務編成には，これが最もよいという編成は存在せず，それぞれの産業組織の置かれている状況によって，それぞれの産業組織の最適解の編成があるからに他ならない。

　ルーテンフランツ原則の中で，近年注目されているのが，第 2 原則の「早朝勤務は避けるべき」，第 5 原則の「短い勤務間隔は避けるべき」，第 7 原則の「正循環の交代方向」である。

1）第 2 原則「早朝勤務は避けるべき」

　早朝勤務は，夜勤と同じように睡眠構築を劣化させることが知られている。ケックランドとオッケルシュタッド（Kecklund & Åkerstedt, 2004）は，不規則勤務であるトラックドライバーと旅客機の客室乗務員を対象にして，就寝前に「翌日は早く起きなければいけない」という心理的なストレスが強い場合には，疲労回復に最も重要な徐波睡眠の出現量が減少することを報告した。また，いつもの起床時刻（7 時）より早く起きなければいけない（6 時）と教示された実験室研究（Born et al., 1999）では，起床 1 時間前からストレスホルモンである副腎皮質刺激ホルモン（ACTH: Aderno Cortico Tropic Hormone）が分泌されるとの報告もある。

2）第 5 原則「短い勤務間隔は避けるべき」

　夜勤・交代勤務者の勤務間インターバルは，シフトの組み合わせによって変化する。ヴェダら（Vedaa et al., 2017）は，看護師を対象にしてシフト間の勤務間インターバルと睡眠時間の関係を報告した。勤務間インターバルが 11 時間

111

未満の夕勤−日勤のクイック・リターンズが最も睡眠時間が短い（5.6 時間）が，夜勤−夜勤では勤務間インターバルが 14.4 ± 0.5 時間，日勤−日勤では 16.2 ± 0.9 時間もあるにもかかわらず，睡眠時間は，前者で 6.1 時間，後者で 6.2 時間であり，クイック・リターンズの夕勤−日勤の 5.6 時間と変わらなかった。この理由は，夜勤−夜勤の睡眠位相は昼間であることから，サーカディアンリズムによって睡眠に適さない時刻帯で眠らざるを得ないためである。一方，日勤−日勤は，睡眠位相は夜間であるが，翌日に「起きなければいけない」という心理的ストレスが生じて，睡眠時間が短くなっている。他方，夕勤−夕勤では，勤務間インターバルが 16.2 ± 0.3 時間が確保され，睡眠位相が夜間であり，かつ翌日の勤務も夕方に出勤するため，睡眠時間も 7.6 時間と最も長くなったと報告した。この点からすれば，夜勤・交代勤務者の疲労対策としては，勤務間インターバルを設けること以上に，睡眠相を夜間時刻帯に位置づけることが大切である。

　また夜勤・交代勤務では，サーカディアンリズム上，最も負担の高い夜勤シフトの勤務時間を短くしようと試みると，日勤シフトの始業時間が早くなって，日勤前の睡眠の質が落ちる。そこでこの対策としては，シフトの拘束時間は変えずに，後で述べるように勤務中に仮眠を挿入することが有効である。

3) 第 7 原則「正循環の交代方向」

　正循環（clockwise rotation）とは，夜勤・交代勤務編成における「時計回り」の交代方向を意味する。3 交代であれば，日勤→夕勤→夜勤のように時計を遅らせて交代する方向を指す。ヒトの生体リズムは，24 時間より長いため，理論的（Czeisler et al., 1980；Kitamura et al., 2013）にも現場介入研究的（Czeisler et al., 1982）にも正循環が推奨される。一方，日勤→夜勤→夕勤のように，「反時計回り」の交代方向は，逆循環（counterclockwise rotation）と呼ばれる。逆循環は，時計が前倒しになるためにリズム適応が難しいだけでなく，マウスを用いた実験研究では死亡率が高まるという報告がある（Davidson et al., 2006）。ただし看護師の交代勤務制で見られる日勤→深夜勤（夜勤）のような逆循環は，日勤や深夜勤（夜勤）の労働負担が低ければ，深夜勤（夜勤）後に十分な休息時間を設けることができるので負担の高い夜勤の疲労回復という点で有効である。

（2）夜勤中の仮眠

　夜勤中に取る適切な仮眠は，夜勤の安全性，健康性，生活性のリスクを低減させる（佐々木ら，1992; Takahashi, 2003）。そもそも夜間は睡眠に適した時刻帯であることから，また睡眠は疲労回復力が最も高いことから，夜勤中に睡眠時間を確保して疲労低減を行うことは，理にかなっている。夜勤中の仮眠研究は，わが国で発達した。一方，諸外国では，夜勤中に仮眠を取る時間があるならば，その時間に働いて早く自宅に帰るというのが主流の考えであった。しかし，民間航空機のパイロットに40分（睡眠時間は26分）の仮眠を取らせた結果，著しいパフォーマンスの向上が見られたと報告された（Rosekind et al., 1994）ことが夜勤対策としての仮眠効果に対して世界が着目する嚆矢となった。現在は，世界的にも仮眠研究が盛んになっており，その背景には，たとえばパイロットでは，操縦する飛行機が1回の給油で16時間以上も運航できるようになり，労働環境が超長時間運航（ULRO: Ultra Long Range Operation）時代に入ったように，どの産業組織でも夜勤時間が長時間化していることがある。

　仮眠時間としては，短時間の仮眠では効果がないとする知見も報告されている（Centofanti et al., 2017）が，睡眠段階2にもある程度の疲労回復効果が認められる（Hayashi et al., 2005）ことから，たとえ短時間であっても眠ったほうがよい。夜勤中の仮眠は，サーカディアンリズム上，睡眠に適した時刻帯であるため睡眠慣性が生じやすいが，それを避けて最大の仮眠効果を引き出すならば，睡眠一周期を含む120分以上の仮眠時間が推奨される。

　安全性への効果では，斎藤・佐々木（Saito & Sasaki, 1996）が，夜勤を行う看護師を対象として，夜勤前のみに仮眠をとる看護師と夜勤中のみに仮眠をとる看護師の仮眠時間別の疲労感の低減効果を比較している。その結果，夜勤中のみに仮眠をとった看護師は，同じ仮眠時間でも，夜勤前のみに仮眠をとった看護師より疲労感は3分の1に抑えられたことを明らかにした。

　健康性の効果では，夜間に仮眠をとると生体リズムの18時付近にある頂点位相がずれないというマイノルズとウォーターハウス（Minors & Waterhouse, 1981）の報告がある。彼らは，2週間にわたって2条件の睡眠を取らせる実験を行った。条件1は6日間にわたり24～8時の間に睡眠をとらせ，6日以降は好きな時刻に8時間の睡眠を取らせた。条件2は6日間にわたり24～8時の

間に睡眠を取らせ，その後は 24 ～ 4 時の間に睡眠を強制的に取らせ，残りの 4 時間は，好きな時刻に睡眠を取らせた。その結果，連続 8 時間の睡眠を取らせた群は，体温の頂点位相が遅延したが，4 時間の睡眠をいつも取っている睡眠時刻に取らせた場合は，体温の頂点位相がずれなかった。この 4 時間の睡眠を「係留睡眠（anchor sleep）」という。この 4 時間の係留睡眠効果は，2 時間の仮眠でも示されたという報告がある（吉田ら，1998）。また看護師を対象とした研究で，夜勤中の仮眠が，メラトニンを上昇させ，エストロゲンを減少させたという知見（Bracci et al., 2013）もあり，夜勤起因性の癌対策としての仮眠の可能性が示唆されている。

　生活性への効果として，夜勤後の生活時間の延長効果がある。夜勤・交代勤務者の夜勤後の主睡眠（main sleep）は，昼間睡眠である。昼間睡眠は，サーカディアンリズムの影響で，連続睡眠時間が短い（小木，1983/1994）。そこで夜勤・交代勤務者は，夜勤後の睡眠では，寝たり起きたりして，睡眠時間を確保しようとすることが知られている。そこで，夜勤中に十分な仮眠時間が取れれば，睡眠に適さない昼間睡眠時間が短縮し，生活時間が延長することが考えられる。酒井・小木（Sakai & Kogi, 1986）は，夜勤中の仮眠時間が長くなると，昼間睡眠時間を長くとる夜勤者の比率が減ることを明らかにしている。

第5章

職場のメンタルヘルス
働く人の心の健康を守る

■ 第1節 ■
─────────────────────────────────────

ストレスとメンタルヘルスに関する理論

　ストレスとは，もともとは物体に負荷が加えられている領域を指す物理学の用語であった。たとえば，フックの弾性の法則では，バネを手で伸ばすと，伸ばした量に比例して元に戻ろうとする力が生じる。そのため，バネは，手を離すと負荷が加えられていないときの元の状態に回復する。しかし，バネを伸ばし過ぎると，元に戻る力が弾性の限界を超えてしまい，バネが伸びて元の状態に戻らなくなってしまう。

　人間も，日々さまざまなストレスにさらされている。そのため，学校や仕事が終わったら，家でゆっくり休み，心のバネを元の状態に戻している。しかし，ストレスの量が多すぎたり，家でゆっくりすることができなかったりする場合には，心のバネを元の状態に戻すことができなくなってしまい，翌日は回復しきっていない心の状態から活動を開始することになってしまう。このような状態を長期間続けていると，心のバネが伸び切ってちぎれてしまうこともある。これが，人間が疾患にかかっている状態である。人間は，ストレスにさらされ続けていると，ストレス反応が慢性化し，その結果心身の健康を害することにつながる可能性があるのである。

　本節では，はじめにストレスとメンタルヘルスに関する代表的な理論をいくつか紹介する。

115

1. ホメオスタシスと闘争-逃走反応

　生体には，外部から有害な刺激が加えられると，内部環境を一定に保つために，血液を凝固させたり，リンパ節を形成したりするなどの自動的な反応が生じる。キャノン（Cannon, 1932）は，このような生体が持つ自動的な調整機能をホメオスタシス（homeostasis）と呼んだ。ホメオスタシスを維持するために，生体に生得的に存在する行動には，たとえば熱いものに触れたときに瞬時に手を引っ込める「反射」，血小板によって傷口を閉鎖する「適応」などがあるが，心理学的に最も重要なものは，「闘争-逃走反応（fight or flight response）」であろう。闘争-逃走反応とは，生体が何らかの脅威にさらされたときに取られる行動であり，目の前にある脅威的な状況を解消することを目的としている。たとえば，山道でクマに出会ったとき，その状況に恐怖を感じた場合には逃走反応が生じる。他方，クマを打ち負かしてやろうと怒りを感じた場合には，闘争反応が生じる。キャノンによれば，恐怖や怒りといった感情は，激しい筋肉運動に対する準備状態を形成する機能を持つとされており，生体はこのような感情を一時的に高めることで，目の前の脅威的な状況を解決しやすくしているという。

2. 全身適応症候群

　セリエ（Selye, 1967）は，外部からの有害な刺激に対して，副腎皮質の肥大など，生体には共通した反応が示されることを発見し，これを全身適応症候群（GAS: General Adaptation Syndrome）と呼んだ（図5-1）。生体は，有害な刺激にさらされると，はじめに「警告反応期」に入り，副腎皮質の肥大などの非特異的な反応が示される。このとき，全身の抵抗力は正常値以下に低下するが，適応が達成されずにこの状態が長く続くときには，その有害因子に対抗しようとする抵抗期に入る。抵抗期は，全身の抵抗力が正常値以上に上昇し，有害因子に積極的に対抗していく時期である。たとえば，体内に細菌が侵入してきたとき，生体は発熱することによって体温を上げ，免疫の働きを活性化させてこれを駆除しようとする。ただし，発熱が長期間続くと，体内のさまざまな組織

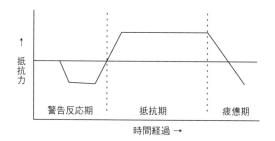

図 5-1　全身適応症候群（Selye, 1967）

が損傷を受ける可能性がある。そのため，抵抗期を永久に継続させることはできない。抵抗期によって有害因子の除去が不可能であった場合には，生体は再び全身の抵抗力を正常値以下に低下させる「疲憊期」に入る。疲憊期は，生体に残されたエネルギーをできるだけ長続きさせようとする時期であり，死に至る前の最終段階であるといえる。

3. 心理学的ストレスモデル

キャノンやセリエは生理学者であったため，有害な刺激に対する反応の個人差についてはあまり考慮することはなかった。しかし，同じような有害な刺激にさらされても，反応が生じるか否かや，生じる反応の程度は，個人ごとに異なる。ラザルスとフォークマン（Lazarus & Folkman, 1984）は，このような個人差に注目し，ストレッサーとストレス反応との間に個人の内的プロセスである認知的評価やコーピングなどを取り上げた心理学的ストレスモデル（図 5-2）を提唱した。

心理学的ストレスモデルでは，認知的評価のプロセスによって「ストレスフル」と評価されたもののみがストレッサーとなると定義される。ストレスフルという評価はその後恐怖や怒り，不安などのネガティブな情動を中心とした急性ストレス反応を生じさせ，それが引き金となってストレスへの対処であるコーピングが発動される。コーピングによって，ストレッサーや急性ストレス反応が解消された場合には，慢性ストレス反応は生じないことになり，生体は健康

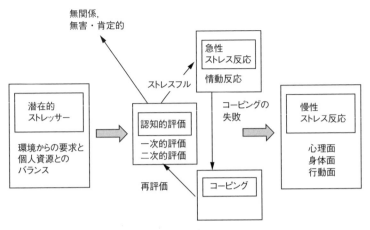

図 5-2 心理学的ストレスモデル（Lazarus & Folkman, 1984；島津, 2006）

を維持することができる。しかし，コーピングによってこれらが解消されないときには，心理面・身体面・行動面にさまざまな慢性ストレス反応が生じ，それによって何らかの疾病が発症する可能性が高くなる。

4. ライフイベント

　多くのストレスに関する理論では，個人が環境に適応できるか否かが議論の中心となっているが，ではどのような環境が個人に再適応を要求するのであろうか。この点に焦点を当てたものが，ホルムズとラーエ（Holmes & Rahe, 1967）に代表される一連のライフイベント研究である。ライフイベントとは，日常生活の中で誰もが多かれ少なかれ体験する刺激や状況（Dohrenwend & Dohrenwend, 1974）のことを指す。ホルムズとラーエ（Holmes & Rahe, 1967）は，ワシントン大学医学部の5,000人以上の患者から得られたライフ・チャート（Life chart）という臨床記録に基づき，社会再適応評価尺度（SRRS: Social Readjustment Rating Scale）を作成した（表5-1）。各ライフイベントには，LCU（Life Change Units）という得点が付与されているが，この得点は，高いほど再適応に時間がかかることを示している。なお，SRRSではそのライフイベン

第 5 章　職場のメンタルヘルス

表 5-1　社会再適応評価尺度（Holmes & Rahe, 1967）

順位	出来事	LCU 得点	順位	出来事	LCU 得点
1	配偶者の死	100	23	息子や娘が家を離れる	29
2	離婚	73	24	親戚とのトラブル	29
3	夫婦別居生活	65	25	個人的な輝かしい成功	28
4	拘留	63	26	妻の就職や離職	26
5	親族の死	63	27	就学・卒業	26
6	個人のけがや病気	53	28	生活条件の変化	25
7	結婚	50	29	個人的習慣の修正	24
8	解雇・失業	47	30	上司とのトラブル	23
9	夫婦の和解・調停	45	31	労働条件の変化	20
10	退職	45	32	住居の変更	20
11	家族の健康上の大きな変化	44	33	学校をかわる	20
12	妊娠	40	34	レクリエーションの変化	19
13	性的障害	39	35	教会活動の変化	19
14	新たな家族構成員の増加	39	36	社会活動の変化	18
15	仕事の再調整	39	37	1 万ドル以下の抵当（借金）	17
16	経済状況の大きな変化	38	38	睡眠習慣の変化	16
17	親友の死	37	39	団らんする家族の数の変化	15
18	転職	36	40	食習慣の変化	15
19	配偶者との口論の頻度の変化	35	41	休暇	13
20	1 万ドル以上の抵当（借金）	31	42	クリスマス	12
21	担保・貸付金の損失	30	43	わずかな違法行為	11
22	仕事上の責任の変化	29			

トの体験による変化を重視しているため，出来事の持つ心理的意味や望ましさ，生起される感情などは問題としていない。

　以上のようなストレスやメンタルヘルスに関する理論的背景をもとに，次節よりわが国における職場のメンタルヘルスや過労死等について述べていきたい。

■ 第2節 ■

労働安全衛生法と労働災害

　わが国において，職場のメンタルヘルス対策を行う根拠となる法律は，労働安全衛生法である。労働安全衛生法は，労働災害（労災）を防止するための危害防止基準を確立したり，防止に関する総合的計画的な対策を推進したり，責任体制を明確化したりすることによって，職場における労働者の安全と健康を確保すること，および，快適な職場環境の形成を促進することを主な目的としている。労災とは，おもに業務の遂行に起因して，労働者が負傷したり，疾病

表5-2　労災保険の適用となる疾病（職業病）（労働基準法施行規則（昭和二十二年厚生省令第二十三号）別表第一の二）一部抜粋

一	業務上の負傷に起因する疾病
二	物理的因子による次に掲げる疾病 　1　紫外線にさらされる業務による前眼部疾患又は皮膚疾患　ほか
三	身体に過度の負担のかかる作業態様に起因する次に掲げる疾病 　1　重激な業務による筋肉，腱，骨若しくは関節の疾患又は内臓脱　ほか
四	化学物質等による次に掲げる疾病 　1　厚生労働大臣の指定する単体たる化学物質及び化合物（合金を含む。）にさらされる業務による疾病であつて，厚生労働大臣が定めるもの
五	粉じんを飛散する場所における業務によるじん肺症又はじん肺法（昭和三十五年法律第三十号）に規定するじん肺と合併したじん肺法施行規則（昭和三十五年労働省令第六号）第一条各号に掲げる疾病　ほか
六	細菌，ウイルス等の病原体による次に掲げる疾病 　1　患者の診療若しくは看護の業務，介護の業務又は研究その他の目的で病原体を取り扱う業務による伝染性疾患　ほか
七	がん原性物質若しくはがん原性因子又はがん原性工程における業務による次に掲げる疾病 　1　ベンジジンにさらされる業務による尿路系腫瘍　ほか
八	長期間にわたる長時間の業務その他血管病変等を著しく増悪させる業務による脳出血，くも膜下出血，脳梗塞，高血圧性脳症，心筋梗塞，狭心症，心停止（心臓性突然死を含む。）若しくは解離性大動脈瘤又はこれらの疾病に付随する疾病
九	人の生命にかかわる事故への遭遇その他心理的に過度の負担を与える事象を伴う業務による精神及び行動の障害又はこれに付随する疾病
十	前各号に掲げるもののほか，厚生労働大臣の指定する疾病
十一	その他業務に起因することの明らかな疾病

を発症したり，死亡したりすることをいう。たとえば，工場に勤務する労働者が，重い荷物を運んでいるときに転倒して骨折してしまった場合などは，労災と認定される可能性が高い。労災と認定された労働者には，労働者災害補償保険法により労災補償が適用され，治療費の保障や休業補償（休業1日につき，給付基礎日額の8割を支給）などが提供される。なお，労災補償の対象となる疾病（職業病）は，表5-2の通りである。これらのうち，「八　長期間にわたる長時間の業務その他血管病変等を著しく増悪させる業務による脳出血，くも膜下出血，脳梗塞，高血圧性脳症，心筋梗塞，狭心症，心停止（心臓性突然死を含む。）若しくは解離性大動脈瘤又はこれらの疾病に付随する疾病」は，過労死に関連するものであり，「九　人の生命にかかわる事故への遭遇その他心理的に過度の負担を与える事象を伴う業務による精神及び行動の障害又はこれに付随する疾病」は，うつ病など精神障害に関連するものである。これらのことから，職場において，過重労働対策やメンタルヘルス対策を実施することは，労災の発生を防止するためにも重要なことであるといえる。

■ 第3節 ■

過労死・過労自殺の防止

　近年，わが国では，長時間労働などの過重な負荷により，脳・心臓疾患を発症して死に至る者が多発し，大きな社会問題となっている。このような過労死等の問題を解決するため，厚生労働省は2002年に「過重労働による健康障害防止のための総合対策」，2006年に「過重労働による健康障害を防止するため事業者が講ずべき措置」を定め，時間外・休日労働時間の削減や年次有給休暇の取得促進など，事業者が講じるべき措置についてまとめた。2014年には，過労死等の防止のための対策を推進し，過労死等がなく，仕事と生活が調和した健康で充実した働き続けることのできる社会の実現に寄与することを目的として，「過労死等防止対策推進法」が制定された。この法律において，過労死等は「業務における過重な負荷による脳血管疾患若しくは心臓疾患を原因とする死亡若

表 5-3　「過労死等の防止のための対策に関する大綱」に示された過労死等防止の数値目標
（厚生労働省，2018a）

---

1. 週労働時間 60 時間以上の雇用者の割合を 5% 以下とする（2020 年まで）。
   なお，特に長時間労働が懸念される週労働時間 40 時間以上の雇用者の労働時間の実情を踏まえつつ，この目標の達成に向けた取組を推進する。
2. 勤務間インターバル制度について，労働者 30 人以上の企業のうち，
   (1) 制度を知らなかった企業割合を 20% 未満とする（2020 年まで）。
   (2) 制度の導入企業割合を 10% 以上とする（2020 年まで）。
3. 年次有給休暇の取得率を 70% 以上とする（2020 年まで）。
   特に，年次有給休暇の取得日数が 0 日の者の解消に向けた取組を推進する。
4. メンタルヘルス対策に取り組んでいる事業場の割合を 80% 以上とする（2022 年まで）。
5. 仕事上の不安，悩み又はストレスについて，職場に事業場外資源を含めた相談先がある労働者の割合を 90% 以上とする（2022 年まで）。
6. ストレスチェック結果を集団分析し，その結果を活用した事業場の割合を 60% 以上とする（2022 年まで）。

しくは業務における強い心理的負荷による精神障害を原因とする自殺による死亡又はこれらの脳血管疾患若しくは心臓疾患若しくは精神障害」と定義されている。すなわち，過労自殺も，過労死等に含まれるといえる。2015 年には本法に基づき「過労死等の防止のための対策に関する大綱」が公表され，法に定められた 4 つの対策である，①調査研究，②啓発，③相談体制の整備，④民間団体の活動に対する支援のそれぞれについての基本的考え方や，国や国以外が取り組む重点対策の内容などについてまとめられた。なお，本大綱は 2018 年に変更が加えられ，新たに過労死等防止に関する数値目標（表 5-3）が設定されるなどした。表 5-3 を見ると，近年の過労死等防止対策と職場のメンタルヘルス対策とは，区別することなく一体となって運用することが求められているとみることもできる。

第5章　職場のメンタルヘルス

■第4節■

労働衛生の3管理・5管理

　労働者の健康を確保したり，快適な職場環境の形成を促進したりするために
は，3つないし5つの管理を行うことが重要であることが指摘されている（中
央労働災害防止協会，2015）。これを，労働衛生の3管理または5管理という。
労働衛生の3管理とは，作業環境管理，作業管理，健康管理を指す。また，こ
の3管理に労働衛生教育と総括管理を加えたものを，労働衛生の5管理と呼ぶ。

1．作業環境管理

　作業環境管理は，職場内に存在するさまざまな有害因子を，測定器具等を使
用して定量的に把握し，その程度を適切に管理することを指す。たとえば，職
場の温度が作業を行うにあたって高すぎる場合には，事業者は冷房を設置する
などして作業環境が快適な水準になるように管理しなければならない。ある職
場に所属する労働者のストレスチェックの得点の平均値などを用いて当該職場
のストレスの状況を定量的に把握し，その改善を図ることも，作業環境改善に
含めることができる。

2．作業管理

　作業管理は，労働者が，遂行する作業によって疾患等にかからないように，作
業による負荷などを適切に管理することを指す。たとえば，PC作業によって
腰痛が生じないように，ディスプレイやキーボードの位置を調整したり，有毒
ガスが発生している現場では防毒マスクなどの防護具や保護具を使用したりす
ることなどが該当する。事業者やその権限を代行している管理監督者には，部
下の労働時間が長時間に及ばないように適切に管理することが求められている
が，これは過労死等を防止するための作業管理の一環であるともいえる。

123

3. 健康管理

健康管理は，事業者に年1回の実施が義務づけられている健康診断によって，個々の労働者の健康状態を労働者個人だけでなく事業者側も把握し，必要に応じて産業保健スタッフ等による保健指導・栄養指導を行ったり，勤務時間の制限などの就業規制を行ったりすることを指す。2008年から40歳以上の人々を対象に実施が義務化された特定健康診査およびそれに付随する特定保健指導では，メタボリックシンドロームなど生活習慣病予備軍の人々に対して，保健師，管理栄養士，健康運動指導士などが食生活の改善指導や運動指導などを行っている。

4. 労働衛生教育

労働衛生教育には，たとえば有害な作業を行う際に作業手順について教育したり，保護具の使用方法について教育したりすることなどが含まれる。メンタルヘルスに関連した労働衛生教育には，たとえば労働者がみずからの努力で心身の不調を軽減することができるよう，ストレス対処やリラクセーションのための方法を教育により身につけてもらうことなどが含まれる。さらに，職場のメンタルヘルス対策では，管理監督者は部下の不調を早期に発見し，初期対応を行うことが求められている。そのため，管理監督者向けに，部下のメンタルヘルスケアを行うための知識やスキルを身につけるための教育を行うことも重要になっている。

5. 総括管理

総括管理は，衛生委員会や安全衛生委員会などによって，各事業場の衛生管理計画を策定したり，計画の見直しを行ったりすることを指す。職場のメンタルヘルス対策を含めた産業保健対策は，衛生委員会などで立案した計画に基づき，Plan-Do-Check-Act のいわゆる PDCA サイクルを絶えず回していくことが求められている。衛生委員会には，通常労使の代表者や産業医，衛生管理者な

124

ど産業保健の専門家が参加している。このような利害関係者（ステークホルダー）が一堂に会した場で，話し合いにより当該事業場における産業保健対策の計画を立案し，それを労使一体となって実行していくことは，他の労働衛生管理を行う基礎となる最も重要な部分であるといえる。

■ 第5節 ■

安全配慮義務

　事業者と労働者の間には，さまざまな契約関係や，双方が順守すべき義務が存在する。両者の最も重要な関係は，労働者が事業者の指示に従って労務を提供し，事業者はそれに対して労働者に報酬を支払うというものであろう。2008年に施行された労働契約法では，労働契約は双方の合意により形成されることが明文化されたが，これは労使がともに対等な立場であることを再度確認したものであるともいえる。

　職場のメンタルヘルス対策に関して，本法で特筆すべきこととしては，第5条において，「使用者は，労働契約に伴い，労働者がその生命，身体等の安全を確保しつつ労働することができるよう，必要な配慮をするものとする」と明記された点があげられる。これは，通称「安全配慮義務」と呼ばれるものであり，事業者は，労働者が安全かつ健康に業務が遂行できるよう必要な配慮を行う義務を有していることを指摘したものである。

　職場のメンタルヘルスに関して，この安全配慮義務が注目されたのは，電通に勤務していた若手男性社員が，1991年に長時間労働を背景に過労自殺した，いわゆる電通事件と呼ばれるものである。遺族の訴えにより企業側に損害賠償請求の民事訴訟が行われ，最終的に最高裁判所において表5-4のような判決が下り，企業側が1億6,800万円の賠償金を支払うことで結審した。この判決では，若手男性社員の上司は，本人が長時間労働を行っていること，および，それによって健康状態が悪化していることを認識しながら，業務量の調整など必要な措置を採らなかった点，すなわち，事業者の権限を代行する管理監督者が，

表 5-4　電通事件の最高裁判決の裁判要旨（裁判所, 2000）

一　大手広告代理店に勤務する労働者甲が長時間にわたり残業を行う状態を一年余り継続した後にうつ病にり患し自殺した場合において，甲は，業務を所定の期限までに完了させるべきものとする一般的，包括的な指揮又は命令の下にその遂行に当たっていたため，継続的に長時間にわたる残業を行わざるを得ない状態になっていたものであって，<u>甲の上司は，甲が業務遂行のために徹夜までする状態にあることを認識し，その健康状態が悪化していることに気付いていながら，甲に対して業務を所定の期限内に遂行すべきことを前提に時間の配分につき指導を行ったのみで，その業務の量等を適切に調整するための措置を採らず，その結果，甲は，心身共に疲労困ぱいした状態となり，それが誘因となってうつ病にり患し，うつ状態が深まって衝動的，突発的に自殺するに至った</u>など判示の事情の下においては，使用者は，民法七一五条に基づき，甲の死亡による損害を賠償する責任を負う。
二　業務の負担が過重であることを原因として労働者の心身に生じた損害の発生又は拡大に右労働者の性格及びこれに基づく業務遂行の態様等が寄与した場合において，<u>右性格が同種の業務に従事する労働者の個性の多様さとして通常想定される範囲を外れるものでないと</u>きは，右損害につき使用者が賠償すべき額を決定するに当たり，右性格等を，民法七二二条二項の類推適用により右労働者の心因的要因としてしんしゃくすることはできない。

注）下線は筆者による

安全配慮義務を十分履行しなかった点に過失があることを指摘している。本判決が出されたのは 2000 年であるが，これ以降，わが国では特にうつ病などの精神障害を背景に持つ自殺について，労災に認定するための要件が整備され，職場のメンタルヘルス対策が加速することになった。

■ 第 6 節 ■

精神障害の労災認定

　1999 年，旧労働省は「心理的負荷による精神障害等に係る業務上外の判断指針」を発表し，うつ病などの精神障害について，労災と認定するための指針を示した。この指針は 2011 年に改正され，現在は「心理的負荷による精神障害の認定基準」として運用されている。2011 年の改正では，「判断指針」から「認定基準」へと文言が変更され，うつ病などの精神障害を労災と認定するための基準が具体的に提示された。

精神障害の発症は，もちろん業務による心理的負荷だけによって引き起こされるわけではない。しかし，先述した電通事件のように，業務と精神障害の発症との間に相当程度の因果関係が想定され，かつ，他の要因（具体的には業務外の要因および個体側要因）との関連が想定できない場合には，その精神障害

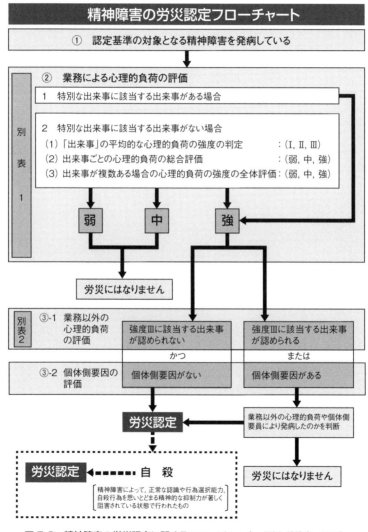

図5-3　精神障害の労災認定に関するフローチャート（厚生労働省，2011）

の発症は労災と認定される可能性がある。

　精神障害の発症が労災と認定されるまでの具体的な判断ルートを図5-3に示す。まず，前提として，労災として認定される疾病である，表5-2の「九　人の生命にかかわる事故への遭遇その他心理的に過度の負担を与える事象を伴う業務による精神及び行動の障害又はこれに付随する疾病」あるいは「十一　その他業務に起因することの明らかな疾病」を発症している必要がある。この項に該当する疾病には，国際疾病分類第10回修正版（ICD-10）第5章「精神および行動の障害」（WHO, 1992）に示された精神障害のうち，おもにF3（気分［感情］障害），F4（神経症性障害，ストレス関連障害および身体表現性障害）に分類される疾病が含まれる。

　労災に該当する疾病を発症している，または発症している可能性が疑われる事例については，まず，認定基準に示された別表1（表5-5）により，心理的負荷が過度な出来事の体験がおおむね過去6か月以内に存在していたか否かが確認される。別表1（表5-5）では，はじめに「特別な出来事」として，生死に関わる事故への遭遇，他人を死亡させたりケガを負わせたりしたこと，強姦などの重大なセクシュアルハラスメントを受けたことなど心理的負荷が極度のもの，および，発病直前の1か月におおむね160時間以上の時間外労働を行った場合や発病直前の3週間におおむね120時間以上の時間外労働を行った場合のように，極度の長時間労働が認められることの2点が掲載されている。これらに該当する出来事の体験が認められる場合には，心理的負荷の強度が「強」と判定され，業務による心理的負荷が認められると判断されることになる。

　特に「特別な出来事」が存在しない場合は，「特別な出来事以外」の「具体的出来事」の体験の有無についての調査が行われる。それぞれの具体的出来事には，一般的な心理的負荷の強度がⅠ～Ⅲで示されているが，最終的には出来事後の状況，長時間労働の状況，心理的負荷の総合評価の視点，心理的負荷の強度を「弱」「中」「強」と判断する具体例などに基づき，体験した出来事の強度が判定される。全体的に見て心理的負荷の強度が「強」と判定されれば，業務による心理的負荷が認められると判断されることになるが，「強」と判定されない場合には，労災とは認定されないことになる。

　業務による心理的負荷が「強」と判定された場合には，精神障害の発症と関

第 5 章 職場のメンタルヘルス

表 5-5 業務による心理的負荷評価表（別表 1）(厚生労働省，2011 より一部抜粋)

| 特別な出来事 |

特別な出来事の類型	心理的負荷の総合評価を「強」とするもの
心理的負荷が極度のもの	・生死にかかわる、極度の苦痛を伴う、又は永久労働不能となる後遺障害を残す業務上の病気やケガをした　…項目 1 関連 　（業務上の傷病により 6 か月を超えて療養中に症状が急変し極度の苦痛を伴った場合を含む） ・業務に関連し、他人を死亡させ、又は生死にかかわる重大な病気やケガを負わせた（故意によるものを除く）　…項目 3 関連 ・強姦や、本人の意思を抑圧して行われたわいせつ行為などのセクシュアルハラスメントを受けた　…項目 36 関連 ・その他、上記に準ずる程度の心理的負荷が極度と認められるもの
極度の長時間労働	・発病直前の 1 か月におおむね 160 時間を超えるような、又はこれに満たない期間にこれと同程度の（例えば 3 週間におおむね 120 時間以上の）時間外労働を行った（休憩時間は少ないが手待時間が多い場合等、労働密度が特に低い場合を除く） 　…項目 16 関連

※「特別な出来事」に該当しない場合には、それぞれの関連項目により評価する。

| 特別な出来事以外 |

（総合評価における共通事項）

1 出来事後の状況の評価に共通の視点

出来事後の状況の評価として、表に示す「心理的負荷の総合評価の視点」のほか、以下に該当する状況のうち、著しいものは総合評価を強める要素として考慮する。
① 仕事の裁量性の欠如（他律性、強制性の存在）。具体的には、仕事が孤独で単調となった、自分で仕事の順番・やり方を決めることができなくなった、自分の技能や知識を仕事で使うことが要求されなくなった等。
② 職場環境の悪化。具体的には、騒音、照明、温度（暑熱・寒冷）、湿度（多湿）、換気、臭気の悪化等。
③ 職場の支援・協力等（問題への対処等を含む）の欠如。具体的には、仕事のやり方の見直し改善、応援体制の確立、責任の分散等、支援・協力がなされていない等。
④ 上記以外の状況であって、出来事に伴って発生したと認められるもの（他の出来事と評価できるものを除く。）

2 恒常的長時間労働が認められる場合の総合評価

① 具体的出来事の心理的負荷の強度が労働時間を加味せずに「中」程度と評価される場合であって、出来事の後に恒常的な長時間労働（月 100 時間程度となる時間外労働）が認められる場合には、総合評価は「強」とする。
② 具体的出来事の心理的負荷の強度が労働時間を加味せずに「中」程度と評価される場合であって、出来事の前に恒常的な長時間労働（月 100 時間程度となる時間外労働）が認められ、出来事後すぐに（出来事後おおむね 10 日以内に）発病に至っている場合、又は、出来事後すぐに発病には至っていないが事後対応に多大な労力を費やしその後発病した場合には、総合評価は「強」とする。
③ 具体的出来事の心理的負荷の強度が、労働時間を加味せずに「弱」程度と評価される場合であって、出来事の前及び後にそれぞれ恒常的な長時間労働（月 100 時間程度となる時間外労働）が認められる場合には、総合評価は「強」とする。

（具体的出来事）

出来事の類型	具体的出来事	平均的な心理的負荷の強度			心理的負荷の総合評価の視点	心理的負荷の強度を「弱」「中」「強」と判断する具体例		
		I	II	III		弱	中	強
1 ①事故や災害の体験	（重度の）病気やケガをした			☆	・病気やケガの程度 ・後遺障害の程度、社会復帰の困難性等		【解説】 右の程度に至らない病気やケガについて、その程度等から「弱」又は「中」と評価	○重度の病気やケガをした 【「強」である例】 ・長期間（おおむね 2 か月以上）の入院を要する、又は労災の障害年金に該当する若しくは原職への復帰ができなくなる後遺障害を残すような業務上の病気やケガをした ・業務上の傷病により 6 か月を超えて療養中の者について、当該傷病により社会復帰が困難な状況にあった、死の恐怖や強い苦痛が生じた
2	悲惨な事故や災害の体験、目撃をした		☆		・本人が体験した場合、予感させる被害の程度 ・他人の事故を目撃した場合、被害の程度や被害者との関係等	【「弱」になる例】 ・業務に関連し、本人の負傷は軽度・無傷で、悲惨とまではいえない事故等の体験、目撃をした	○悲惨な事故や災害の体験、目撃をした 【「中」である例】 ・業務に関連し、本人の負傷は軽度・無傷で、右の程度に至らない悲惨な事故等の体験、目撃をした	【「強」になる例】 ・業務に関連し、本人の負傷は程度・無傷であったが、自らの死を予感させる程度の事故等を体験した ・業務に関連し、被災者が死亡する事故、多量の出血を伴うような事故等特に悲惨な事故であって、本人が巻き込まれる可能性がある状況や、本人が被害を救助することができたかもしれない状況を伴う事故を目撃した（傍観者的立場での目撃は、「強」になることはまれ）
3 ②仕事の失敗、過重な責任の発生等	業務に関連し、重大な人身事故、重大事故を起こした			☆	・事故の大きさ、内容及び加害の程度 ・ペナルティ・責任追及の有無及び程度、事故対応の困難性等		【解説】 負わせたケガの程度、事後対応の内容等から「弱」又は「中」と評価	○業務に関連し、重大な人身事故、重大事故を起こした 【「強」である例】 ・業務に関連し、他人に重度の病気やケガ（長期間（おおむね 2 か月以上）の入院を要する、又は労災の障害年金に該当する若しくは原職への復帰ができなくなる病気やケガ）を負わせ、事後対応にも当たった ・他人に負わせたケガの程度は重度ではないが、事後対応に多大な労力を費した（減給、降格等の重いペナルティを課された、職場の人間関係が著しく悪化した等を含む）

129

表5-6 業務以外の心理的負荷評価表（別表2）（厚生労働省, 2011）

出来事の類型	具体的出来事	心理的負荷の強度 I	II	III
① 自分の出来事	離婚又は夫婦が別居した			☆
	自分が重い病気やケガをした又は流産した			☆
	自分が病気やケガをした		☆	
	夫婦のトラブル，不和があった	☆		
	自分が妊娠した	☆		
	定年退職した	☆		
② 自分以外の家族・親族の出来事	配偶者や子供，親又は兄弟が死亡した			☆
	配偶者や子供が重い病気やケガをした			☆
	親類の誰かで世間的にまずいことをした人が出た			☆
	親族とのつきあいで困ったり，辛い思いをしたことがあった		☆	
	親が重い病気やケガをした		☆	
	家族が婚約した又はその話が具体化した	☆		
	子供の入試・進学があった又は子供が受験勉強を始めた	☆		
	親子の不和，子供の問題行動，非行があった	☆		
	家族が増えた（子供が産まれた）又は減った（子供が独立して家を離れた）	☆		
	配偶者が仕事を始めた又は辞めた	☆		
③ 金銭関係	多額の財産を損失した又は突然大きな支出があった			☆
	収入が減少した		☆	
	借金返済の遅れ，困難があった		☆	
	住宅ローン又は消費者ローンを借りた	☆		
④ 事件，事故，災害の体験	天災や火災などにあった又は犯罪に巻き込まれた			☆
	自宅に泥棒が入った		☆	
	交通事故を起こした		☆	
	軽度の法律違反をした	☆		
⑤ 住環境の変化	騒音等，家の周囲の環境（人間環境を含む）が悪化した		☆	
	引越した		☆	
	家屋や土地を売買した又はその具体的な計画が持ち上がった	☆		
	家族以外の人（知人，下宿人など）が一緒に住むようになった	☆		
⑥ 他人との人間関係	友人，先輩に裏切られショックを受けた		☆	
	親しい友人，先輩が死亡した		☆	
	失恋，異性関係のもつれがあった		☆	
	隣近所とのトラブルがあった		☆	

（注）心理的負荷の強度IからIIIは，別表1と同程度である。

連する業務以外の心理的負荷が存在しないかが別表2（表5-6）を用いて評価される。また，過去の精神障害の既往歴やアルコール依存状況などの個体側要因についても確認される。業務以外の心理的負荷や個体側要因が存在するときは，労働基準監督署により業務上と認定できるか否かについての総合判断が行われる。

　なお，過労自殺など業務による強い心理的負荷によって労働者が自殺した場合には，その心理的負荷によってうつ病などの精神障害が発症し，正常な認識や行為選択能力，自殺行為を思いとどまる精神的な抑制力が著しく阻害されている状態に陥った（これを「故意の欠如」という）と推定され，原則として労災認定されることになる。労災補償の対象はあくまで表5-2に示した疾病であるため，自殺そのものが労災補償の対象となっているわけではなく，その前段階に存在したと想定されるうつ病などの精神障害の発症が補償の対象となっているのである。

■ 第7節 ■

労働者の心の健康の保持増進のための指針

　旧労働省は，2000年に，各事業場で実施することが望ましいメンタルヘルス対策の具体的実施方法を総合的に示した「事業場における労働者の心の健康づくりのための指針」を公表した。この指針は2006年の労働安全衛生法改正と合わせて「労働者の心の健康の保持増進のための指針」（以下メンタルヘルス指針と略記）となった。内容に大きな変更点はないものの，2006年の法改正に合わせてメンタルヘルス指針は労働安全衛生法に基づく指針となったことから，法的根拠が一段階高い指針になったといえる。なお，本指針は後述するストレスチェックの開始に伴い，2015年にさらに改正されている。

　メンタルヘルス指針では，図5-4の枠組みに沿って，各事業場で実態に即して計画的かつ継続的なメンタルヘルス対策を実施していくことを求めている。職場のメンタルヘルス対策は，うつ病などの精神障害の発生を未然に防止する一

131

4つのケア

セルフケア

　事業者は労働者に対して，次に示すセルフケアが行えるように教育研修，情報提供を行うなどの支援をすることが重要です。
　また，管理監督者にとってもセルフケアは重要であり，事業者はセルフケアの対象として管理監督者も含めましょう。
- ・ストレスやメンタルヘルスに対する正しい理解
- ・ストレスチェックなどを活用したストレスへの気付き
- ・ストレスへの対処

ラインによるケア

- ・職場環境等の把握と改善
- ・労働者からの相談対応
- ・職場復帰における支援，など

事業場内産業保健スタッフ等によるケア

　事業場内産業保健スタッフ等は，セルフケア及びラインによるケアが効果的に実施されるよう，労働者及び管理監督者に対する支援を行うとともに，次に示す心の健康づくり計画の実施に当たり，中心的な役割を担うことになります。
- ・具体的なメンタルヘルスケアの実施に関する企画立案
- ・個人の健康情報の取扱い
- ・事業場外資源とのネットワークの形成やその窓口
- ・職場復帰における支援，など

事業場外資源によるケア

- ・情報提供や助言を受けるなど，サービスの活用
- ・ネットワークの形成
- ・職場復帰における支援，など

図 5-4　メンタルヘルス指針に示された 4 つのケア（厚生労働省，2015a)

次予防，精神障害の早期発見・早期対応を行う二次予防，精神障害発症者の職場復帰支援を行う三次予防に大別することができる。メンタルヘルス指針では，これら 3 つの予防を効果的に推進するため，図 5-4 に示した 4 つのケア（セルフケア，ラインによるケア，事業場内産業保健スタッフ等によるケア，事業場外資源によるケア）を計画的かつ継続的に実施することを求めている。

第5章　職場のメンタルヘルス

1. 心の健康づくり計画の策定

　図5-4に示した4つのケアを推進するため，各事業場でははじめに心の健康づくり計画を策定する。心の健康づくり計画の策定には，衛生委員会や安全衛生委員会などの場が活用され，当期のメンタルヘルス対策の具体的内容や実施方法などについて審議し，決定される。メンタルヘルス指針では，心の健康づくり計画で定めるべき事項として，表5-7に示した7点が提示されている。

2. セルフケア

　セルフケアとは，自分の健康を自分で守ることを指す。労働者は，心身の健康を，常に労務を提供するために十分な状態に維持しておく義務（これを「自己保健義務」という）を負っている。メンタルヘルスに関して言えば，労働者は，自分が抱えているストレスに気づき，それに適切に対処し，心身の状態を

表5-7　心の健康づくり計画で定めるべき7つの事項（厚生労働省，2015a）

① 事業者がメンタルヘルスケアを積極的に推進する旨の表明に関すること。
② 事業場における心の健康づくりの体制の整備に関すること。
③ 事業場における問題点の把握及びメンタルヘルスケアの実施に関すること。
④ メンタルヘルスケアを行うために必要な人材の確保及び事業場外資源の活用に関すること。
⑤ 労働者の健康情報の保護に関すること。
⑥ 心の健康づくり計画の実施状況の評価及び計画の見直しに関すること。
⑦ その他労働者の心の健康づくりに必要な措置に関すること。

表5-8　セルフケア研修で労働者に伝えるべき内容（厚生労働省，2015a）

① メンタルヘルスケアに関する事業場の方針
② ストレスおよびメンタルヘルスケアにおける基礎知識
③ セルフケアの重要性および心の健康問題に対する正しい態度
④ ストレスへの気づき方
⑤ ストレスの予防，軽減およびストレスへの対処方法
⑥ 自発的な相談の有用性
⑦ 事業場内の相談先および事業場外資源に関する情報

良好に保つことが求められているといえる。

　しかし，多くの労働者にとって，自分が抱えているストレスに気づくことは困難であり，たとえ気づいたとしても，どのような対処を行えば自分の健康が維持できるのかについてのノウハウは持ち合わせていない場合が多い。そのため，事業者には，個人がストレスを抱えていることに気づくことができるよう，ストレスチェックのようなツールを提供したり，上手にストレスに対処するためのスキルを身につけてもらうための研修を提供したりすることなどが求められる。メンタルヘルス指針に示された，セルフケア研修で伝えるべき内容を，表5-8にまとめた。

3. ラインによるケア

　「ライン」とは，おもに管理監督者のことを指す。管理監督者は，事業者が持つ安全配慮義務を代行する義務を負っているため，自分自身のセルフケアだけでなく，自分が管理責任を負う部下のメンタルヘルスについても適切な配慮を行うことが求められている。

　しかしながら，多くの管理監督者もメンタルヘルスの専門家ではない。そのため，事業者には，部下の不調をどのように発見したらよいかや，部下からの相談をどのように受けたらよいか（傾聴スキルの獲得など），うつ病などで休業

表 5-9　ラインケア研修で管理監督者に伝えるべき内容 （厚生労働省，2015a）

①メンタルヘルスケアに関する事業場の方針
②職場でメンタルヘルスケアを行う意義
③ストレスおよびメンタルヘルスケアにおける基礎知識
④管理監督者の役割および心の健康問題に対する正しい態度
⑤職場環境等の評価および改善の方法
⑥労働者からの相談対応（話の聴き方，情報提供および助言の方法等）
⑦心の健康問題により休業した者の職場復帰への支援の方法
⑧事業場内産業保健スタッフ等との連携およびこれを通じた事業場外資源との連携の方法
⑨セルフケアの方法
⑩事業場内の相談先および事業場外資源に関する情報
⑪健康情報を含む労働者の個人情報の保護等

第5章　職場のメンタルヘルス

した部下の職場復帰支援をどのように行ったらよいかなどについて，事業場内産業保健スタッフ等からのコンサルテーションや，ラインケア研修などを通じて，管理監督者に教育の機会を提供することが求められている。表5-9に，メンタルヘルス指針に示されている，ラインケア研修で管理監督者に伝えるべき内容についてまとめた。

4. 事業場内産業保健スタッフ等によるケア

　事業場内産業保健スタッフとは，事業場に雇用されている産業医，保健師，衛生管理者などを指す。これに事業場に雇用されている精神科医，精神保健福祉士，臨床心理士などを加えた場合に，事業場内産業保健スタッフ「等」と呼ばれる。通常，事業場内産業保健スタッフ等は，メンタルヘルスについての知識やスキルなどを一般の労働者や管理監督者よりも多く持っているため，その専門性を活かして，セルフケアやラインによるケアが効果的に実施されるようにさまざまな支援を行ったり，心の健康づくり計画の策定に意見を述べたり，個別の相談対応や集団への教育研修など，メンタルヘルスケアの実践を行ったり，事業場外資源とのネットワークを形成し，窓口対応を行ったりする。
　メンタルヘルス指針では，臨床心理士など心理職を含む心の健康づくり専門スタッフの役割として，①教育研修の企画・実施，②職場環境等の評価と改善，③労働者及び管理監督者からの専門的な相談対応の3点があげられている。す

表5-10　事業場内産業保健スタッフ等に提供すべき教育研修内容 (厚生労働省, 2015a)

①メンタルヘルスケアに関する事業場の方針
②職場でメンタルヘルスケアを行う意義
③ストレス及びメンタルヘルスケアに関する基礎知識
④事業場内産業保健スタッフ等の役割及び心の健康問題に対する正しい態度
⑤職場環境等の評価及び改善の方法
⑥労働者からの相談対応（話の聴き方，情報提供及び助言の方法等）
⑦職場復帰及び職場適応の支援，指導の方法
⑧事業場外資源との連携（ネットワークの形成）の方法
⑨教育研修の方法

なわち，職場のメンタルヘルスの領域では，臨床心理士などの心理職であっても，カウンセリングやコンサルテーションなどの個人を対象とした対応だけでなく，教育研修や職場環境改善の実施など，集団を対象にした対応を行うことも求められているといえる。

なお，メンタルヘルス指針では，事業者に対して，事業場内産業保健スタッフ等によるケアを促進するため，表5-10に示した内容の教育研修を提供することを求めている。これらのうち，特に「⑤職場環境等の評価及び改善の方法」については，ストレスチェックによる集団分析結果を有効に活用するため，事業場内産業保健スタッフ等が積極的に学んでいくことが必要である。

5. 事業場外資源によるケア

事業場外資源とは，事業場の外からメンタルヘルスケアへの支援を行う機関や専門家などを指す。たとえば，うつ病などで休業した労働者の職場復帰を促進させるためには，精神科などの医療機関からの支援が欠かせない。医療機関と事業場が適切な連携をとり，労働者の職場復帰に向けて協働することができれば，労働者のスムーズな職場復帰を促進させることが可能になる。

近年は，医療機関や独立行政法人高齢・障害・求職者雇用支援機構などが，リワークと呼ばれる復職に向けての準備性を高めることができるプログラムを提供することが増えてきた。多くのリワークでは，日中の就業時間に近い時間帯に施設に通所し，パソコンなどの軽作業を行ったり，グループミーティングを行ったり，自身のキャリアの振り返りを行ったりするなど，さまざまなプログラムが提供されている。うつ病などの精神障害による休業は数か月以上の長期間に及ぶことが多い。そのため，復職への敷居はそれだけでもかなり高くなっている。このようなとき，復職の前に数か月程度のリワークを利用することによって，復職に対する自信や意欲などを高めることができる可能性がある。

また，近年ではEAP（Employee Assistance Program）と呼ばれる，事業場外から職場のメンタルヘルスを支援する機関が増えてきている。世界EAP学会によると，EAPの目的は，①職場組織が生産性に関連する問題を提議する，②社員であるクライアントが健康，結婚，家族，家計，アルコール，ドラッグ，

法律，情緒，ストレス等の仕事上のパフォーマンスに影響を与えうる個人的問題を見つけ，解決する，の2点であるという（日本EAP協会，1998）。EAPの起源は米国におけるベトナム戦争後のアルコール依存症対策にあるため（市川，2004），このような目的が設定されていると思われる。

　一方，日本では，世界EAP学会が示したような目的の色彩は比較的弱く，むしろ職場におけるメンタルヘルスの諸問題をさまざまな方法で解決する専門家集団の集まりという色彩が強い。日本における多くのEAP事業者は，各事業場の状況やニーズなどに応じて，労働者へのカウンセリング（対面，電話，メールなど），各種研修や職場環境改善の提供，ストレスチェックの一部代行などを行っていることが多い。具体的なデータは示されていないが，筆者の印象では，近年はEAPに入職し，職場のメンタルヘルス対策を外部から支援する心理職が増えているように思われる。

■ 第8節 ■

ストレスチェック

1. ストレスチェックで把握される要素

　2015年，労働安全衛生法が改正され，50人以上の労働者を雇用する事業場では，年に1回ストレスチェックを実施することが義務づけられた。米国の国立労働安全衛生研究所（National Institute for Occupational Safety and Health）のNIOSH職業性ストレスモデル（Hurrell & McLaney, 1988, 図5-5）などの代表的な職業性ストレスモデルでは，労働者においては，過重な労働負荷や上司とのトラブルなどの仕事のストレッサーが，心理的・身体的・行動的ストレス反応を高める最大の要因となることを指摘している。これらのストレス反応が高い状態を維持することは，さまざまな心身の疾病の発症リスクを高める要因となりうる。たとえば，仕事のストレッサーにより喫煙量が増えるという行動的ストレス反応が長期間持続すると，肺がんなどの疾病を罹患するリスクが高まってくる。何らかの疾病に罹患した場合には，本人のセルフケアだけでは

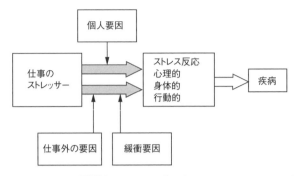

図 5-5　NIOSH 職業性ストレスモデル（Hurrell & McLaney, 1988）

改善が難しいことが多いため，医療機関に通院し，適切な治療を受けることが必要になる。場合によっては，入院や手術などにより一定期間の休業が余儀なくされることもあるだろう。通院や休業などによる労働力の喪失は，本人のみならず職場に対しても大きな不利益を生じさせる。労働者が高いストレス反応を維持しないようにするために，職場では適切なストレス管理を行うことが必要である。

　NIOSH 職業性ストレスモデル（Hurrell & McLaney, 1988）を参照すると，職場において実行可能なストレス反応低減策には，たとえば，①ストレスチェックを実施し，自分のストレス反応の状態に気づいてもらい，必要なセルフケアを労働者個人に実施してもらう，②ストレス反応を高める原因となっている仕事のストレッサーを，組織的な取り組みにより低減させる，③緩衝要因に含まれる上司や同僚からのサポートを改善し，仕事のストレッサーがストレス反応に及ぼす影響を緩和させる，などがあげられる。個人のストレス反応に影響を与える要因には，他にも家庭のストレッサーなどの仕事外の要因や，個人のパーソナリティなどの個人要因等，さまざまなものが考えられる。しかしながら，仕事外の要因については，職場における対策によって改善させることは困難な場合が多い。また，個人要因についても，パーソナリティなど変化しにくい特性的な要因は，職場で対策を講じても変化させることは難しい。職場のストレスを管理する上では，仕事のストレッサーや緩衝要因など，職場内において改善可能な要素に着目し，その部分を改善するためのアプローチをとること

が，重要な視点であるといえる。

　ストレスチェックには，旧労働省研究班が作成した職業性ストレス簡易調査票（下光ら，2000）が用いられることが多い。本調査票は，大きく分けて仕事のストレッサー，ストレス反応，緩衝要因の3点を測定することができる。仕事のストレッサーは，仕事の量的負担，仕事のコントロール，対人関係のトラブルなど，9因子17項目で構成されている。ストレス反応は，イライラ感，抑うつ感などの心理的ストレス反応5因子，および，頭痛，不眠などの身体的ストレス反応1因子，合計29項目で構成されている。緩衝要因は，上司や同僚などからのサポート，および，仕事や生活の満足度の合計11項目で構成されている。本調査票は東京医科大学衛生学公衆衛生学教室のホームページ（http://www.tmu-ph.ac/topics/pdf/questionnairePDF.pdf）より無料でダウンロードすることができる。また，回答データを入力するためのエクセルシートおよび個人フィードバックシートもホームページよりダウンロードすることができ，データを入力するだけで，誰でも結果シートを入手することができるようになっている。なお，厚生労働省が設置している「こころの耳」というホームページ（http://kokoro.mhlw.go.jp/check/）では，ウェブ上で職業性ストレス簡易調査票を受検できるようになっており，入力後即座に自分の結果を閲覧することができるようになっている。

2. ストレスチェックの実施手順

　ストレスチェックは，図5-6の流れに沿って実施される。まず，実施前の事前準備として，衛生委員会等において，ストレスチェックの実施について十分な調査審議を行うことが求められている。先述したように，衛生委員会は当該事業場の心の健康づくり計画を策定する役割を担うが，その中で毎年実施するストレスチェックの具体的な実施方法や実施体制などについても審議し決定することが求められる。決定された事項は，当該事業場に勤務する労働者に周知し，その後実施者によりストレスチェックが実施されることになる。

　ストレスチェックを企画し，結果を評価する者をストレスチェックの実施者という。実施者は，医師，保健師のほか，一定の研修を受けた看護師，精神保

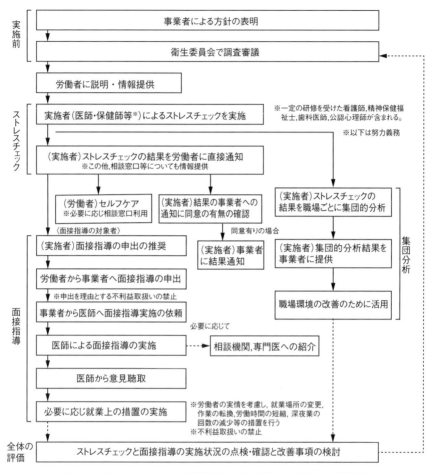

図 5-6 ストレスチェックの実施手順（厚生労働省, 2015b を一部改訂）

健福祉士, 歯科医師, 公認心理師が担当することができる。実施者は, 使用する調査票を選定したり, 医師による面接指導の対象となる高ストレス者の選定を行ったりする業務に従事する。なお,「心理的な負担の程度を把握するための検査及び面接指導の実施並びに面接指導結果に基づき事業者が講ずべき措置に関する指針」（以下ストレスチェック指針, 厚生労働省, 2018b）では, 当該事業場に選任されている産業医が実施者となることが望ましいとされている。

3. 個人へのフィードバック

　ストレスチェックの結果は，2種類の方法でフィードバックされる。1つは，労働者個人に対するフィードバックである。通常，ストレスチェックの結果は図5-7のような形式で労働者個人のみに通知され，上司等他の人々には，本人の同意がない限り，一切開示されることはない。ストレスチェックの結果を受け取った労働者は，自分自身のストレスの状態に気づき，自らの努力でそれを改善するセルフケアを実施することが求められる。

　ストレス反応が一定の得点以上である者や，ストレス反応の得点が極度ではないものの，仕事のストレッサーや周囲からのサポート得点が一定以上の者は，高ストレス者と呼ばれる。たとえば，「労働安全衛生法に基づくストレスチェック制度実施マニュアル」（厚生労働省，2016）の「評価基準の例（その1）」では，職業性ストレス簡易調査票（57項目版，下光ら，2000）を使用した場合，①「心身のストレス反応」（29項目）の合計点数（ストレスが高いほうを4点，低いほうを1点とする）を算出し，合計点数が77点以上である者，または，②「仕事のストレス要因」（17項目）及び「周囲のサポート」（9項目）の合計点数（ストレスが高いほうを4点，低いほうを1点とする）を算出し，合計点数が76点以上であって，かつ，「心身のストレス反応」の合計点数が63点以上である者を，高ストレス者と定義している。高ストレス者に該当する労働者のフィードバックシートには，高ストレス者に該当すること，および，希望があれば医師による面接指導を受けることができることを記載しておく。

　高ストレス者に対する面接指導は，医師しか担当することができない。通常，この面接指導は当該事業場の産業医が担当する場合が多い。医師は，当該労働者の心身の健康状態を確認し，必要があれば外部医療機関等に紹介する。また，本人の訴えや心身の状況から労働時間の制限など何らかの就業上の措置が必要と判断した場合には，事業者に対して意見書等を提出することができる。意見書等による面接指導の結果を受けて，事業者は，必要に応じて就業上の措置を実施する。

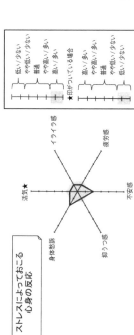
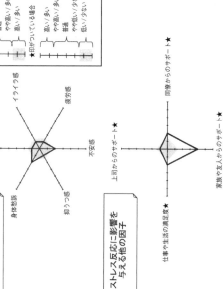

図 5-7 ストレスチェックの個人向けフィードバックシートの例（厚生労働省，2018b）

第5章　職場のメンタルヘルス

4.　集団へのフィードバック

　ストレスチェックの結果をフィードバックするもう1つの方法は，部署など一定の集団に対するものである。集団分析の結果は，各労働者のストレスチェックへの回答をもとに，当該職場の仕事のストレッサーやストレス反応，緩衝要因などの平均値によって示されることが多い。このようなデータを当該職場の管理監督者や一般労働者などが参照し，自職場のストレスの状況を改善するための資料として活用する。

　NIOSH 職業性ストレスモデル（Hurrell & McLaney, 1988）に基づけば，労働者のストレス反応を改善するために職場ができることは，仕事のストレッサーを低減させたり，上司や同僚など職場内の人々からのサポートを高めたりすることである。表5-11 は，メンタルヘルスアクションチェックリスト（吉川ら，2007）と呼ばれるもので，職場においてどのようなアクションをとれば仕事のストレッサーや職場内のサポートを改善させることができるかについてのヒントをまとめたものである。また，日本産業ストレス学会のホームページ（http://jajsr.umin.ac.jp/working.html）には，メンタルヘルス対策の好事例がまとめられている。このような情報を参考にしつつ，集団分析結果に基づき，各職場に適した対策を自分たちの力で考え，それを実行していくことが，ストレスの改善に効果的な対策になりやすいといえる。

5.　職場環境改善

　職場の改善点を見出し，どのような取り組みを今後実行していくかを立案する方法の1つに，職場環境改善がある。職場環境改善は，もともと欧州で積極的に行われてきた一次予防対策である。1989 年，旧 EC は労働安全衛生の改善を推進するための施策の導入に関する理事会指令（通称 EC 指令）を発令した。この指令では，職場における安全衛生面のリスクマネジメントを規定した法律を整備すること，事業者は労働者の安全衛生を確保し，PDCA サイクルによるリスクマネジメントやメンタルヘルス教育などを実施すること，労働者は，事業者の指示に従って正しく業務を行ったり，危険の報告を行ったりすることなど

143

表 5-11　メンタルヘルスアクションチェックリスト（吉川ら，2007）

領域		アクション項目	仕事の量的負担	仕事のコントロール	上司の支援	同僚の支援
A	作業計画の参加と情報の共有	1.　作業の日程作成に参加する手順を定める 作業の分担や日程についての計画作成に，作業者と管理監督者が参加する機会を設ける		◎		
		2.　少数人数単位の裁量範囲を増やす 具体的なすすめ方や作業順序について，少数単位又は作業担当者ごとに決定できる範囲を増やしたり再調整する		◎		
		3.　個人あたりの過大な作業量があれば見直す 特定のチーム，又は特定の個人あたりの作業量が過大になる場合があるかどうかを点検して，必要な改善を行う	◎	○	○	○
		4.　各自の分担作業を達成感あるものにする 分担範囲の拡大や多能化などにより，単調な作業ではなく，個人の技量を生かした達成感が得られる作業にする		◎	○	
		5.　必要な情報が全員に正しく伝わるようにする 朝の短時間のミーティングなどの情報交換の場を設け，作業目標や手順が各人に伝わり，チーム作業が円滑に行われるように，必要な情報が職場の全員に正しく伝わり，共有できるようにする		◎	○	○
B	勤務時間と作業編成	6.　労働時間の目標値を定め残業の恒常化をなくす 1日，1週，1か月後との労働時間に目標値を設け，ノー残業デーなどを運用することなどで，長時間労働が当たり前である状態を避ける	◎	○		
		7.　繁盛期やピーク時の作業方法を改善する 繁盛記やピーク時などの特定時期に個人やチームに作業が集中せず作業の負荷や配分を公平に扱えるように，人員の見直しや業務量の調整を行なう	◎	○		
		8.　休日・休暇が十分取れるようにする 定められた休日日数がきちんと取れ，年次有給休暇や，リフレッシュ休暇などが計画的に，また必要に応じて取れるようにする	◎	○		
		9.　勤務体制，交代制を改善する 勤務体制を見直し，十分な休養時間が確保でき，深夜・早朝勤務や不規則勤務による過重負担を避けるようにする	◎	○	○	
		10.　個人の生活条件に合わせて勤務調整ができるようにする 個人の生活条件やニーズに応じて，チーム編成や勤務条件などが柔軟に調整できるようにする（例：教育研修，学校，介護，育児）	◎	○		○
C	円滑な作業手順	11.　物品と資材の取り扱い方法を改善する 物品と資材，書類などの保管・運搬方法を工夫して負担を軽減する（例：取り出しやすい保管場所，台車の利用，不要物の除去や整理整頓など）	◎	○		
		12.　個人ごとの作業場所を仕事しやすくする 各自の作業場のレイアウト，姿勢，操作方法を改善して仕事しやすくする（例：作業台の配置，肘の高さでの作業，パソコン操作方法の改善など）	◎	○		
		13.　作業の指示や表示内容をわかりやすくする 作業のための指示内容や情報が作業中いつでも容易に入手し確認できるようにする（例：見やすい指示書，表示・ラベルの色分け，標識の活用など）	○	○	○	
		14.　反復・過密・単調作業を改善する 心身に大きな負担となる反復作業や過密作業，単調作業がないかを点検して，適正な負担となるよう改善する	◎	○		

C		15. 作業ミス防止策を多面に講じる 作業者が安心して作業できるように，作業ミスや事故を防ぎ，もし起こしても重大な結果に至らないように対策を講じる（例：作業手順の標準化，マニュアルの作成，チェック方法の見直し，安全装置，警報など）	◎	○		
D	作業場環境	16. 温熱環境や音環境，視環境を快適化する 冷暖房設備などの空調環境，照明などの視環境を整え，うるさい音環境などを，個々の作業者にとって快適なものにする	○	○	○	○
		17. 有害環境源を隔離する 健康を障害するおそれのある，粉じん，化学物質など，人体への有害環境源を隔離するか，適切な防護対策を講じる	○			
		18. 職場の受動喫煙を防止する 職場における受動喫煙による健康障害やストレスを防止するため，話し合いに基づいて職場の受動喫煙防止対策をすすめる			◎	◎
		19. 衛生設備と休養設備を改善する 快適で衛生的なトイレ，更衣室を確保し，ゆっくりとくつろげる休憩場所，飲料設備，食事場所や福利厚生施設を備える	◎			
		20. 緊急時対応の手順を改善する 災害発生時や火災などの緊急時に適切に対応できるように，設備の改善，通路の確保，全員による対応策と分担手順をあらかじめ定め，必要な訓練を行なうなど，日頃から準備を整えておく	○	○	○	
E	職場内の相互支援	21. 上司に相談しやすい環境を整備する 従業員が必要な時に上司や責任者に問題点を報告し，また相談しやすいように普段から職場環境を整えておくようにする（例：上司に相談する機会を確保する，サブリーダーの設置，相談しやすいよう職場のレイアウトを工夫するなど）			◎	○
		22. 同僚に相談でき，コミュニケーションがとりやすい環境を整備する 同僚間でさまざまな問題点を報告しあい，また相談しあえるようにする（例：作業グループ単位で定期的な会合を持つ，日報やメーリングリストを活用するなど）			○	◎
		23. チームワークづくりをすすめる グループ同士でお互いを理解し支えあい相互に助け合う雰囲気が生まれるように，メンバーで懇親の場を設けたり研修の機会を持つなどの工夫をする			◎	◎
		24. 仕事に対する適切な評価を受け取ることができる 作業者が自分の仕事のできや能力についての評価を，実績に基づいて，納得できる形で，タイミングよく受け取ることができるようにする			◎	○
		25. 職場間の相互支援を推進する 職場や作業グループ間で，それぞれの作業がしやすくなるように情報を交換したり，連絡調整を行なったりするなど，相互支援を推進する	○	○	○	○
F	安心できる職場のしくみ	26. 個人の健康や職場内の健康問題について相談できる窓口を設置する 心の健康や悩み，ストレス，あるいは職場内の人間関係などについて，気兼ねなく相談できる窓口または体制を確保する（例：社内のメンタルヘルス相談窓口の設置）	○	○	○	○
		27. セルフケアについて学ぶ機会を設ける セルフケア（自己健康管理）に役立つ情報を提供し，研修を実施する（例：ストレスへの気づき，保健指導，ストレスへの上手な対処法など）	○	○		
		28. 組織や仕事の急激な変化にあらかじめ対処する 組織や作業編成の変更など職場の将来計画や見通しについて，普段から周知されているようにする	○	○		
		29. 昇進・昇格，資格取得の機会を明確にし，チャンスを公平に確保する 昇進・昇格のモデル例や，キャリア開発のための資格取得機会の有無や時期が明確にされ，また従業員に公平にチャンスが与えられることが従業員に伝えられているようにする		○	◎	○
		30. 緊急の心のケア 突発的な事故が生じた時に，緊急処置や緊急の心のケアが受けられるように，あらかじめ職場内の責任者や産業保健スタッフ，あるいは社外の専門家との連絡体制や手順を整えておく	○		○	

注）　◎＝特に関係あり　○＝関係あり

が加盟各国に求められた。また，2007年から2008年にかけて，国を超えた多施設共同研究プロジェクトであるPRIMA-EF（Psychological Risk Management -European Framework）が実施され，心理社会的ストレスや暴力・ハラスメントよるさまざまなリスクを軽減するため，社会的対話を通したリスクマネジメントを行うことについての欧州枠組みが提示された。PRIMA-EFのホームページ（http://www.prima-ef.org/）には，実施のためのガイドブックや，各国における良好事例などが掲載されている。

職場環境改善は，他の職場の成功事例から学び，自分の職場の状況に合わせた実現可能な解決策を考え，グループワークを通して行動計画を立案し，計画の実施と評価を行う継続的な過程を指す。職場環境改善は，通常図5-8に示したような5段階で実施される。「1.事前準備」は，衛生委員会などで職場環境改善の実施計画などを審議し決定するプロセスである。「2.職場環境のアセスメント」は，ストレスチェックなどのツールを用いて，集団のストレスの程度を評価するプロセスである。「3.グループワークの実施」は，職場ごとに5，6名程度の少人数でグループを作り，アセスメント結果を踏まえて，職場の課題を抽出し，これからどのような職場にしていきたいか，そのために自分たちにできることは何かを考えていき，それを具体的なアクションプランとしてまとめるプロセスである。このとき，事業場内産業保健スタッフ等は，ディスカッションを行っているグループにファシリテーターとして参加し，議論を活性化

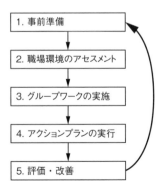

図5-8　職場環境改善の実施手順

第5章　職場のメンタルヘルス

させるなどの援助を行うことが望ましい。なお，アクションプランはSMART（Specific：具体的，Measurable：測定可能，Achievable：自分たちの力で達成可能，Realistic：現実的，Time-bound：時間限定的）を意識しながら作成すると，その後現場における「4. アクションプランの実行」につながりやすい。最後は，アクションプランを一定期間実行したあと，「5. 評価・改善」を行うプロセスである。評価の結果，アクションプランの実行が思うように進んでいなかったり，期待したほどの効果が得られていなかったりする場合には，プランの内容を見直し，改善を行う。このような一連の流れを，PDCAサイクルに乗せて継続的に行うことが，職場環境改善を成功させるカギである。

　現在，ストレスチェックの実施後に，集団へのフィードバックおよびそれに基づく職場環境改善などの活動を行うことは，法的には努力義務に留まっている。そのため，集団に対するアプローチを実施するか否かは，各事業場の裁量に委ねられている。しかしながら，集団を対象にした改善活動を行うことで，個人の努力だけでは改善が困難な，仕事のストレッサーや職場内のサポートなどを改善させることができる可能性がある。表5-3に示した過労死等防止の数値目標でも，2022年までに，ストレスチェック結果を集団分析し，その結果を活用した事業場の割合を60％以上とすることが目標の1つとして設定されている。今後，多くの事業場において，集団に対するアプローチが積極的に推進されること，そしてその活動を心理職が積極的に支援することが期待される。

147

第6章

ヒューマンエラーと不安全行動
事故につながるエラーと違反

■ 第1節 ■

現代社会における事故とヒューマンエラー・不安全行動

　現代社会には，地震や風水害などの自然災害をはじめとするさまざまなリスクが存在しており，なかでもわれわれの生命を脅かすような事故も日常的に生じている。事故が発生すると，それがなぜ発生したのか，その原因を明らかにする必要があるが，事故のほとんどは人間が関わっているため，そこには人の失敗，すなわちヒューマンエラーが関与することが多い。われわれは誰もが失敗をおかすことは紛れもない事実である。しかし砂糖と塩を間違えるようなうっかりミスなら笑ってすませることもできるが，現代社会では航空システム，鉄道システム，化学プラントなどに代表されるように，高度にシステム化されており，一人の人間が操作するエネルギー量はそれとともに巨大化している。したがって人間のちょっとした間違いや思い込み，思い違いなどが契機となり，それが大惨事に至ることもある。

　ここでは人間の些細なエラーや思い込みが契機となって発生した近年の事故，それも大惨事に至る可能性のあった2つの事故・トラブル事例について紹介する。

149

1.【事例1】焼津上空ニアミス（航空・鉄道事故調査委員会，2002）

 2001年1月31日午後3時55分頃に静岡県焼津市沖の駿河湾上空37,000フィートで，羽田発那覇行き日本航空907便（ボーイング747）と，釜山発成田行き日本航空958便（DC-10）の2機が急接近（ニアミス）し，907便は衝突回避のため急降下した。この急降下で907便の乗員乗客427名のうち9名が重傷，91名が軽傷を負うという事故があった（図6-1参照）。
 事故当日，両機を管制していた東京航空交通管制部（埼玉県所沢市）のレーダー画面の前には，訓練中の管制官と指導監視役の管制官の2人がおり，パイロットへの指示は訓練生が行っていた。午後3時54分，接近する両機に対して，訓練生は958便（釜山発）を907便（羽田発）の下を通過させるとの判断をした。この判断は誤りではなかったが，訓練生は両機へ指示する際に「958便，降下を開始してください」と言うべきところを「907便，降下を開始してください」と言い間違えてしまった。指示を受けた907便の機長は「907便」と名乗

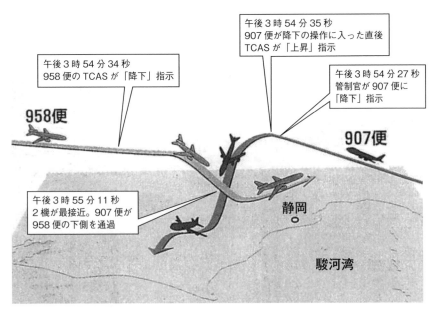

図6-1　日航機焼津上空ニアミス事例の概略図（2003年5月7日朝日新聞夕刊より）

第 6 章　ヒューマンエラーと不安全行動

った上で，降下を始めるとの応答をした．管制官がミスに気づくチャンスであったが，訓練生はこの交信が 958 便からのものだと思い込み，自身のミスに気づかなかった．さらにそばにいた指導役の管制官も訓練生の言い間違いに気づかなかった．

　907 便が降下することにより，両機では航空機の接近を知らせる空中衝突防止警報装置（TCAS）が作動，958 便はこの警報に従い降下を開始したが，907便のパイロットは管制の指示はニアミスを回避するためのものと信じたため，自機の TCAS は「上昇」を指示していたにもかかわらず管制を信じて降下を続けた．907 便の機長は眼前の 958 便に衝突の危険を感じて急降下を決断，一方958 便の機長も同様に衝突の危険を感じて降下を止め上昇に転じた．両機の高度差はほとんどなく，まさに衝突寸前であったが，907 便が急降下することにより最悪の事態は免れたものの，その過程で 100 名もの負傷者を出す結果となった．双方の旅客機には合わせて 677 名の乗客・乗務員が搭乗しており，もし衝突していた場合は 1977 年のテネリフェ空港ジャンボ機衝突事故の犠牲者 583人，1985 年の日本航空 123 便墜落事故の犠牲者 520 人を超える，史上最悪の航空事故となる可能性があった．

2.【事例 2】新幹線重大インシデント（新幹線重大インシデントに係る有識者会議，2018）

　2017 年 12 月 11 日，博多駅 13 時 33 分発の東京行「のぞみ 34 号」（16 両編成）において，走行中に異臭と床下からの異音が認められたため，17 時 03 分頃，名古屋駅で床下点検が実施された．点検の結果，13 号車歯車箱付近に油漏れを認めたため，同列車は名古屋駅以降，運休とされた．また，その後の点検において，13 号車の台車に亀裂および継手の変色が確認された（図 6-2 参照）．

　当日，JR 西日本の車掌は，博多駅発車直後から複数の号車で通常と異なる状態（におい，モヤ，音，振動）に気づき，においについて東京指令所の指令員へ報告した．報告を受けた指令員は，確認と点検を行うために岡山駅から 3 名の車両保守担当社員（車両異常の申告や車両点検，走行可否判断等を担当する．以下，保守担当社員）を添乗させた．

151

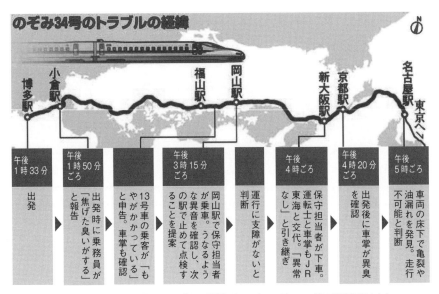

図6-2　のぞみ34号のトラブルの経緯（2017年12月16日朝日新聞朝刊より）

　添乗した保守担当社員は，においやモヤよりも13号車の台車周辺から発生する音が気になり指令員に報告したが，指令員からの「何か支障があるような感じですかね」との問いかけに「そこまではいかないと思うんだけど」と答えた。その後，新大阪駅に近づくにつれ音が大きくなったため，保守担当社員は指令員に「安全をとって新大阪駅でやろうか」と床下点検を要請した。その時，指令員からは「ちょっと待ってください」との応答があったため，保守担当社員は床下点検が要請できているものと思い込んだ。しかし，この「ちょっと待ってください」は，指令員が指令室内の他の指令員に現状報告をするため，「受話器から耳を離していったんやりとりを中断すること」を意味した内容であり，「床下点検を準備すること」を意味したわけではなかった。新大阪駅で下車した保守担当社員は，床下点検が行われなかったことは気になったものの，それほど緊急性を帯びた現象が発生しているとは認識しておらず，点検が実施されずに運転が継続されたことについて危機感はいだかなかった。ただし，同列車の発車時にも13号車から異音がしたことを指令員に改めて報告した。
　指令員は車掌，保守担当社員から受けた報告をもとに，「におい，異音はある

第6章　ヒューマンエラーと不安全行動

ものの運転には支障がない」と判断し，その旨を JR 東海指令員に伝えたことで，「のぞみ 34 号」の運転が継続された。幸い，名古屋駅で運行が停止されたことでこのトラブルは事故へは至らなかったが，運行が継続されていたなら東京駅到着までに脱線等の重大事故が発生する可能性があった。運輸安全委員会ではこの事象を重く見て，これを調査対象となる「重大インシデント」に指定した。

　以上 2 つの事例は，結果的には最悪の事態に陥ることは免れたが，そこには当事者の言い間違いや思い込み，判断ミスといったヒューマンエラーや不安全な行動があった。事故は人間だけでなく，人間を取り巻くさまざまな要因が複雑に絡み合って生じるが，本章では特に人間に関わる諸問題について，人はなぜ間違えるのか，周囲のリスクをどのように感じるのか，またリスクを感じながらもなぜ敢えて不安全な行動をとるのかなど，エラーや事故発生に関わるさまざまな人間特性について解説する。

■第2節■

ヒューマンエラーとは

1. ヒューマンエラーの定義

　ヒューマンエラーは心理学の分野では「計画された心理的・身体的過程において，意図した結果が得られなかった場合を意味する用語」と定義づけられている（Reason, 1990）。人間は，日常生活において特に何も考えなくてもできるような行動でさえ，つきつめて考えればそこには必ず「〜しよう」という意図が存在する。そのような意図と，意図に基づいた行動の結果がくい違った場合をヒューマンエラーと呼ぶわけである。またそのヒューマンエラーには，「意図と結果が異なってしまう場合（たとえば，パソコンで誤入力してしまった，コンビニで買い物をするのを忘れてしまったなど）」と，「意図そのものが状況の誤解などのためにすでに誤りである場合（たとえば，曜日を勘違いして別の日

153

に会議に出かけてしまったなど）」の2つに分類することができる。心理学では前者を「スリップ（slip）」，後者を「ミステイク（mistake）」と呼ぶ。スリップはアクション・スリップ（action slip）とも呼ばれ，多くの場合，し損ない，し忘れのように日常的に数多く発生するが，すぐに気づかれることが多い，うっかり的な要素の強いエラーである。一方ミステイクは頻度こそ少ないものの，思い込み，勘違い，判断ミスなどから生起することが多く，第三者など外部から指摘されないと気づかないような，当事者にとってはなかなか誤りに気づきにくいエラーである。前節のニアミス事例は，意図した便名をうっかり別の便名に言い間違えるというスリップに起因しているが，そのエラーに気づかせるような，周囲からの指摘，視覚的・聴覚的フィードバックなどがなかったため，当事者が誤りに気づかず，結果的にニアミスに至ってしまった。このような場合は，エラーが生じても当事者に気づかせるハード・ソフト両面からの対策が重要となる。一方，列車の重大インシデント事例では，スリップというよりは，音やにおいの感じ方や，その情報提供のまずさに端を発する判断ミスが結果的に関係者の不安全な行動となり，重大インシデントへとつながっている。この判断ミスの起因となるようなリスク認知に関する人間特性については，第4節6. で述べることとする。

2. ヒューマンエラーの発生メカニズム

　ヒューマンエラーがなぜ起こるのか，その原因を探るため，私たちが誰かの行動をじっと観察しても，人はさほど頻繁に失敗をするわけではない。そこにエラーを研究する難しさがある。とはいえヒューマンエラーを簡単に観察・体験できる方法がある。それは文字（例：ひらがなの「お」）を早く繰り返し書くうちに，意図した文字以外の文字（例：「あ」や「み」など）をうっかり書いてしまうエラーである（図6-3上参照）。このエラーを急速反復書字スリップという（仁平, 1990）。このようなエラーが生じる理由の1つの可能性として，文字の形態的な類似性があげられる。しかしこれは次のような事実から否定される。たとえば「九」の急速反復書字では図6-3下に示されるように「れ」の書き間違いがよく見られるが，それは「九」を縦棒である「ノ」から書き始める人に

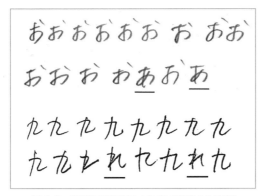

図 6-3 急速反復書字により書き間違えた事例

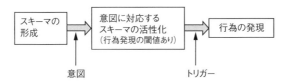

図 6-4 ATS システムモデル（Norman, 1981）

限られ，横棒から書き始める人はまずその間違いはしない（そのような人の代表的エラーは「カ」や「筆記体のエックス」などである）。このように急速反復書字スリップは形態的な類似性よりもむしろ筆順，つまり手の動きの類似性に強く影響されていると考えられる。

認知心理学者のノーマン（Norman, 1981）は人間の普段の慣れた行動（ほぼ自動化され，特に何も考えなくてもできるような行動）は図6-4に示されるように，「スキーマの形成」，「意図に対応するスキーマの活性化」，「活性化されたスキーマが，行為発現の閾値を越える（トリガーされる）ことによる行為の発現」のプロセスを経ると考え，この行動モデルからエラーの発生メカニズムを考えた。この行動モデルは，意図の活性化（Activation），引き金（Trigger），スキーマ（Schema）の頭文字をとり，ATSシステムモデルと呼ばれる。ここでいうスキーマとは心理的概念であるが，過去の経験から獲得された知識や運動の枠組みを意味しており，われわれが普段何も考えなくてもスムーズに行動

できるのは，それに該当するスキーマが形成・所持されているからだと考えられる。

　ここでは先述した急速反復書字スリップを ATS モデルから考えてみる。ひらがなの書字はこれまで無数に経験しているので，われわれは運動のスキーマである「ひらがなスキーマ」を所持している。そこで「『お』を書く」という意図によって該当するスキーマが活性化され，それがある一定の閾値を超えることにより「お」の書字に至る。ただしその際，「あ」のような意図した文字と動きが類似する文字も書いてしまうという事実は，そのような類似スキーマにも活性化がある程度波及している（類似するスキーマ同士はリンクしている）と考えられる。普段はそのような意図しない文字が書かれることはないが，そこに「早く」「繰り返す」といったエラーの促進要因が加わると行為発現の閾値が下がり，その結果，時として，本人は思いもよらぬ字を書いてしまうのである。日常生活で「いつもと違うこと」をするつもりが，つい「慣れたこと」をしてしまうというエラーがあるが，これも基本的には「類似スキーマへの活性化の波及」という，同種のメカニズムが作用していると考えられる。

　ノーマンはさまざまなスリップについて，エラーの所在を ATS システムモデルに位置づけることにより，「意図形成時の失敗から生じるスリップ（冷蔵庫に牛乳を取りに行くつもりが，ふと気づくとバターを持ってきてしまうエラーなど）」「スキーマ活性化の誤りから生じるスリップ（上述の書字エラーなど）」「活性化したスキーマの誤ったトリガリングから生じるスリップ（「なつはあつい」を「あつはなつい」と語を入れ違える言い間違いなど）」の３つに大分類し，さらにそこから７つの中分類と 14 の小分類に分け，それまで「うっかり」としか説明できなかったエラーの発生プロセスを，ある程度合理的に説明している。

　ノーマンの ATS モデルに従うと，ヒューマンエラーはスキーマの特性（ある程度の自動性を持つこと，類似のスキーマ同士がリンクすること）そのものに発生要因があり，人間が物事に慣れること自体にヒューマンエラーを生起させる要因があることになる。もちろん物事に慣れること自体は，人間が円滑に行動するためには必要不可欠であるが，逆にそれがエラーを引き起こす原因にもなる。それは「ミスは誰もがおかす」，「物事に慣れたころが危ない」などと

第6章　ヒューマンエラーと不安全行動

言われるゆえんでもある。

■ 第3節 ■

不安全行動とは

　不安全行動とは，文字通り「安全でない行動」を指すが，その定義や対象とする具体的な行動は研究者によって異なる。たとえば，ハインリッヒの法則で指摘される不安全行動とは，事故につながり得る安全でない行動すべてを示す（Heinrich et al., 1980）。一方，芳賀（2000）は，不安全行動を「本人または他人の安全を阻害する意図をもたずに，本人または他人の安全を阻害する可能性のある行動が意図的に行われたもの」と定義し，意図しない行動についてはヒューマンエラーとして明確に区別している。このように行動の意図の有無を重視する理由は，意図の有無によって行動に至る原因やその対策が異なるからである。本章では，芳賀の定義に従い，事故に繋がり得る行動が意図的な場合を不安全行動，意図しない場合をヒューマンエラーとして論を進める。

　さらに不安全行動には，規則違反とリスクテイキングの2種類がある。規則違反は「法律・規則，あるいは社会的・慣習的ルールに反する行動のうち，本人または他人の安全を阻害する可能性のある行動が意図的に行われたもの」であり，リスクテイキングは「リスクを認識しつつも敢えて行動をすること」である。厳密に言えば前者は殺人のような法令違反，後者はギャンブルといった行動も含まれるが，両者の概念や生起要因は近似する（芳賀, 2007）。本章では不安全行動の中でも，特に人間の知覚・判断・決定のプロセスが深く関わるリスクテイキングを中心に，リスクやリスクの認知にかかる人間特性，さらに認知されたリスクが敢行されるまでのリスクテイキングのメカニズムについて以下に詳しく解説する。

157

■ 第4節 ■

リスク・リスク認知にかかる人間特性

1. リスクとは

　現代社会には，たとえば自然災害のリスク，労働災害や交通事故のリスク，食品安全や環境にかかるリスク，高度技術の発展に伴うリスク，社会経済活動に伴うリスクなどさまざまなリスクが存在する。リスクは害をもたらす可能性を定量的に見積もった用語であり，「予想される損害の大きさ×発生確率」の式で算出される。一方，危険なことがらそのものを指す場合もあるが，ここではそれをリスク源またはハザードと呼ぶこととする。

2. リスクにかかる諸問題

　先述したように社会や環境にはさまざまなリスクが潜んでいる。そのようなリスクを回避しようとするのはわれわれにとって自然な行動であり，回避すれば結果的にそれは安全行動となる。しかしそこにはいくつかの問題点がある。1つはリスク（ここではリスク源）を正しく知覚（検出）できるかという問題である。リスクに気づかなければ，当然適切な対応は取ることはできない。次にリスクは知覚できてもその危険性を正しく認識できるか，というリスク認知の問題がある。さらに経験や教育などによりリスクを正しく認知することができても，人は社会生産活動を営む上において，敢えて危険をおかしてしまう，またはおかさざるを得ないようなことが多々ある。このような危険を認識しながら敢えて行動することをリスクテイキングというが，この行動が安全を確保する上での問題を難しくしている。

3. リスクのイメージ

　われわれが自動車に乗る場合と飛行機に乗る場合ではどちらのリスクが高いであろうか？　多くの人は直感的には自動車よりも飛行機のほうが危ないと感

第6章　ヒューマンエラーと不安全行動

じるが，実際の移動距離や死傷者数から算出される値によれば事実は逆となる。このように現実のリスクとわれわれの感じるリスクの間にはズレが生じることがある。つまりリスクは「予想される損害の大きさ×発生確率」という数式で客観的に表されるとはいうものの，われわれが個々のリスクに対していだくイメージは，その数式とは異なる別の要素から構成されているからである。

スロヴィック（Slovic, 1986, 1987）は一般の人を対象に，「遺伝子工学」「アスベスト」「X線診断」「自動車事故」など52のリスク源に関してそれぞれ，「新しい−古い」「恐ろしい−恐ろしくない」など18の形容詞対で対象のイメージを評定してもらった。そのイメージ評定値を因子分析により分析した結果，およそ2つの因子が抽出された。1つめは制御不可能，恐ろしい，結果が致命的などの形容詞対から構成される「恐ろしさ」の因子，2つめは観察不可能，新しい，科学的に不明などの形容詞対から構成される「未知性」の因子である。つまりこの2つの因子がわれわれのリスクのイメージを基本的に構成しており，恐ろしくかつ未知性の高いリスク源はリスクが高いと認知され（たとえば，遺伝子工学や原子力発電），恐ろしさが弱くかつなじみのあると感じられるリスク源はリスクが低いと認知される（たとえば，自転車やエレベータ）。したがって，損害×確率で客観的に評価されるたとえば科学者のような専門家が考えるリスクと，一般の人が恐ろしさと未知性を元にして感じるリスクとは，その認知においてズレが生じるわけである。

4. 専門家と一般市民のリスク認知のズレ

スロヴィックら（Slovic et al., 1979）は，さまざまなハザードに対して感じられるリスクの高さ（リスク認知）を，専門家（環境リスクや災害に係わる研究者など）と一般人（ビジネスマン，大学生など）に順位づけをしてもらった。その結果を表6-1に示す（ここでは大学生が一般人に該当する）。表6-1を見ると，専門家は自動車，外科手術，アルコール飲料，X線などに対するリスク認知が一般人よりも高く，逆に原子力，警察業務などへのリスク認知は低かった。このズレが生じる理由としては，専門家は死傷者数や事故率のような統計データ等，ある程度客観的な数値に基づいて評価する一方，一般人は恐ろしさや未知

表 6-1　大学生と専門家のリスク認知の高さランキング（Slovic et al., 1979）

活動や科学技術	大学生	専門家	活動や科学技術	大学生	専門家
原子力	1	20	自家用飛行機	15	12
拳銃	2	4	飛行機	16	16
たばこ	3	2	X線	17	7
殺虫剤	4	8	狩猟	18	23
自動車	5	1	電力（原子力以外）	19	9
オートバイ	6	6	食品着色料	20	21
アルコール飲料	7	3	抗生物質	21	24
警察の仕事	8	17	登山	22	29
避妊薬	9	11	鉄道	23	19
消火作業	10	18	自転車	24	15
外科手術	11	5	スキー	25	30
食品防腐剤	12	14	フットボール	26	27
スプレー缶	13	26	家庭用器具	27	22
建設工事	14	13	動力草刈り機	28	28

性といったリスクのイメージからリスクを評価するためと考えられる。また後述するように，当事者が対象となるハザードに何らかのベネフィットを感じ取れば（たとえば，自動車利用の便利さなど），リスクは甘く評価される。したがって，次項で解説するように，リスク情報を提供する際には，一般市民は必ずしも専門家が考えるようにはリスクを認知していないこと，そしてそれが何に起因しているかを十分考慮した上でコミュニケーションを図ることが肝要となる。

5. リスクコミュニケーション

　近年，企業や行政は新しい科学技術などに伴うリスクを市民に正しく伝え，市民とともにその対応を考える必要性に迫られている。すなわちリスクに関する知識や情報を企業・行政と市民・社会の間で交換し，お互いにそれらを共有してリスクを考えようというリスクコミュニケーションの問題である。木下（1997）はリスクコミュニケーションを「対象の持つポジティブな側面だけで

第6章　ヒューマンエラーと不安全行動

なく，ネガティブな側面についての情報，それもリスクはリスクとして公正に伝え，関係者が共考しうるコミュニケーション」と定義づけている。たとえば，原子力発電に代表されるように，新しい科学技術は多くの利便性を備えているが，その反面リスクも備わっている。これまでは相手の態度を変えようとする場合，たとえば商品販売のように対象物に関するプラスの情報を伝達することで相手の態度を変えようとしてきた。しかしリスクコミュニケーションではプラスの情報だけでなく，マイナスの情報も提供し，かつその対処法を互いに考えることが重要となる。そうすることにより情報の受け手は発信者に対して信頼感をいだくし，逆に発信者がリスクを軽視したり，意図的に隠蔽したりすると受け手は反発し，適切な合意は形成されない。

6. リスク認知のバイアス

本節3.で述べたように，多くの人は社会に存在するリスクに対して恐ろしさと未知性から漠然としたイメージを持ち，そこに自身の経験や新聞，テレビなどのマスメディアから得られる情報を通してその危険性を判断していると考えられる。またそこにはリスクに対するさまざまな誤解や危険に対する評価の過小視，過大視があると考えられる。このような歪みをリスク認知のバイアスと呼び，それらは以下の5つにまとめられている（広瀬，1993）。

①正常性バイアス：認知された異常性がある範囲内であれば，なるべくそれを正常で日常的な事象の流れで見てしまうという過小評価の歪みである。たとえば豪雨による避難指示が出ているにもかかわらず洪水の危機を感じず，避難指示に応じないなどがこれに当たる。

②楽観主義バイアス：リスクの高い出来事をより楽観的に明るい側面から見てしまうという過小評価の歪みである。たとえば自分が将来事故に遭う確率は，他者のそれよりも低く見積もってしまうなどがこれに当たる。

③カタストロフィーバイアス：大地震など極めて稀にしか発生しないリスクでも，その被害や発生確率を過度に大きく評価してしまうという過大評価の歪みである。

④ベテランバイアス：経験者が陥りやすいリスク認知の誤りである。経験から自信がついてしまうと，別の類似の事態に対しても何とかなると過信してしまうという，過小評価の歪みである。

⑤ヴァージンバイアス：未経験であるがゆえのバイアスである。リスク事態に経験がない場合にリスクを過大または過小評価してしまう歪みである。たとえば，狂牛病の影響など，近年生じた新しいリスク事態に対して必要以上に過敏に反応するなどがこれに当たる。

以上の認知バイアスは決して特別な反応というわけではなく，人間であれば誰もが持つ自然な心理特性である。とはいえ日常場面で，その心理特性に自ら気づくことはなかなか難しい。たとえば，本章冒頭で記した新幹線重大インシデント事例から考えてみる。そのインシデント報告書（新幹線重大インシデントに係る有識者会議，2018）によると，のぞみ34号の車掌は博多駅発車後，車内で甲高い音や焦げたにおいを感じて車掌長に報告するも，車掌長は通常とは変わらないと感じ，当初は危険な状況ではないと認識していたと述べている。この「検知された異常がある範囲内なら正常な出来事と捉える傾向」は，まさに正常性バイアスが関与していたと言わざるを得ない。また，指令所指令員の「ちょっと待って下さい」を車内の保守担当社員は「床下点検の準備のため」と理解したと述べている。ここでは人のリスクを含めて何かを判断する際に生じる確証バイアス（認知バイアスの一種であり，自身の仮説や信念を検証する際，それを支持する情報ばかり集め，反証する情報を無視，または集めようとしない傾向）が関与している。つまり，確信は持てずとも，新大阪駅で床下点検をしたほうがよいと思っている保守担当社員の心理が，点検の準備をしてくれている，との思い込みを招いた可能性がある。また，新神戸〜新大阪間で，指令員が保守担当社員に「走行に支障があるという感じではないか」と問いかけたところ，「走行に異常がないとは言い切れないかな」「音が変わらず通常とは違う状態であることは間違いないと思います」とのややあいまいともいえる応答があった。この応答を指令員は「車両の専門家が本当に危険で点検が必要と思うなら，そう伝えてくるはずだ」と判断し，運行停止の指示はしていなかった（最終的な運行停止の判断は指令員に委ねられている）。ここでも，列車に明ら

かな問題がなければ，ダイヤの乱れなく走行を継続させたい，という指令員の心理が確証バイアスを招いた可能性は否定できない。確証バイアスも人間誰もが持つ心理特性であり，特にコミュニケーション時には，誤解を招くような言葉や表現を避ける取り組みが肝要となる。

■ 第5節 ■

リスクテイキングにかかる人間特性

1. リスク受容

リスクは安全を脅かす存在であり，人はリスクを感じたら避ける（行動を起こさない）ことが自然の摂理である。ただ，そこで行動を敢行する（リスクを受容する）のには，そこに何かしらのベネフィット（便益，効用）があるからと考えられる。たとえば，わが国では2017年の交通事故による死者数は3,694人，負傷者数は579,746人であり（警察庁，2018），その数は近年減少傾向にあるものの，交通の事故リスクは少なからず高い。それでもわれわれが車や自転車を利用するのは，そのリスクを受容するほどのベネフィットがあるからと考えられる。ここで許容されるリスクとベネフィットはどのような関係にあるのだろうか。

スター（Starr, 1969）は，すでに社会で受容されているリスクに関して，そのリスクの大きさとそこで得られるベネフィットの関係を，統計資料をもとに数量的に算出した。具体的にはリスクの単位として，それに関わった人が1時間の関与によって死亡する確率（たとえば，自動車事故のリスクは，当時アメリカでは自動車が1.5人の割合で行き渡っていると仮定し，さらに1台の1年間の走行時間が400時間であるとの統計資料のもとで算出），またベネフィットについては，そのリスクをおかすことによって得たベネフィットを，関与者1人1年あたりに換算してドルで求めている（当時のアメリカ人は自動車を利用することによって，1日1時間節約しているとすると，当時の給与水準から見て，それは1日5ドルと換算される）。このような数値を飛行機利用，鉄道利用，

喫煙などいくつかのリスクで算出し，それらを分析した結果，人が許容するリスクは，そこで得られるベネフィットの大きさのほぼ3乗に比例することを見出した。たとえば，収入が2倍になれば8倍のリスクが許容されることになり，ベネフィットが大きくなるとリスク評価が甘くなることを意味している。さらにリスクも自発的な活動によるリスク（たとえば，愛煙家の喫煙による発病）は，受動的なリスク（たとえば，大気汚染による発病）の1,000倍許容されることも見出した。したがって，安全性の説明において，たとえば原子力発電所の事故による放射能汚染がレントゲンによる被曝量より小さいとか，大気汚染による発ガンリスクは喫煙によるリスクよりも小さいなどと言われても，当該リスクに付随するベネフィットやリスクの能動・受動性を考慮しないと，全く説得力を持たないことになる。

2. リスク敢行傾向の個人差と一貫性

われわれは社会や環境に存在するリスクを必ずしも正しく認知しない傾向にあることを述べたが，一方で職場や交通場面に存在するさまざまなリスクを的確に認知した場合でも，そのリスクを回避するかまたは敢えておかす（受容する）かは安全上重要な問題となる。リスクの敢行傾向には個人差があり，またそこにはさまざまな要因や人間特性が関与している。たとえば，一般的には女性より男性が，中高齢者より若年者がリスクを敢行しやすく，また外向的な性格や衝動的な性格の人はそうでない人よりリスク敢行傾向が強いと言われている（芳賀ら，1994）。また，芳賀ら（1994）はリスクの敢行傾向の強い人は，ある場面に限らず他の場面でも同じく強いのかを調べた。そこでは日常場面，交通場面，運転場面における計20のリスク状況（たとえば「石油ストーブの灯油が残りわずかになったという表示が出たので，火を消さずに給油した」）を質問文に記し，回答者にはそれぞれの状況でその行動を行うかについて，0（決してしない）から100（必ずする）までの数値で回答を求めている。そして日常場面の回答状況から，回答者をリスキー群（評定値の高い群）と慎重群（評定値の低い群）に分けて検討したところ，日常場面でリスク傾向の高い群は，交通場面や運転場面でも同じく高いことが明らかにされている。つまり高いリスク

傾向を持つ人は，状況によらず一貫してリスクをおかしやすいことをこの研究は示している。

3. リスクテイキングのプロセス

われわれは現実場面において，周囲のリスクを認知してから行動を起こすか否かを決めるまでには，短時間で何らかの判断をしていると考えられる。またリスクを敢えておかすからにはそれに伴うベネフィットがあるはずである。その判断の仕方やリスクとベネフィットの関係などを明らかにすることは，安全な行動を確保する上で重要な問題となる。図6-5は自動車運転場面におけるリスクテイキングの心理的プロセスを示している（蓮花, 2000）。図6-5に従って説明を加えると，まず前提条件として，個人の性格や複雑な交通状況など，われわれの内部または外部にはリスクテイキングに影響を及ぼすさまざまな要因がある。そして周囲のハザードに気づいた場合（ハザード知覚），人はそのリスクをうまく対処できるか否かを自身の技能と比較・判断し，その主観的な危険性を評価する（リスク知覚）。自身の技能が真の技能よりも過大に評価された場

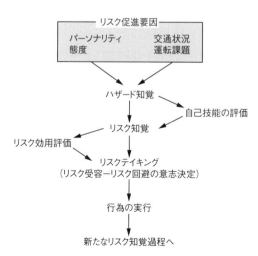

図 6-5 リスクテイキングの発生プロセス（蓮花, 2000）

合，リスクは過小評価されることになる。またリスクを敢行するには，損害可能性というデメリットがある一方，それをおかすことによるベネフィット（たとえば時間の短縮や労力の軽減など）がある（図6-5ではリスク効用評価と記されている）。知覚されたリスクはこのリスク効用（ベネフィット）と天秤にかけられることにより，行動を敢行するか回避するかの意志決定がなされることになる。

　芳賀ら（1994）は，リスクの敢行・回避の意思決定には，「リスクの大きさ（リスク要因）」「危険をおかして得られる効用の大きさ（ベネフィット要因）」「リスクを回避するためにかかる不効用の大きさ（コスト要因）」の3要因が関係することを指摘している。

　リスク要因とはまさにリスクを当事者がいかに評価するかであり，リスクが小さいと評価された場合，行動は敢行されることになる。ベネフィット要因とは，リスクを敢行することによるベネフィットをどのように評価するかである。リスクが認知されても，そのリスクをおかすことで得られるベネフィットの方が大きいと評価された場合，人は時としてリスクを敢行することがある。コスト要因とはベネフィット要因とある程度表裏の関係にあるが，たとえば幹線道路を横断する際，遠くの信号機のある交差点まで遠回りするなど，安全確保のために伴う身体的負担や時間的損失の大きさを意味する。遠回りをすることに負担を感じコスト感が高まると，やはりリスクをおかすこともある。

　また若年のリスクテイキングの背景の1つにあるといわれるセンセーション・シーキング（危険をおかすこと自体にある刺激や爽快感）（Zuckerman, 1994）もベネフィット要因の具体的効用の1つにあげられる。たとえば，若者の自動車の暴走運転のように，リスクをおかすこと自体に刺激，爽快感を感じ，それがベネフィットとなるような場合にもリスクが敢行されることがある。

4. リスク補償とリスクホメオスタシス

　徒然草に高名の木登りの話がある。これは高名の木登りといわれている男が，弟子が高い所で作業しているときは何もいわないのに，地上近くに下りてきたときに「注意せよ」，と声をかけたので，それを不思議に思って尋ねてみたとこ

ろ，男は「高い所では自ずと用心するので注意しなくてもよい。しかし地上近くまで下りてくると大丈夫と思って危ないことをすることもある。だからそのような時こそ注意喚起が必要なのだ」と答えた，という逸話である。この話は人にはリスクの目標水準（許容しうるリスクの目標値）があり，知覚したリスクとその目標水準とを比較・調整することで，両者の差を解消するような行動をとる（リスク水準を一定に保つように行動を調整する），というリスクホメオスタシス理論（Wilde, 1982）と共通している。

　この理論が正しければ，たとえば環境面で安全対策が講じられて以前よりリスクが低下したと人が認知すると，かえって人はリスキーな方向に行動を変化させるということになり，結果的に安全対策の効果は見られないことになる。ABS（アンチロック・ブレーキ・システム）を装備し，安全性を向上させた車両に乗務したタクシードライバーは，ABSのない車両を乗務したときよりもスピードを出し，車間距離を詰め，事故率が高いことを示した調査もある（芳賀，2009）。つまり，許容するリスクの目標水準を高く設定している人は，作業環境や設備等を改善することにより周囲の客観的リスクを低下させても，結果的にはもともと設定していた高いリスクの目標水準に沿った行動を取ることになる。人は感じられたリスクを補うように行動を取るというリスク補償は，誰もがある程度は持つ特性であるが，安全教育やインセンティブの付与など，人が安全への動機づけを高め，目標とするリスク水準自体を低下させる，すなわちより安全側にシフトさせなければ，結果的に安全性は確保されたことにはならない。

■ 第6節 ■

体験型安全教育の紹介

　ヒューマンエラーや違反は誰もがおかすことは広く社会に認識されつつあるが，一方産業界等で安全教育が実施される場合，ヒューマンエラーにかかる人間特性は理解されるものの，ともすれば「自分は大丈夫」，「自分とは関係しない他者のこと」として認識されがちである。この要因の1つには人間の楽観主

義バイアスが関与していると考えられる．

そこで臼井（2008）は，ヒューマンエラーや違反を誘発する事態をパーソナルコンピュータ上の認知課題で擬似的に体験可能にする「エラー体験プログラム」と称するプログラムソフトを開発した．これはエラーや違反が「自身でも起こりうること」そして「なぜ起きるのか」を観念としてではなく経験として体験可能にし，楽観主義バイアスを是正する，すなわちエラーや違反の危険性理解等の促進を狙いとしたものである．そして開発したエラー体験プログラムを用いて現役消防士を対象に安全教育を実施し，その効果を検討した．以下その調査の概要について紹介する（森泉ら，2014）．

1. エラー体験プログラムの概要

エラー体験プログラムは，人間の情報処理能力の限界や不安全行動の生起メカニズムについて経験として学習可能な教育プログラムであり，「中断体験」「注意の偏り体験」「違反体験」，および「注意・失敗傾向」の計4種のメニューで構成される（図6-6参照）．なお，最新版のエラー体験プログラムでは，急ぎや焦りによる人間心理と作業パフォーマンスの変化を学習・体験可能な「急ぎ・焦り体験」のメニューが追加搭載され，その教育効果が一部報告されてい

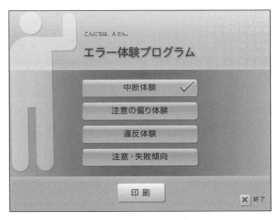

図6-6　エラー体験プログラムの初期画面（森泉ら，2014）

る（森泉ら，2018）。

メニューの「中断体験」では，作業の予期せぬ中断が作業効率を低下させることを実際に体験させることをねらいとする。「注意の偏り体験」では，複数の事象に対して同時に注意を向けることの困難さについて体験・理解することをねらいとする。「違反体験」では，ある作業に伴う手間（コスト）等の課題状況によって違反が生じやすくなることを体験し，違反に対する理解の深化をねらいとする。なお「注意・失敗傾向」は，体験型の安全教育プログラムではないが，多様な質問項目への回答から個人の失敗の傾向性を把握できるメニューとなっている。

2. 調査の方法と手続き

調査は消防士87名（すべて男性）を対象に，安全に関する研修の一環として実施された。参加者は，「注意の偏り体験」（45名），または「違反体験」（42名）のいずれかを体験した。

（1）注意の偏り体験

複数の事象に同時に注意を向ける困難さを体験し，それにより事故が実際に生じるケースがあることの理解をねらいとした。PC画面上に提示される写真とその周辺に提示されるメーターの2か所に生じる変化を検出させる課題を計10試行実施した。その後，本体験プログラムと関連する実際の事故事例とその対策等に関する解説を行った。本体験は対象の見落としというヒューマンエラー体験に該当する。

（2）違反体験

作業に伴う手間等のコストによって違反が生じやすくなることを体験し，違反に対する理解を促した。作業遂行にコスト（待機時間）の発生する課題をPC上で課し，待機時間の無視を「規則違反」とした。課題はコスト2秒待ち条件12試行，5秒待ち条件12試行，コストなし条件24試行の計48試行行った。その後，本体験プログラムと関連する実際の事故事例とその対策等に関する解説

を行った。本課題では規則違反による罰（リスク）は課していないが，違反により作業時間の短縮というベネフィットが得られる，という点でリスクテイキングとも共通する。

（3）教育効果の測定

「注意の偏り体験」に関連する質問項目として3項目，「違反体験」に関する質問項目として3項目，また，体験プログラムとは直接関係しない行動に関して，ヒューマンエラーに関する質問項目として2項目，日常のリスクテイキングの敢行傾向を測定するリスク傾向質問紙（RPQ: Risk Propensity Questionnaire）（e.g., 森泉・臼井，2011）17項目について5件法にて評価させた。評価は，教育を実施する直前（以下，教育前），教育実施から約6か月後（郵送法により実施。以下，教育後）の2回行った。「教育前」では提示した各項目について，普段の行動としてどの程度当てはまるかを評価し，「教育後」では教育を受けた後の行動としてどの程度当てはまるかを評価させた。

3. 結果

本研究にて測定した変数の得点結果を表6-2に示す。いずれも項目の平均値を得点としており，値が高いほどより不安全であることを示す。各変数を従属変数，体験プログラム，測定時期を独立変数とする2要因分散分析を実施した。

表6-2　回答時期ごとの測定指標の結果

測定指標		教育前 平均値（*SD*）	教育後 平均値（*SD*）	
エラー体験プログラム関連項目	注意の偏り	2.67 (0.73)	2.61 (0.68)	
	違反	2.84 (0.75)	2.59 (0.72)	*p* <.001
その他の不安全行動・ヒューマンエラー	日常のヒューマンエラー	2.40 (0.77)	2.34 (0.77)	
	リスク傾向質問紙（RPQ）	2.19 (0.42)	2.12 (0.41)	*p* <.10

170

その結果，変数「違反体験」についての得点では，測定時期の有意な主効果のみ見られ，「教育前」よりも「教育後」の得点が低かった（$p = .001$）。また同様の結果が「リスク傾向質問紙」についても有意傾向で見られた（$p = .057$）。変数「注意の偏り体験」および「ヒューマンエラー」についてはいずれも独立変数の主効果，および交互作用は見られなかった。

　以上から，エラー体験プログラムを用いた安全教育により，ヒューマンエラー体験（注意が逸れると見落としエラーが発生するなどの体験）については，教育から6か月後における行動の変容は確認されなかったが，違反体験（確認の反復により，必要とされる確認行動が省略されるなどの体験）は，教育から6か月後の行動において安全側に一部変容することが明らかにされた。すなわち，違反のような人間の敢行意図が介在しやすい不安全行動には，エラー体験プログラムが教育効果を持つこと，さらに確認など安全作業実施に必要なコストを適切に評価すること（面倒さなどのコストの過大評価が作業省略につながることの認識）が，規則違反やリスクテイキングの抑止には有効であることが示唆された。もちろんこの研究では，参加者の自己報告形式によって結果を測定しているため，本プログラムによる教育効果の有効性をより明らかにするためには，教育前後での事故・ヒヤリハット数や参加者の実行動の変化等の客観的な指標を用いた検証がさらに必要となる。

■ 第7節 ■

ヒューマンエラー・不安全行動の位置づけ：結果であり原因ではない

　職場などで事故やトラブルが発生した際には，その原因分析が行われる。しかし事故は直接的には人間が関与することが多いので，ともすれば当事者本人の注意や確認の不足が原因とされ，その結果，事故対策として，注意喚起，規則の強化などの表面的なものに帰結する傾向がいまだあることは否めない。ただし，これまで得られた注意の心理学的知見からも明らかなように，人間の注意力には限界があり，したがって当事者の注意力にすべての原因を帰すること

はできない。また本章で述べたように，スリップのようなヒューマンエラーは，スキーマの基本的特性である行動の自動性に主たる原因があり，換言すれば人が何かに慣れること自体にすでにヒューマンエラーの根源的要因を持つことになる。これらの知見から，ヒューマンエラーは必ず起きるもの，また注意力など個人の努力ですべてを無くすことは不可能であり，事故防止対策にはそのことを前提としたシステム作りが不可欠であるとの認識を持つことが重要である。

　また事故がリスクテイキングのような不安全行動から発生した場合でも，当事者がリスクをおかした背景には何らかの理由があるはずである。そこには本章で述べたリスクテイキングにかかる要因としての「リスクをおかして得られる効用の大きさ」「リスクを回避するためにかかるコストの大きさ」「主観的なリスクの大きさ」を手がかりに生起要因を明らかにし，そのような状況を起こさないための対策を考えることが重要となる。

　システムや個人の目標の達成までに関わる人間側の要因をヒューマンファク

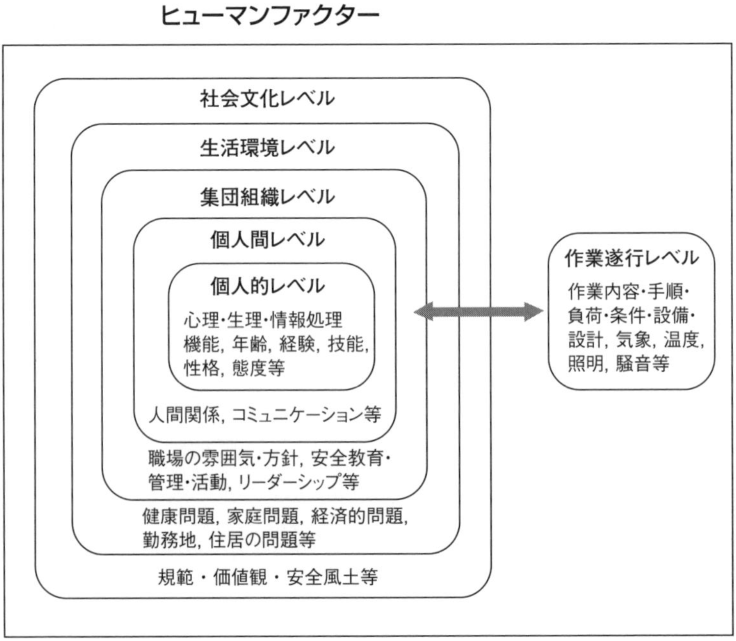

ヒューマンファクター

図 6-7　ヒューマンファクターの種類とその関係 （臼井，2011）

ターという。河野（2014）はヒューマンファクターを「人間や機械などで構成されるシステムが安全かつ効率よく目的を達成するために考慮しなければならない人間側の要因のこと」と定義している。また臼井（2011）はさまざまな種類のあるヒューマンファクターを，個人のレベルとそれを取り巻く社会のレベルおよびそれらと外部作業環境との相互作用として捉え，図6-7のように表している。本章では，ヒューマンエラーのメカニズムやリスク認知，リスクテイキングのプロセスなど，個人レベルの人間特性を解説したにすぎないが，事故を防ぐためには，その背景にある人間関係，コミュニケーションなどの個人間要因，安全管理などの集団組織要因，作業のしやすさなどの作業遂行要因などをなぜなぜ式に広く深く追求し，そこで明らかにされたヒューマンファクターに焦点を当てた具体的対策を講じることが極めて重要となることは言うまでもない。

第7章

労働安全衛生
実践と研究の歴史と展望

■ 第1節 ■

はじめに：労働災害とは

　労働災害（労災）とは，「労働者の就業に係る建設物，設備，原材料，ガス，蒸気，粉じん等により，又は作業行動その他業務に起因して，労働者が負傷し，疾病にかかり，又は死亡すること」（労働安全衛生法　第2条（定義）より）をいう。明確に記されていないが通勤時の事故および疾病も含まれる（例外あり）。この定義を見ると，制定当時の労働災害頻発産業を強く意識した例があげられており，職業病・健康被害に悩まされ続けてきた歴史を感じさせられる。

　現在，日本の労働災害による死傷者数（休業4日以上）は，戦後の混乱期を経て長期間減少を続けてきた（図7-1 参照）。死亡者数は，1961年の過去最高6,712名がピークであったが，労働安全衛生法施行（1972年）後は減少に転じ，近年は最少記録を更新し続けている。特に2015年は死亡者数972名となり，初めて1,000名を切った。2016年も減少（死亡者数928名），ピーク時の約7分の1まで減少したことになる。これは官民一体となり推し進めてきた労働安全衛生活動，労働災害の防止効果を支えてきた膨大な科学的アプローチによる研究，各企業の労働災害防止への長期にわたるたゆまぬ努力などの賜物といえる。しかし残念なことに，2017年の死者数は978名と微増，死傷者数も2015年116,311名，2016年119,910名，2017年には120,460名と，緩やかではあるが増加傾向を見せている。この微増は第三次産業での受傷事故増加が全体の死傷者数増加

175

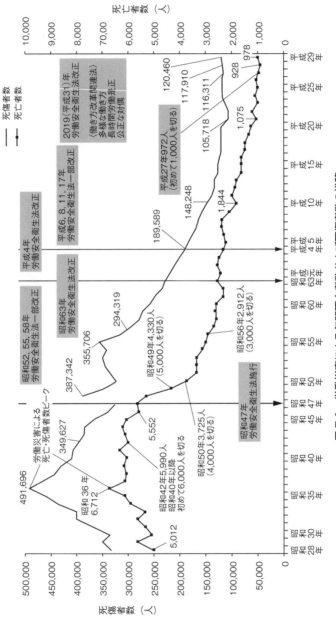

図7-1 労働災害による年間死亡者数および死傷者数の推移
(「平成29年労働災害発生状況の分析等」(厚生労働省, 2018) を基に作成)

第7章　労働安全衛生

に寄与していることが指摘されている（厚生労働省，2018）。

　他方，日本の労働人口動態は1980年代のバブル崩壊以降，急激な変化を続けている。おもな問題としては，①少子高齢化による「労働人口低下」，②職種の変化と「第三次産業の台頭」と「転倒事故増加」，③「ダイバーシティ推進（女性活躍・外国人労働者受け入れ・チャレンジド・LGBT）」，④多様な働き方を支える政府の後押しなどがあげられる。特に③と④は，「ダイバーシティ経営」「働き方改革」（2019年施行）など，政府の強い後押しに社会全体が大きな影響を受けつつある。いったん労働力不足に陥ると，目の前の対応に集中し，直面する問題に対応しきれない可能性を不安視する声もある。

　労働力および労働安全衛生は社会経済基盤を支えるものであり，これらの問題は政治・経済・社会情勢に影響を多分に受けてきた。日本の労働安全衛生を理解するためには，当時の時代背景とともに多面的に整理する必要がある。本章では，来たる諸問題に対応するための一助となれることを期待し，日本の労働安全衛生活動の歴史と研究動向を整理し，これからの労災リスクを考える。

■ 第2節 ■

労働安全衛生活動の歴史と安全研究動向

　本節では100年以上にわたる労働安全衛生活動の歴史から1950年代以降の災害特性と研究動向を年代ごとに整理する。1950年代は労働安全研究が科学的アプローチにより実証され産業に取り入れられた時代であり，近代労働安全研究史の起点とも考えることができる。なお，年代区分は時代背景を考慮し概ね20年とした。日本には労働安全衛生活動史に関する膨大な資料が長年にわたり蓄積されているが，その中でも『安全衛生運動史　安全専一から100年』（中央労働災害防止協会，2011）と『エピソード安全衛生運動史』（鎌形，2001）を参考にした。特に「安全衛生運動史」には明治時代から100年にわたる労働安全衛生運動の歴史が，時代背景・社会問題・当時の状況を紹介するコラムとともに詳細に記されている。目次タイトルを知るだけでも当時の問題を端的に把握す

177

ることができるため，1965 年以降の目次を表 7-1 にまとめた。各年代の時代背景とともに職業病を含めた労働災害と研究動向を整理する。なお，本章で紹介される研究の多くは，他章で詳細に記されているため，重複する部分はキーワードのみ記し該当章を示した。

1. 【1950 ～ 1970 年代前半】労働安全衛生活動が充実した時代

(1) 経済状態：高度経済成長

　労働安全衛生は明治時代に芽生え，第二次世界大戦時の停滞期を経て 1950 年代以降に再び活発・充実化していった。活発・充実化の背景には，この時代の経済成長が深く関係している。1950 年代後半は戦後から 10 年以上経過し，朝鮮戦争特需を契機に高度経済成長期となった。「もはや戦後ではない」という言葉が使われたのはこの時期である。年平均 10% 以上の経済成長が 1955 年から 18 年間継続し，戦後の人口減のまま深刻な労働力不足に陥った。この問題を解決すべく農村からの出稼ぎや女性の職場進出が進んだ時期でもあった。

(2) 災害特性：死傷者数ピーク，「災害の大型化」，新しいタイプの「職業病」

　1950 年代後半，安全衛生問題は新しい問題を抱えていた。技術革新による「災害の大型化」と新しいタイプの「職業病」である。たとえば，新原材料や新工法，新機械設備などの技術革新がさまざまな分野に導入された反面，一人で扱うエネルギー量も大きくなるため，いったん災害が発生すると大型化してしまった。そして 1960 年代には現代まで語り継がれているほどの巨大事故が頻発した。三河島事故（1962 年 5 月 3 日 21 時 37 分：死者 160 名負傷者 296 名）のほか，三井三池炭鉱炭塵爆発事故（1963 年 11 月 9 日 15 時 12 分：死者 458 名重軽傷者 555 名）と鶴見事故（同日 21 時 40 分ごろ：死者 161 名）は同日に発生した。これらの事故は社会全体に衝撃を与えた。これまでに経験したことのない巨大事故が多数発生したことで，安全対策に対する一層の強化が叫ばれるようになった。

　またこの年代には機械化や化学薬品による健康被害も指摘されはじめた。火薬製造でのニトログリコール中毒，事務機械作業での頸肩腕症候群，チェーン

第7章 労働安全衛生

表7-1 労働安全衛生の歴史（戦後～現代）とこれからの安全（1955～2011年までの内容は『安全衛生運動史 安全専一から100年』（中央労働災害防止協会，2011）の目次を抜粋：掲載許可取得）

昭和30-40年代（1955-1974）【充実の時代】 ■高度成長期の安全運動 ・技術革新の光と影 　「もはや戦後ではない」高度成長の担い手産業　ゆきわたる「三種の神器」　テレビ分化とクルマ社会　繁栄の裏に公害, 災害が…安全に目覚めさせた鶴見, 三池事故 ・変貌する産業現場と労働災害 　労働力不足時代の到来　進む女子の職場進出　災害も"二重構造"　新工法導入の影で　マスコミと安全キャンペーン ・安全への科学的アプローチ 　安全工学科の誕生　フェールセーフとフールプルーフ　本質安全化を目指して　セーフティ・アセスメント　人間と機械の適合 ・新時代の自主活動 　安全管理のライン化へ　花盛りの小集団活動　安全のための"集団決定"　発化する業界団体の動き"特安"返上への道　成果上がる協同化 ・高度経済成長の終焉 　石油ショックと不安の転換期 ■快適な職場環境と労働安全衛生法 ・新生産技術への配慮 　少なかった安全衛生への配慮　変化した災害パターン法規を整備して新たな時代に対応　石油消費増の裏に四エチル鉛中毒　作業の機械化が生んだ振動障害　災害防止に"テイクオフ"「生活のすべてに安全を」 ・災防法の制定 　第二次の五カ年計画　自主的な災害活動促進のために災防法・三本の柱　災防団体の発足 ・労働安全衛生法の制定 ■技術革新と労働衛生 ・多様化する職業病 　新しい職種の職業病発生　突然襲う"月曜の死"　キーパンチャーの手指障害　塩化ビニルによる肝血管肉腫 ・衛生管理の充実 　衛生工学の発達　産業医の登場　職業病の下請け　中小企業へのアプローチ　単調労働との闘い　余暇と体力作り ・研究の進展と国際化 　労働衛生サービス機関の充実　産業医学の伝道　産業医科大学の設立　発展する日本産業衛生学会　活発化する交際情報交流 **昭和50－60年代（1975-1988）【強化の時代】** ・産業構造の変化への対応 　低成長経済の定着　進む"ソフトノミックス"化　問題含む第三次産業　古くて新しい中小企業問題 ・高齢化と女性の進出 　欧米の二倍の速さで高齢化　中高年者に見合う職務の設計　三人に一人は女性労働者 ・新たな技術革新への対応 　押し寄せる技術革新の波　産業用ロボットに"落とし穴"OA化にも健康問題　浮かび上がる"ヒューマン・エラー" ・新しい経営理念の誕生 　タテマエとホンネの一致　「安全哲学」を持つトップ　"心の時代"の安全衛生　安全配慮義務の定着　「災害防止に万全の措置を」 ・国際化の進展 　世界のトップレベルに　国際化のうねりの中で ・トータル・ヘルスケアの時代 　"健康ブーム"の時代　シルバー・ヘルス・プランの展開　全年齢を通じて健康対策を行う時代へ　生活習慣病を未然に防止する取り組み　労働衛生の三管理　注目されるメンタル・ヘルス　トータルで捉える健康	・職場自主活動の新展開 　組織風土が変わった　広がるゼロ災運動　KYTブームの到来　「ヒューマンウェア」の登場 **平成元年-10年（1989-1998）【見直しの時代】** ■快適職場への道 　バブル景気とその崩壊　バブル経済と労働災害　快適職場の形成が努力義務に ■変化する就業形態と進む安全衛生対策 　第三次産業における労働災害の防止　増加する非正規雇用者　女性の社会進出　災害未体験時代への対応　交通労働災害防止が重要課題に　携帯電話使用による交通事故が社会問題化 ■グローバル化する安全衛生 ・労働安全衛生マネジメントシステムの発祥 　法令遵守から自主対応へ　安全衛生活動に求められた新たなシステム ・化学物質管理の新たな取り組み 　防げたはずの化学物質の災害　国際化する化学物質のMSDS制度 ・人を守る機械設計へ 　日米で異なる製品安全　メーカーに求められた安全対策 **平成10-23年（1998-2011）【新しい取り組みの時代】** ■変動を続ける社会と重大災害の増加 　バブル景気の後遺症と世界経済の悪化　クローズアップされた安全文化の重要性　増加した重大災害 ■安全衛生も世界統一の動きへ ・徐々に広がるOSHMS 　見送られたIOS化　進む業界団体の取り組み　OSHMSとリスクアセスメントの効果 ・化学物質管理の動き 　化学工業会の取り組み　国際的に統一化された危険有害性の絵表示　事務所にも広がったシックハウス症候群　石綿による健康被害 ・機械安全規格の統一化へ 　安全を証明する制度の始まり　規制の限界と包括的対策 ・進む総合的な健康作り ・社会問題となったメンタルヘルス 　職場環境の変化と増大するストレスへの対応　うつによる自殺に企業責任を認めた最高裁判決　メンタルヘルス対策の評価 ・過重労働対策の新しい展開 　世界共通語となった「過労死」 ・健康作りは生活習慣の改善から 　有所見者に対する健康改善の取り組み ・職場での新たな取り組み 　社会福祉施設は医療機関における取り組み　就業形態の変化と労働災害防止対策　混在作業場における総合的な安全衛生管理　課題となる高年齢労働者の安全衛生　わが国の産業安全運動が100年を迎える　今後の安全衛生における展望と課題 **平成24年以降（2012-）筆者まとめ** ■「第13次労働災害防止計画」(2018-2022年度) 　死亡災害：15%以上減少　死傷災害：5%以上減少　建設業，製造業，林業：死亡災害を15%以上減少　陸上貨物運送業，小売業，社会福祉施設，飲食店：死傷災害を死傷年千人率で5%以上減少 ■働き方改革 ■長時間労働 ■安全衛生法改正 ■安全帯→フルハーネス墜落制止用器具へ ・2019年2月：新ルール法令・告示施行（高さ6.75m以上（建設業高さ5m以上）→フルハーネス型着用義務付け） ・2019年7月末：現行規格品製造中止 ・2022年1月：現行構造規格の安全帯の着用・販売全面禁止 etc…

ソー作業での振動障害（いわゆる「白ろう病」）などの新しい職業病も発生し，責任の追及と対策が求められた（詳細は第3章「職場環境」を参照）。災害件数も急速に増加する傾向を見せはじめ，年間死傷者数最多を記録したのもこの年代である（1961年，死傷者数81万人（休業1日以上），死者6,712人）。

(3) 安全衛生活動：労働安全衛生法制定，産業災害防止計画5カ年計画スタート

政府は死傷者数増大を食い止めるため，1958年から産業災害防止5カ年計画をスタートさせ官民一体での安全衛生対策を進めていった。1972（昭和47）年には労働基準法より独立し労働安全衛生法が制定，これ以降は死傷者数減少していった。産業災害防止計画と労働安全衛生法は日本の安全衛生に大きな役割を果たしている。そのほか，職場での災害防止として小集団活動の導入が試みられ，KYT（危険予知訓練），ゼロ災運動のほか，集団決定法などの行動科学を応用した安全運動が成果を上げた時代であった。

(4) 安全研究：事故調査研究，デザインとシステムによるエラー防止（研究同時開花期）

1) デザイン・システム研究

1960年代後半からは経験や勘による方法から，科学的アプローチにより実証していく流れは，技術革新の波とともにこの時代に確立され，多くの研究成果も報告されてきた。人間・機械系の研究が盛んに行われてきた時代であり，エラーを防止したり事故に至らないようにしたりする考えは，多くの設備やシステム設計に採用され，産業界で広く普及していった。「フールプルーフ」（接続や挿入間違いなどのエラーを受けつけない）と「フェール・セーフ」（異常時に安全側に働くようにする）はこの時代の代表といえる。

2) 小集団活動：KYT，ゼロ災運動

多くの作業現場で行われてきた指差し呼称とKYT活動はこの時代に誕生した。KYTは当時住友金属工業和歌山製鉄所労務部長，西原芳雄が欧米安全衛生視察団（中災防派遣）の一員として視察中，ブリュッセル郊外にあるソルベイ化学会社にあった一枚のイラストチャート（イラストから危険を考えさせるもの）からヒントを得て安全教育手法を提案した。その直後，本社福祉課・各製

鉄所安全衛生課長で構成するプロジェクトチームを組み，危険感受性を高める安全教育手法を4か月で編み出した(1974年2月)。同社の平均度数率は数年で半減，同業界から多くの産業に普及していった（中央労働災害防止協会，2011)。

ゼロ災運動もこの時期に誕生した。ゼロ災運動は1973年に始まり，50年代半ばには危険予知を取り入れた「就業時間内のミーティングにおける短時間の問題解決」を中心に捉え，職場小集団活動に新しい分野を開拓した（KYTは1982年，指差し呼称と合わせた新KYTとして発展していった)。

3) 事故調査研究，労働環境改善のための生理学・心理学・人間工学的研究

先述の巨大事故を受け，労働安全衛生に専心する研究機関の必要性が指摘されるようになった。当時，労働安全衛生研究機関として財団法人 労働科学研究所（旧 倉敷労働科学研究所 (1921年，倉敷紡績社長　大原孫三郎設立)，現 公益財団法人 大原記念労働科学研究所）がすでに発足しており，農業・林業・事務作業・航空・海上といったさまざまな職務の労働安全衛生研究が行われていた。しかし鉄道に関する研究は少なかった。三河島事故を契機に，鉄道労働技術研究所（現 JR公益財団法人 総合技術研究所）が発足，医学・生理学・心理学・人間工学領域の視点から業務改善のための研究が行われた。同研究所では，乗務員の疲労や労働負担，負担軽減のための椅子の傾斜角といったさまざまな研究が行われた。事故調査についても，列車運転中の信号の見え方の再現や記憶・注意・知覚心理学などで培われた手法に基づいた検証など，事故当事者側の視点に立った研究も多くなされ，事故再発防止に向けた背後要因を調べる研究が盛んに行われた。

4) 安全人間工学の誕生：注意のフェーズ，事故分析手法4M

1974年，橋本邦衛（鉄道労働科学研究所生理研究室長，日本大学生産工学部教授などを歴任）を部会長とした日本人間工学会安全人間工学部会が発足，深刻な事故を対象に事故原因を多側面から分析し，その成果を膨大な資料を包含した報告書にまとめている（橋本，1979，1984)。この研究部会は1973（昭和48）年に，石油化学コンビナートで連続して爆発事故が発生し，その原因の多くがオペレーターの人的ミスであったことから，原因を詳細に調べることで原子力発電所や化学プラントといった大規模システムでの事故防止につなげることを目的に研究が進められた（岡本，2012)。

181

橋本は『安全人間工学』において，航空・鉄道・プラントなどの大規模システムに統御を任せるような自動化は，人間の作業負担を軽減する反面，人間をシステムの中心から離してしまいシステムの主体性を失ってしまうとした（橋本，1984）。大規模システムにおいて，人は状況を監視し正常に戻すことに専念することになる。システムから送られる指示に専従するあまり「思考・予測・創造」といった人間が本来持つ知的活動が求められなくなってしまう。このことから「単調感」「意欲低下」につながり，怠けや迂闊なエラーを誘発しやすくなるとし，従来のマン・マシンインターフェースを改良するだけでなく，人間の心理的な側面を取り入れた対策を提唱した。そして，エラーを誘発しにくい環境や作業従事者の意識レベルとエラーの関係を示した意識の４つのフェーズ（フェーズⅠ～Ⅳ）につながった。また，事故原因を整理する際の4M（Man, Machine, Media, Management）などの手法も紹介された。この研究会は多くの研究者と企業の安全担当者との連携によって，橋本氏が他界した1981年まで定期的に行われ，のちの日本の安全衛生研究に多大な影響を与えた。

2. 【1970年代後半～1980年代前半】安全衛生活動強化の時代

（1）経済停滞による職務多様化と安全衛生活動の浸透

　1973年の石油（オイル）ショックを契機に，日本経済は低成長経済へと変わった。この低成長経済は長期にわたり定着することとなり，第一次産業（農業・林業など），第二次産業（鉄鋼業，製造業など）の縮小と第三次産業（それ以外，金融・流通・サービス・飲食業など）の割合が高くなっていった。その結果，産業構造の変化が顕著となり，同時に職務内容も多様化していった。また，労働安全衛生法（1972年）が制定されてから10年後には，休業4日以上の災害件数は約4分の1に減少し，死者は半減した。この理由として，『安全衛生運動史　安全専一から100年』では，人間尊重の経営理念の浸透，事業者責任の強化，安全を取り入れた設備投資，安全衛生教育の充実，職場レベルの参加活動の活発化などを指摘している。事業者の安全意識向上，教育，設備導入，職場の活動，研究と，あらゆる側面から安全を意識した活動が浸透し，まさに充実していった時代ともいえる。他方，職務の多様化により安全衛生活動の普及

の波に乗り遅れてしまった産業もあった。

（2）安全衛生と研究動向：産業構造の変化・VDT 症候群・高齢者の安全衛生

1）第三次産業と安全衛生活動

　先述のように産業構造の変化と職務内容の多様化は，安全衛生活動普及に困難をきたすことになった。原因は，第三次産業の経営規模にあった。小規模事業場や個人経営の割合が高く，先の時代に設立されてきた業界団体・協会もほとんどなく，安全衛生活動が普及しにくい土壌が第三次産業にあったのである。この時代の災害発生件数の約8割は中小企業が占め，発注企業・行政・安全衛生関係団体の指導援助が急務となった時代であった。

2）VDT 症候群・高齢者の健康

　また，この時期は職場にOA化の波が押し寄せた時代でもあった。製造・建設などの身体的負担の大きい（いわゆるブルーカラー：青襟，作業着）作業負担や作業能率の研究よりも，オフィスでの事務やコンピュータを使用する従業員（ホワイトカラー：Yシャツの襟）の作業負担を対象とした研究も進められていった。VDT（Visual Display Terminal）作業者の頸肩腕症候群（VDT 症候群，VDT 障害）などの健康問題が数多く指摘された。他方，高齢化の問題も指摘されており，高齢者の作業環境改善・中高年齢者の生理・心理機能に合った職務設計，労働適応能力の向上とストレス低減を含めた健康づくりといった研究も進められた（職務設計・作業研究の詳細は第1章「技能の習熟と伝承」を参照）。

　作業環境管理，作業管理，健康管理の3管理（図 7-2）を総合的に推進し，高齢者を中心とした健康づくりを意識した「シルバー・ヘルス・プラン」が進められることになる（この活動はのちにメンタルヘルスや栄養と運動も含めた「THP（トータル・ヘルス・プロモーションプラン）」構想につながっていく）。

　他方，VDT 作業のほか，疲労研究（小木，1977，1983/1994；酒井，1984），作業中の副次行動（岸田，1983），睡眠などの研究成果も多く報告された（疲労研究の詳細は第4章「産業疲労」を参照）。そのほか，「指差し呼称」の効果を科学的に捉える研究が清宮ら（1965）によって 1960 年代から行われていたが，この時期に芳賀ら（1996）によって再検証され，産業場面での活用に貢献した。

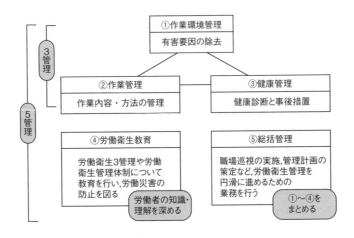

図 7-2 労働衛生の 3 管理・5 管理(中央労働災害防止協会, 2018)

3.【1980 年代後半～2010 年代】職場環境とメンタルヘルスおよび新しい取り組みの時代

(1) 経済状況：バブル景気とバブル崩壊後の深く長い低迷

日本経済は，1990 年代に入ると好景気から一転，急激な不況に陥った。1989 年 12 月 29 日，日経平均株価が算出開始以来の最高値記録 3 万 8 千 957 円 44 銭（終値 38,915.87 円）を境に，1990 年以降，急激な株価暴落を続け，20 年以上の期間低迷が定着してしまった（最安値は 7 千 603 円 76 銭（終値 7,607.88 円）2003 年 4 月）。日経平均株価の暴落はバブル崩壊を象徴しており，平成は 31 年間のほとんどが不況であったといえる。

(2) 災害：建設・陸上貨物運送事業など特定産業の死亡災害急増

いわゆるバブル景気の時代は，ヒト・モノ・カネが激しく流通した時代であり，連動して建設業と陸上貨物運送事業の死亡災害が増加した。政府は緊急に，1989 年 2 月「労働災害防止緊急対策要綱」を定め，災害件数が増加した業界団体に対して安全管理体制確立と安全管理者等の職務完遂などを緊急要請した。この結果，1989 年の死病災害は前年と比較し減少をみたものの，次の年には死

第 7 章　労働安全衛生

亡災害は再び増加したことから，単純な注意喚起よりも抜本的な対策が必要であったと推察される。

（3）安全衛生：バブル期は事故対策困難，バブル崩壊後はメンタルへの関心
1）職場環境整備への関心高まり
　平成は，物の豊かさよりも「ストレス解消」「癒し」といった心の豊かさに関心が移っていった時代でもあった。このような関心に応じるように職場環境も変化していった。広い空間に多数の机を並べ係長または課長と向き合う教室のような従来の配置から，企画や打ち合わせなど，内容に応じてグループごとにコンパクトにまとめられる自由なデスク配置が導入されるようになった。また，ストレス軽減のため植栽を配置したり，空気環境の整備など，働きやすい職場整備がもてはやされるようになった（詳細は第 3 章「職場環境」および第 5 章「職場のメンタルヘルス」を参照）。

2）労働安全衛生法改正（快適職場の形成努力義務）
　1992 年には労働安全衛生法が改正され，快適な職場の形成が努力義務化されるなど国の施策にも取り入れられていった。

（4）研究動向：安全文化・リスクコミュニケーション・メンタルワークロード・職業ストレス・レジリエンスエンジニアリング
　1980 年代後期・1990 年代以降の研究は，認知心理学の影響を多大に受けたリスク認知，ヒューマンエラーおよび不安全行動研究，ストレス研究においては「メンタル・ワークロード」，組織心理学・社会心理学との関連の深い「安全文化」「リスクコミュニケーション」，人間工学・安全・ポジティブ心理学など複合的な側面を持つ「レジリエンス・エンジニアリング」など，さまざまな領域からの影響を相互にうけた研究が大いに注目された。

1）ヒューマンエラー
　1970 年代以降 1990 年代にかけて認知心理学が台頭した影響もありエラー（ヒューマンエラー）や不安全行動を認知心理学的視点から検証する研究が多く報告された。リーズン（Reason, 1990）は「スリップ・ラプス・ミステイク」分類を提唱し，ノーマン（Norman, 1981）はスキーマが，あるトリガーによって

185

生成される関係を示した ATS モデルを提唱した。日本でも芳賀（2000）ほか多くの研究によってエラーの分類がなされた（詳細は第 6 章「ヒューマンエラーと不安全行動」を参照）。またエラーから事故に至るプロセスをモデル化したスイスチーズモデル（Reason, 1990）やハインリッヒの法則（Heinrich et al., 1980）なども提唱された。

　1970 〜 80 年代には「リスク認知」研究の成果が多く報告された。スロヴィックらによるリスク認知を 2 因子から図示化した一連の研究（Slovic et al., 1979；Slovic, 1987），リスク認知に関してリスク水準の恒常性をとなえた「リスクホメオスタシス（risk homeostasis）」（Wilde, 1982；芳賀, 2009）などの欧米研究者の研究が多数報告され，日本のリスク研究に多大な影響を与えた。さまざまな産業場面での不安全行動が研究され，木下（1997）は，リスクコミュニケーションに対し従来のリスクアクセプタンスの考えから転換し「共考」という互いの信頼関係を向上させるような在り方を示した。また中谷内・Cvetkovich（2008）は，リスク情報を信頼する条件として情報提供者との価値共有を示している。

2) 安全文化研究

　1986 年 4 月 26 日，チェルノブイリ原子力発電所事故が発生し世界中に大きなインパクトを与えた。この事故を契機に組織風土・安全文化研究が始まった（Reason, 1997 など）。日本でも安全文化を測定する尺度をはじめ多くの研究の試みが進められた（長谷川, 2014；三沢・長谷川, 2015）（詳細は第 8 章「安全マネジメント」を参照）。また岡本・鎌田（2006）は，「属人風土」という安全文化とは別の視点からの研究を行った。属人風土では，「個人の違反」と「組織の違反」両側面から捉え，信頼性の高いモデルを提唱した（岡本・鎌田, 2006）。

3) メンタル・ワークロード，疲労研究

　この年代にはホワイトカラーの割合が高くなり身体的な負荷が少ないことから，これまでの作業負担の計測手法は測定が困難となってきた。そこで「メンタル・ワークロード」を測定する手法として NASA が開発した NASA-TLX が三宅・神代（1993）および芳賀ら（1996）によって日本に紹介された。

　また，メンタル・ワークロードが盛んに研究された時代ではあったが，これまで同様に労働者の「ストレス（ストレイン）」や「疲労」「睡眠」に関する研

究も多数報告された（第4章「産業疲労」を参照）。生理計測もこの時代には計測技術も向上し，長時間にわたって精度の高く解析システムの整った計測手法が確立していったことで多くの研究がなされていった。

4）安全体感教育

事業場の規模によって安全管理者や安全衛生推進者の専任が義務づけられた安全衛生管理の強化が進められた。また，労働災害の大幅な減少により，危険に対する感受性が低い作業者も増え，危険を体験することによる新たな安全衛生教育が開発され，建設業，製造業，鉄鋼業などで社員教育に導入された。また，この時期はKYT活動の形骸化が指摘されており，ゲームによる安全教育手法の提案も試みられた（申・正田，2001）。

5）レジリエンスエンジニアリング

2011年3月11日に発生した東日本大震災後は，危機に直面した時の柔軟な対応力に注目が集まり，レジリエンス・エンジニアリング（Hollnagel et al., 2006）への関心が集まった。ホルナゲル（Hollnagel, 2014）は，さらに従来の安全状態を「Safety-I」，うまく行かない場合にアジャスト（調整）し柔軟に対応し安全を保つ「Safety-II」の考えを提唱し日本の安全研究に影響を与えた（Hollnagel, 2015；小松原，2016a，2016b；長谷川，2014）。またノン・テクニカルスキル（状況認識，リーダーシップなど専門技能とは別にチームパフォーマンスを高める技能）（Flin et al., 2008）に関する研究も進められていった。

4.【2020年代~】労働安全衛生研究の今後：ダイバーシティ・働き方改革（長時間労働，メンタルヘルス，ワーク・ライフバランス）

2019年より働き方改革が始まった。長時間労働を具体的に制限，ストレスチェック，面談による労働者の健康づくりの後押しなどの義務化・罰則などが盛り込まれている。また外国人労働者受け入れを強化する計画が進められていることから，働き方改革にも適応できるような受け入れ態勢を企業が整える必要がある。すでに長時間労働による健康被害について研究が進められており，今後はさまざまな研究成果に基づいた職場環境整備がなされていくだろう。ただし，後述するダイバーシティ経営でのリスクは多様であり，労災リスクはます

ます多様化していくことが考えられる。今後考えられるリスクについては次節に詳細に記す。

■ 第3節 ■

わが国における労働人口の減少と取り巻く環境の変化

　これまで，労働安全衛生活動の歴史と研究動向を整理してきた。本節では日本の今後の問題を整理するために労働人口と産業構造の現状とともに，来るダイバーシティ経営時代の労災リスクを整理し，改めてこれからの労働安全リスクを考える。

1. 少子高齢化と労働人口

　日本の人口は戦後から長期にわたり増加を続けていたが，2005年以降は人口減少に転じている（2019年1月1日現在，1億2,632万人）（総務省統計局，2019）。死亡者数が出生数を上回り少子高齢化に拍車がかかったためである。図7-3は，1970年（左），2010年（中央）の年代別男女別集計による人口ピラミッドとともに2035年（右）の予想をグラフにしたものである。1980年では20代が最も多く，次いで30代といった構造であったが，2010年には50～60代や高齢者の割合の増加がみられる。加えて，2035年には60代以上の占める割合が異常に高くなることが予想されている。図7-4には，全人口から15歳～64歳が占める割合の推移と総務省予測値による将来の労働力人口をまとめた。2016年における15～64歳の労働力人口は約76,289千人であり，20年前（1996年）の87,165千人から約1,100万人の減少がみられる。この減少数は東京都の総人口に匹敵するものであり，看過できない問題である。また，将来予測数（中程度の予測）を見ても，2026年にはさらに600万人が減少し2036年には2016年に比べ1,400万人の労働力人口減少が予測されている。このように少子高齢化が顕著な構造では，労働力不足による経済的損失に直結するため何らかの対策

188

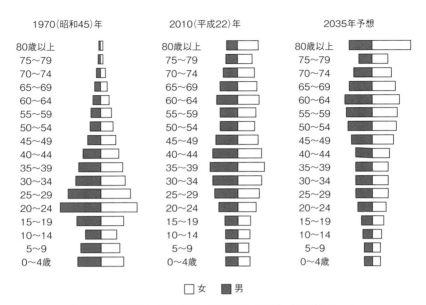

図7-3 1970年・2010年・2015年（予測）人口ピラミッド
（総務省統計局「国勢調査報告」，都総務局統計部「東京都男女年齢（5歳階級）別人口の予測」（平成25年3月）を基に作成）

が望まれている。

　労働力人口減少の問題は少子高齢化のほかに女性活躍率の低さにも原因がある。年代ごとの労働力率を年代別・男女別にまとめた（図7-5）。これらの図から男女の労働力率の差を明確に見て取れる。男性の労働力率（図7-5左）は20代以降ゆるやかな減少は見られるものの50代までの就労率は100％に近い高水準で推移していることがわかる。他方，女性の年代別労働力率は長年「M字カーブ」と呼ばれるように，結婚または子育てを優先するため20代から30代を中心に離職率が高くなる。またそもそもの就労率も低いことがわかる。2000年以降はM字カーブが幾分なだらかになり，離職率は改善されつつあるが，労働力人口の低下を補うためには女性の長期就業や社会復帰のしやすさなど，より一層の対策が望まれる。

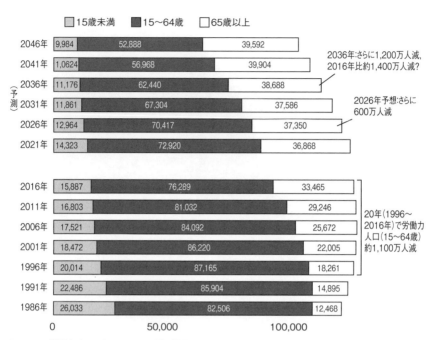

図 7-4　労働力人口（15〜64歳）推移（1986〜2016年数値は総務省統計局「国勢調査」；2021〜2046年数値は国立社会保障・人口問題研究所「日本の将来推計人口（平成24年1月推計）」を基に作成）

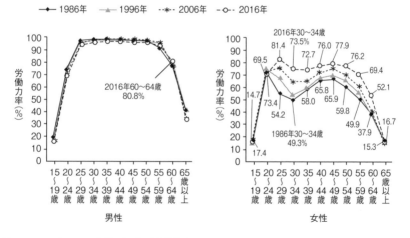

図 7-5　10年ごとの年代別男女別労働力率（内閣府男女共同参画局，2019のデータを基に作成）

2. ダイバーシティ

　労働力人口減少が進む中，従業員不足による店舗数縮小や営業時間縮小など，経済的影響が顕著になりつつある。他方，輸出入拡大や海外支店・工場，技術提携といった経営拡大において，東南アジアや欧米との国際的な競争力の低下も指摘されており，各企業とも人材確保が最重要課題となりつつある。これらの問題を踏まえ，日本では女性・外国人・若年層・高齢者・チャレンジド（障がい者）などの多様な人材を活用する動きが活発になりつつある。このような幅広い多様な人材の登用を「ダイバーシティ（多様性)」という。

　ダイバーシティ（diversity）とは日本語に訳すと「多様性」であり，「ダイバーシティ経営」とは，「多様な属性の違いを活かし，個々の能力を最大限引き出すことにより，付加価値を生み出し続ける企業を目指して全社的かつ継続的に進めて行く経営上の取組」のことをいう。ここでいう「多様な属性」とは，性別，年齢，人種や国籍，障がいの有無，性的指向，宗教・心情，価値観などの多様性だけでなく，キャリアや経験，働き方などに関する多様性も含む。また「能力」には，多様な人材それぞれの持つ潜在的な能力や特性なども含む（経済産業省関東経済産業局のウェブサイト「ダイバーシティ経営」より）（図7-6）。

　ダイバーシティ経営では多様な人材から「多様な視点」を取り入れ，これまで考えられなかった「新しい視点による価値創造」を目指している。しかし実際には，単なる労働力低下，すなわち「従業員不足」という目前の問題を解消するための応急処置として雇い入れている企業も少なくない。このようなケースでは，ダイバーシティ経営が本来持つ良さである「価値創造」に繋がらないばかりか，「言葉の問題」「経験不足」「コミュニケーション不足によるミス」「現場監督者の負担増」「作業員のモチベーションや安全意識の温度差」などのデメリットが懸念される。

　労働環境やシステムの変化には新しいリスクが生まれてしまうこともあり，これまでの常識ややり方が通用しなくなる可能性がある。産業界では事故防止のため，安全文化醸成に向けた取り組みを長年行ってきたが，今後，職場によってはコミュニケーション不良のような安全活動に取り組む以前の問題に陥ってしまう可能性もある。事実，複数の企業からこれまで考えられなかった事故

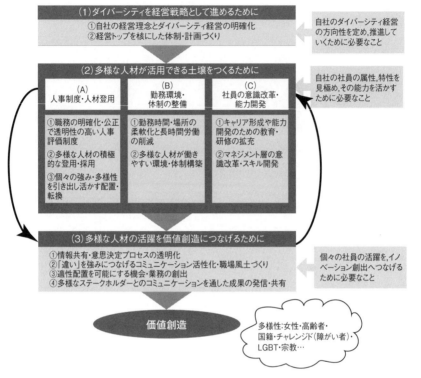

図 7-6 ダイバーシティ経営の基本的な考え方と進め方（全体像）（経済産業省経済産業政策局経済社会政策室，2107 より一部改変）

が散見されその対応に関する相談を多く受けるようになった。

　日本の労働災害による死傷者数は減少傾向にあるが，今後の就労環境の変化に伴い労働災害の傾向が変わる可能性がある（申，2018）。ダイバーシティ経営推進の中で求められる人材を登用した際に，企業が踏まえておくべき事故リスクについて整理し，今後の事故防止のあり方を考えていきたい。

第7章　労働安全衛生

■ 第4節 ■

労働災害現況

1. 労働災害の原因と第三次産業

　先述のとおり，飲食業や接待業，量販店などを中心とした第三次産業での死傷者数の急激な増加がみられている。第三次産業における災害の特徴は，重篤な事故は少ないものの軽傷程度の怪我が非常に多いことである。第三次産業での災害については後の項で詳細に記すが，「転倒」が最も多く次いで「火傷」「切り傷」などの受傷事故が多いことが特徴としてあげられる。労働災害による死亡者数を産業別に見ると，死亡者数は建設業，製造業，陸上貨物運送事業の順に多く，第三次産業での死亡者数は多くはない。しかし死傷者数では，第三次産業が約半数を占める状況が続いている（表7-2）。

　全体の災害発生原因を見ると，最も死亡件数の多い建設業では，死傷者・死亡者ともに「墜落・転落」が多く，製造業では「挟まれ・巻き込まれ」が，陸上貨物運送事業では死亡事故の70%が「交通事故」となる。そして，先述の第三次産業での「転倒」事故である（図7-7）。これらの業種ごとの労働特性と災

表7-2　労働災害産業別発生状況：2017（平成29）年死傷者数 （厚生労働省資料より作成）

業種	死傷者数（人）	構成比（%）
全産業	120,460	100.0
製造業	26,674	22.1
鉱業	209	0.2
建設業	15,129	12.6
交通運輸事業	3,314	2.8
陸上貨物運送事業	14,706	12.2
港湾運送業	331	0.3
林業	1,314	1.1
農業，畜産・水産業	2,781	2.3
第三次産業	56,002	46.5

業種	死傷者数（人）	構成比（%）
第三次産業	56,002	100.0
商業	18,270	32.6
（うち小売業）	13,881	－
金融・広告	1,419	2.5
通信	2,393	4.3
保健衛生業	12,106	21.6
（うち社会福祉施設）	8,738	－
接客・娯楽	8,621	15.4
（うち飲食店）	4,721	－
清掃・と畜	5,953	10.6
警備業	1,603	2.9
その他	5,637	10.1

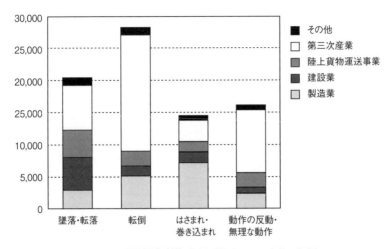

図 7-7　原因別死傷者数（厚生労働省，2018 を基に作成）

害特性を適切に理解し，適切に対策を講じることが事故防止のために必要である。

2. 年代別問題

(1) 年代別事故リスクについて

　高年齢労働者と若年齢労働者の不安全行動の特性は，「高年齢労働者の労働災害防止に係わる調査研究報告書」（中央労働災害防止協会，2000）でまとめられている。報告書を見ると，「高年齢労働者群では通常作業での意図的な不安全行動が多いが，異常処置作業での災害は若年労働者層より明らかに絶対的な出現率は低い。若年齢労働者群では，危険認識がなく無意識的行われた不安全行動が多かった（その差約2倍）」。ベテランは職種経験，能力からリスクを過小評価する傾向があり，その経験が逆に災いして「見込み行動」や過信につながっている面がある。反対に若年齢労働者は経験の未熟さから気づかないまま結果的に危険・事故につながる行為が多くなるとされている。近年，労働者の高年齢化が進んでいる傾向を考え，各作業員は年代別のエラーと不安全行動の特性を理解し，対策を講じる際に念頭に置く必要がある。

(2) 飲食業の事故リスク（高校・大学生の事故多発傾向）について

　第三次産業の死傷者数が全体の約5割を占めるようになったことは先に記した。詳しく見ると、ほとんどが「転倒」「切れ・こすれ」「やけど」などである。大学生を対象としたアルバイト中の受傷事故を調べたところ、飲食店では「転倒」「切れ」「やけど」などの経験が多数報告され同様の傾向が得られている（申，2014，2015）。これらの多くはバックヤード内で起こっているため「バックヤード事故」とも言われる。受傷者の年代を調べたところ、第三次産業では19歳以下と20代の占める割合が他産業に比べ極めて多い。10代の労働人口は他の年代に比べ非常に少ないにもかかわらず事故件数の割合がとても高いということは、件数だけでなく10代従業員の不安全行動または労働環境の悪さなどの側面を再考する必要がある。転倒災害の多さは、床が滑りやすい環境を放置していることが推察される。防滑マット設置または防滑機能強化安全靴など、滑りやすい環境を改善することで比較的簡単に事故リスクを下げることができるが、なかなか改善されない現状がある。安全管理上、大きな問題である。

　千人当たりの事故率を年代別に見ると、19歳以下（3.06）と60代（3.02）となり、他の年代の倍ほど高い（図7-8）。60代の事故の原因は身体機能の低下によるところが大きいことが推察される一方、19歳以下の事故が多い原因は、教

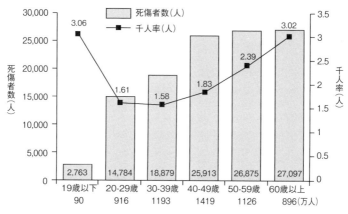

図7-8　年代別死傷者数および千人率（2015年）
（「労働者死傷病例報告」「労働力調査」「平成27年労働災害発生状況の分析」（中災防）を基に作成）

育不足とリスクを正確に認識できなかったことによる不安全行動，うっかりミスが重なったことが考えられる。また環境が整備されていない可能性もある。しかしながら，これらの業種にはヒヤリ・ハットなどの事故リスクをとりまとめる役割を担う協会がほとんどなく，事故リスクの全容や背後の要因を探ることが難しい。また従業員も非正規雇用の割合が高く，安全に関わる講習会を受講する機会や安全意識を高めるための行政からの指導も受けにくい。これらの事情から安全文化醸成の難しさが指摘されている。

3. 雇用形態：非正規雇用と事故リスク

いわゆる「バブル」（1980年代後半～1990年代前半）と言われた高度経済成長期までの雇用形態の主流は，正規雇用および終身雇用，年功序列であったが，近年はその傾向も大きく変わってきた。総務省「労働力調査」によると，非正規雇用の割合は，1989年の19.1%から2016年には37.5%となり，約30年で2倍近い約4割に達する勢いにある。非正規雇用は厚生労働省が推進した「多様な働きかた」の中で，当初は肯定的な存在であったが，非正規雇用から正規雇用への移行が非常に困難である上に両者間の年収格差が露呈し，非正規雇用者の不安を増加させている。今後，働き方改革関連法（2019年）施行による格差問題改善が期待される。

(1) 従業員のストレス・メンタル面のケア，非正規雇用者の問題について

作業員が長期にわたり強いストレス状態にさらされると，健康リスクのみならず事故リスクも増大する可能性がある。安全衛生の視点から従業員のメンタル面のケアを強化する必要があるだろう。厚生労働省は5年に一度，職場のストレス原因について大規模な調査を行っており，2014年までの調査によると，職場におけるストレスの原因の上位は長年にわたり不動であり，「職場の人間関係の問題」「仕事の質の問題」「仕事の量の問題」の3要素となっている。特に女性の半数はストレスの原因として「職場の人間関係の問題」をあげており，性別ごとの対応も考慮する必要がある。現在は「仕事の質」「仕事の量」の問題を中心に質問項目が統合・変更されており，「仕事の質・量」が首位になってい

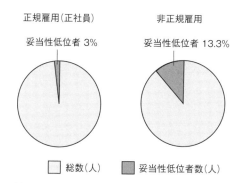

図 7-9　雇用形態による安全行動調査結果の違い（妥当性低位者割合）（中．2018）

るが「職場の人間関係」が継続して大きなストレス要因となっていることに変わりはない。

　また，正社員と非正規雇用者のストレス要因も異なる。特に非正規雇用者の割合は年々増加傾向にあるため，「雇用の安定性の問題」は根が深い可能性がある。事実，某企業が実施した「安全行動調査」（中央労働災害防止協会）の結果によると，調査結果の妥当性が低い，つまり正直に答えていない可能性のある妥当性低位者の割合が，正規雇用者よりも「非正規雇用者」のほうが明らかに多い傾向があることが指摘されている（図 7-9）。これらの問題は，雇用不安によって「よく見せたい」という気持ちが強まり，正直に答えていない可能性が考えられる。雇用や人事には関係なく，純粋に安全のために調査を行っていることを長期にわたって伝えていくことでこれらの問題が解決されると思われる。

　雇用や人間関係などの職務ストレスはご家族・友人・職場などのサポートがあると感じているかどうかによってストレス度は大きく変わると言われている（Karasek, 1979：Johnson & Hall, 1989）。メンタル面で問題を抱えている従業員が，周囲に相談せずに一人で抱えている場合もあり得るため上司または管理監督者は留意する必要があるだろう。

4. 女性活躍推進とメンタル面でのリスクについて

（1）女性労働者の社会進出状況

　ダイバーシティ経営では，さまざまな人材があげられているが，その中でも人材多様性の主役は「女性活躍推進」と言って過言ではない。「世界経済フォーラム（WEF）」が公表した「男女平等に関する指数 Global Gender Gap Index ランキング 2018」（Economic Participation and Opportunity, Educational Attainment, Health and Survival, Political Empowerment をもとに算出）によると，日本は149 か国中 110 位（2016 年 144 か国中 111 位）であり，Economic Participation and Opportunity（経済的参加および機会）117 位（2016 年 138 位），Political Empowerment（政界進出）125 位（2016 年 103 位），Educational Attainment（教育）65 位（2016 年 76 位），Health and Survival（健康・寿命）41 位（2016 年 40 位）となり（WEF, 2016），特に女性の管理職登用率や政界進出度の低さが国際的に見て深刻な状況にあることがわかる。先述の M 字カーブ（図 7-5）に示した問題も含め，女性の活躍度は低い水準にある。教育水準の高さや健康面の優位性を考えると，女性の社会進出ポテンシャルは総じて高く，今後の活躍が期待される。ただし，以下に記す問題を解決していく必要があるだろう。

（2）女性労働者の多様性と複合リスク

1）職場ストレスについて

　女性の職場ストレスの原因として人間関係の問題は無視できないことは既に記した。女性の非正規雇用率が男性よりも高いことを考えると，女性で非正規雇用者は雇用不安と人間関係のストレスを持つことになる。製造業や第三次産業では女性かつ非正規雇用者の占める割合も高いことから，リスクを複合的に抱えていることになる。各企業の安全衛生担当者は今後さらなる対策を講じる必要があるだろう。

2）女性の価値観・働き方の多様性について

　さらにあげたい問題として「女性従業員の中の多様性」がある。たとえば，「マミートラック問題」がある。企業側は，女性が出産を機に離職することのないように，妊娠・出産～育児中の女性従業員に対し働き方を緩和するサポート

システム（マミートラック）を用意している。しかし，このようなサポートを適用すると，同期入社の男性従業員や同僚と同様のキャリア・ラインから外れてしまい，容易にもとの状況には戻れずそのまま昇進・昇格の機会が失われてしまうこともある。他方，昇進・昇格よりも転勤がなく時短勤務制度を活用して子育てを最優先したいと願う女性従業員も相当数いる。働き方の優先順位や価値観はさまざまである。このような「グループ内の多様性」を無視して，女性従業員に同じサポートを一様に当てはめてしまうことで，女性従業員の職場ストレスが増大しモチベーション低下を招く恐れがある。今後はより柔軟な働き方，ワーク・ライフ・バランスを組織で容認することが望まれる。

3) 女性の少ない職場の問題

　建設・一部の製造業・運輸・消防士など，女性従業員の少ない職場では，先輩がおらずキャリア形成のためのロールモデルに恵まれない問題がある。また，職場で相談できないうえに，同じ失敗でも「女性だからできない」といったことを指摘されてしまい精神的に追い詰められてしまうケースも散見される。この問題は，看護師や保育士などの男性が少ない職場でも，男性従業員が陥りやすい問題でもある。

　このような問題を解決するために，女性または男性従業員の割合の低い同業他社や本社・支社など，適用範囲を広げ多くの先輩・後輩との交流の場を設ける必要がある。たとえば，総務省消防庁では，女性消防士が互いに交流できる機会と場を設け，メンタル面でのサポートを相互にサポートすることができるシステム，先輩たちのキャリアなどの情報を提供している。キャリアの問題や家庭の事情を打ち明けづらかったり，互いに支援したりすることでメンタル面のリスクを低減させる可能性が高い（総務省消防庁の「女性消防吏員の活躍推進のためのポータルサイト」を参照）。

5. 外国人労働者

　先述ではダイバーシティ経営の主役を「女性」と位置づけたが，外国人労働者は「新しい視点」を得る上で重要な人材となる。近年，外国人観光客の急激な増加をうけ，日本はこれまでになかった対応をせざるを得なくなった。街の案

内が日本語のみの表記であることの不満や，外国人観光客の文化・風習・宗教の違いからくる言動の違いにかなり戸惑いの声があげられてきた。厳密には違うものの日本の言語は長きにわたりほぼ単一，宗教も仏教および神道を主としており，歴史的経緯はさておき現代にいたる半世紀ほどは他の影響を強く受けることはなかった。しかしながら，日本への外国人往来者数の増加により，多様な言語や宗教，文化・風習にそった対応をし，考え方や価値観の違いを理解する姿勢が見られるようになった。

　同様の問題は産業界でも起こっている。製造業や建設業，また医療や介護の領域では従業員の不足を補うために外国人労働者を積極的に受け入れるようになっている。図 7-10 に 2010（平成 22）年以降の外国人労働者数と死傷者数を図示した。平成 22 年に 649,982 名であった外国人労働者は，2017（平成 29）年には 1,278,670 名と 120 万を超過した。7 年で約 1.97 倍となった。また外国人労働者人口の受け入れ数の増加と同時に，死傷者数も増加が見られる。平成 22 年の死傷者数 1,265 名が平成 29 年には 2,494 名とこちらも約 1.97 倍となった。外国人労働者人口の増加率と死傷者数の増加率を同程度とするのではなく，安全マネジメントを強化し死傷者の増加率を下げる必要がある。今後も同様の傾向が続くようであれば死傷者数の増加率によっては新しい問題となるだろう。

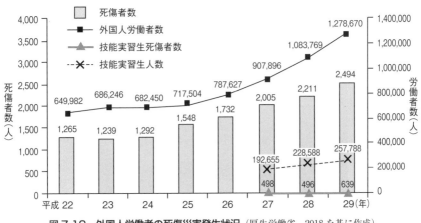

図 7-10　外国人労働者の死傷災害発生状況（厚生労働省，2018 を基に作成）

第7章　労働安全衛生

表 7-3　ダイバーシティ経営をふまえた各群・産業ごとのリスク要因（申，2018）

		おさえるべきリスク要因	各群のリスクを複合的にかかえる産業例
年代別の問題	高齢群	・意図的な不安全行動 ・リスク過小評価傾向 ・身体機能の低下によるエラー	【第三次産業（飲食・量販・接客業中心）】 例） ・非正規雇用，若年齢労働者，外国人労働者の割合が高い ・大学生アルバイト中の怪我リスク増大 ・最多事故原因：「転倒」「火傷」「切り傷」 ・バックヤード事故多数 ・中小企業・個人業が多いため情報共有の場が少ない→安全教育普及困難
	若年群	・経験不足，未熟さによる判断ミス，気づき欠如 ・千人率の怪我リスク最多	
非正規雇用		・雇用の不安（ストレス） ・妥当性低位者の割合が高くなる傾向 ・女性，外国人労働者，若年または高齢群の割合が高い（複合リスクの可能性） ・安全教育，メンタルヘルス向上のための機会が少ない可能性 ・モチベーション低下の可能性	
女性活躍		・職業ストレスの原因：職場の人間関係 ・幅広い価値観 ・働き方の多様性が理解されていない可能性 ・女性の少ない職場での交流不足 ・女性活躍評価において国際的に低評価	【医療・看護・介護】 例） ・言葉の問題 ・コモン・センスの違い 【製造業】 例） ・外国人労働者の文化・生活習慣の違いによる事故リスク増大 etc.
外国人労働者		・言葉の問題，コミュニケーション不足による事故リスク ・文化・生活習慣の違いによる事故リスク ・共通の教育，調査遂行の困難	

　表 7-3 にこれまで記してきたダイバーシティ経営に関わるリスクを整理した。企業にとっては安全に関わるチェックリストになり得るだろう。また，研究面では社会が求めるニーズの確認リストとして活用していただければ幸甚である。

■ 第 5 節 ■

今後の展望：労災リスクを見据えた留意点と整備すべき環境

1. 安全衛生が扱う領域の広がり

　労働安全衛生研究は社会経済基盤を支えるものであると同時に産業・組織心

理学研究テーマの一領域でもある。また産業・組織心理学は公認心理師（国家資格 2018 年第 1 回試験実施）資格取得において必須科目に指定されている（全 25 科目）。公認心理師対応標準シラバスのうち「産業・組織心理学」を表 7-4 に記した（日本心理学会作成，産業・組織心理学会修正）。表 7-4 に記されたキーワードは公認心理師に関連しており，メンタルに関わるキーワードが従来の研究領域よりも多い印象があるがメンタルヘルスは今後の労働安全衛生研究においてより重点領域として位置づけられることが予想されるため，研究展望に最適であると判断し掲載した。労働安全衛生研究に最も深く関わりのある研究キーワードは「①職場における問題に対して必要な心理に関する支援　D 作業改善・安全」の中に納められており，本章では歴史的背景とともに記してきた。しかしながら人が働くときに安全衛生だけを意識しているわけでない。今後は「E 職業性ストレスとメンタルヘルス」にあるメンタルに関わる領域だけでなく，他の領域にもますます複雑に関わってくるだろう。

　最後に今後整備され研究に深く関わっていくと思われる視点を記す。

2. 多様な働き方を考慮した研究と配慮

　第 3 節で整理したように，今後は非正規雇用者や女性労働者，幅広い年代層，外国人労働者など，研究対象が幅広くなっていくことになるだろう。その際には非正規雇用者の妥当性低位者の割合を抑えるために，安全行動調査が人事考課と一切関係ないことを折に触れて理解してもらい，彼らが安心して調査に参加できるように配慮する必要がある。また調査を行う側はこれまで以上に調査対象者の負担を考慮しながら進めていく必要があるだろう。

　外国人労働者を対象とした調査では，今後，外国人労働者の事故や安全意識，不安全行動の傾向を知るために，さらなる調査が望まれる。しかしながら，言語の問題により既存の質問票は使用できず，翻訳をしたり新しく作成したりといった対応が求められる。筆者は実際に既存の質問票を英訳した上で，企業内の日本人従業員との違いを調べようとしたが，質問項目によって生活習慣の違いから調べたい安全への価値観が正しく理解されなかったり，質問の意味がなくなってしまったりとさまざまな問題に直面し大幅な修正をせざるを得なかっ

第7章 労働安全衛生

表 7-4 公認心理師対応標準シラバス：No.20 産業・組織心理学（日本心理学会 HP より）

①職場における問題に対して必要な心理に関する支援	A	産業・組織心理学とは何か	目的　歴史　対象　方法　社会的意義　組織観の変遷　オープン・システム・アプローチ
	B	産業・組織分野の制度・法律・職種	労働基準法　労働契約法　労働安全衛生法　過労死等防止対策推進法　男女雇用機会均等法　労働基準監督官　産業安全専門官・労働衛生専門官　産業医
	C	産業・組織分野での活動の倫理	産業・組織分野での活動の倫理　個人情報と守秘義務
	D	作業改善・安全衛生	作業能率　作業研究　労働災害　ヒューマンエラー　安全文化　人間工学　職場の快適性　安全マネジメント　安全衛生活動　リスクアセスメント
	E	職業性ストレスとメンタルヘルス	作業負担　疲労・過労　職業性ストレスとメンタルヘルス　バーンアウト　感情労働　ワークエンゲイジメント
	F	人事・ヒューマンリソースマネジメント	募集と採用　人事評価・処遇　職業適性　福利厚生　働く人の多様性（ダイバーシティ）
	G	キャリア形成	職業選択理論　キャリア発達　能力開発　ワークライフバランス
	H	消費者行動	消費者行動とマーケティング　消費者の購買意思決定過程　消費者行動の規定要因（個人差要因，状況要因，マスメディアの影響，消費者間相互作用）消費者問題と消費者保護　リスクコミュニケーション　企業活動
	I	産業・組織分野における心理学的アセスメント	ストレスチェック　職業適性のアセスメント　人事のアセスメント　組織風土および労働環境のアセスメント
	J	産業・組織分野における心理学的援助	産業カウンセリング　労働環境の改善　職場のストレス予防とストレスマネジメント　就労支援（復職支援含む）キャリア支援　キャリアカウンセリング　ハラスメント　EAP（従業員支援プログラム）
②組織における人の行動	A	職場集団のダイナミックスとコミュニケーション	グループ・ダイナミックス（集団力学）　組織内・組織間のコミュニケーション　集団意思決定　集団の生産性　チームワーク　組織開発　組織変革　コンプライアンス
	B	リーダーシップ理論	集団目標の達成　特性論　行動記述論　状況適合論　フォロワーシップ
	C	組織成員の心理と行動	パーソナリティと適性　能力とパフォーマンス（業績）職務満足　ワークモチベーション　コミットメント　定着意識　職場適応　職場における葛藤

た経験がある。また，今後は各研究者や企業内に限定した狭い調査活動ではなく，産官学連携による柔軟な研究体制が求められていくだろう。

3. ビッグデータとAI/ディープラーニング, 新しい生理計測による安全研究

データサイエンス, データマイニング, AI/ディープラーニングなどを活用した研究成果が医療・交通・災害などの領域で報告されている。安全衛生領域でも新しいタイプの研究が出てくることが期待される。筆者も本章執筆にあたり, 7500本余りの論文タイトルによる解析を試みたが, 期待したほどの内容ではなかったため, 本章で紹介することを断念した。より世相を反映した, たとえば労働環境の変化や働き方, または若年層の非正規雇用と事故, 第三次産業の問題, 高齢者や女性の働き方の多様性, 外国人労働者との問題がビッグデータによって浮かび上がるものと期待する。既に膨大な量のテキストをウェブ上で自動分析できるシステムはあり, 論文データベースとの連動などで近い将来は数千・数万の論文を瞬時に分析できるようになるだろう。また言語の壁もなくなりつつある。どの言語での論文であっても自動翻訳により主旨が伝わるため, これまでのような英文へのこだわりも薄らぐ可能性もある。このようなシステムが整うことで従来の手法から一段階進んだ, 人間の思考を促進させるヒントが提案される時代がくるだろう。データサイエンスによって今後の安全研究に新しい取り組みと視点が期待される。

また, これまで労働について生理計測による研究が多くなされてきた。結果的には主観による測定結果のほうがセンシティブであったとする研究も多かったが, 今後の技術の進歩によって不安全行動や事故が発生する前の状態や事故傾性なども数値化できる可能性もあるだろう。これまでの常識にとらわれない柔軟な研究が期待される。

4. 今後の産官学での安全研究の在り方

研究者が企業との共同研究を行いながらその成果を共有できなかったり, 企業名を伏せても公開許可が突如却下されてしまったりするケースが散見される。各企業が貴重な資料を社内にとどめてしまっていては安全研究は近い将来限界を迎えてしまう恐れがある。労働安全は現場での安全であり, 実験室や質問紙

上での研究では限界がある。また安全衛生担当者がさまざまな調査を頻発したがるケースも散見される。これでは現場での従業員が疲弊してしまうし信頼関係が失われかねない。さらに残念なことに年度または数年おきに担当者が変わり，担当者の考え方と立場によって判断が変わってしまうことも多い。3月に依頼されても年度が替わると状況が一変してしまい，立ち消えになることもある。

　このような問題を避けるために，今後は企業との共同研究の在り方について，学会・研究機関・政府機関との連携を持ちながらデータ公開の指針などを考える必要があるだろう。今後の基礎研究・応用研究の枠にとらわれず，研究成果が共有されることが強く期待される。そのためには学会などの公益を担保することができる組織の役割と期待がますます大きくなるだろう。

第8章

安全マネジメント
安全を高める組織的取り組み

　安全マネジメントとは，産業で生じる危険が事故として発現しないよう，管理・制御することを指す。現代では ISO を代表とする安全マネジメントの国際基準が策定され，労働安全のみならず，製品安全や環境安全，情報セキュリティなどあらゆる分野で運用されている。これらの基準は，事故の未然防止や再発防止に向けた取り組みを体系的かつ継続的に実施させる体制，すなわち「安全マネジメントシステム（SMS: Safety Management System）」として規格化されている。

　しかし安全マネジメントは，産業が始まった当初からこの形態であったわけではなく，さまざまな産業事故を契機としながらその考え方が幾度も改められてきた。本章では，産業事故とともに変遷を遂げた安全マネジメントの考え方や代表的な諸概念について解説する。

■ 第1節 ■

安全マネジメントの変遷

　18世紀後半に始まった産業革命以降，人間はエネルギーを動力として活用し，機械による作業の自動化を始めた。当初作られたのは小規模な工場であったが，やがて多様な機器や装置を組み合わせた大型生産設備が開発された。20世紀後半にはコンピュータによる設備の自動制御機構が導入され，産業は巨大

207

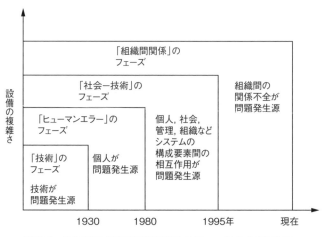

図 8-1 安全に関する諸問題の変遷(Wilpert, 2001 を基に改変)

化・複雑化した。

　これらの設備における安全な操業には，機器や設備の品質管理，職務を担当する従業員の教育，事故・トラブルの発生に備えた対応計画の立案や訓練などが必要となる。初期には労働者個人を主たる対象としていた労働安全やヒューマンエラー防止にも，扱う設備や産業構造の変化に伴い，新たな観点での安全管理（安全マネジメント）が求められるようになった。安全に関する諸問題は，おおむね図 8-1 の変遷をたどった。

1.「技術」のフェーズ

　19 世紀に入ると蒸気船や蒸気機関車といった高圧蒸気機関の実用化や，繊維紡績機械といった生産機械の発明により，人間と機械の共存・共栄関係が芽生えた。多くの産業で機械による自動化が採用される一方，19 世紀後半から 20 世紀にかけてはボイラーの破裂事故など，生産技術自体の未成熟さや不完全な保護装置に起因する事故が多発した。生産プロセスに潜む危険に端を発する事故も多く発生し，生産工程の標準化や効率化が図られた。

2. 「ヒューマンエラー」のフェーズ

　自動化や生産工程の管理により，操業の信頼性は高まったものの，予測不可能な人間の行動が，設計時に組み込まれた安全防護策の範囲を超えるケースが散見された。安全マネジメントにおいては，オペレーターの能力の最適化に焦点が当てられ，エラーを引き起こしやすい，すなわち事故傾性（accident proneness）の高い人間をあらかじめ排除する適性検査や，オペレーターの振る舞いをあるべき行動へと導く教育に力が注がれた。

　しかし1979年に発生した米国のスリーマイル島原子力発電所2号炉（TMI-2：Three Mile Island-2）の事故により，この考えは転換を迫られた。TMI-2の事故では，発電所制御室で対応にあたっていた運転員が原子炉内の状態を正確に認識できずに事故の収束が遅れ，原子炉の炉心損傷や周辺住民への退避勧告に至るなど，被害が拡大した。

　運転員が原子炉の状態を正確に把握できなかった主たる理由は，以下のとおりであった。

①作業環境の要因：制御室内で100を超える警報が一斉に点灯し，運転員の判断を妨げた。
②ヒューマン・マシン・インタフェースの要因：制御盤における計器の表示設計が不適切で，発電設備の状態が運転員に正確に伝わらなかった。
③人間の認知的バイアスの要因：運転員は複数の計器が表示していた情報から原子炉の状態を総合的に判断せず，1つの計器が表示していた情報に固執し，自動起動した非常用炉心冷却装置を手動で停止させた。

　①，②に見られるように，運転員を取り巻くさまざまな環境が人間の正常な認知・判断を妨げ，設備の状態把握や制御を不可能な状態に陥れた。つまりオペレーターの選抜や教育といった，個人に焦点を当てた対策のみでは，もはや事故の防止は難しいという現実を突きつけたのがTMI-2事故であった。

　この頃から，システム工学の分野で重視されつつあった「システムズ・アプローチ」の概念が採り入れられた（第2節で詳述）。これは，扱う対象を1つ

の「システム」として理解し，システムを構成する要素間の連携や，システム全体として発揮する機能を解明する考え方である（池田，2013）。

　大規模・複雑化した産業設備を扱うには，運転員は制御盤を介して，ブラックボックス化した設備の状態を把握するしかない。TMI-2事故以降，人間（運転員など），機械（設備），制御盤（インタフェース）は1つのシステムを構成する要素と理解され，システム上の諸問題（たとえば，情報表示のあり方によって誤解が生じる，制御装置の形状や大きさによって機器操作が困難になるなど）に対しては，制御盤と人間という要素間の円滑な連携が可能となるよう，人間側の認知特性や身体的特性を考慮して解決が図られるようになった。

3.「社会－技術」のフェーズ

　1980年代には，システムとして扱う対象・範囲の拡張を迫られる事故が相次いだ。1986年，旧ソビエト連邦のチェルノブイリ原子力発電所では，原子力発電史上，類を見ない大事故が発生した。発電所で原子炉を用いた試験を行っていた際，原子炉が不安定な状態となって出力が暴走し，原子炉および原子炉建屋の一部が破壊されて大量の放射性物質が周辺環境に放出された。事故調査を行った国際原子力機関（IAEA: International Atomic Energy Agency）の原子力安全諮問グループ（INSAG: International Nuclear Safety Advisory Group）による当初の発表では，運転員による規則違反が事故の主要な原因とされた（INSAG, 1986）。しかしその後の調査により，当時の運転員の判断は規則違反とは言えず，運転手順書の不備や，原子炉の状態を検知しにくい制御室のレイアウト，試験の手順書が承認なしに現場で変更されたことなどに原因があったと指摘された。その他にも，原子炉の特性上の問題点を指摘する事故が過去に発生していたにもかかわらず，情報の共有不足によって非常に限定された対策しかとられなかった点や，運転員の教育不足，組織や国レベルで発電所の設計から建設，運転，規制などさまざまな時点において，安全に十分配慮する姿勢，すなわち「安全文化」（第2節で詳述）の欠如が指摘されるに至った（INSAG, 1992）。この事故で明らかになったのは，人間を取り巻くシステムとして，設備（ハードウェア）のみならず手順書や教育（ソフトウェア），それらの管理（マ

ネジメント），組織文化，社会までをも考慮する必要性であった。

　同じ1986年，米国ではスペースシャトル・チャレンジャー号が打ち上げ直後に爆発，墜落し，乗員7名が死亡する事故が発生した。大統領諮問委員会による事故調査報告では，Oリングというスペースシャトルの部品の欠陥に気づいたメーカーの技術者が，米国航空宇宙局（NASA）に警告したにもかかわらず取り上げられなかったことが事故の主原因とされた。しかしNASAの組織文化も含め，徹底的な分析を行ったヴォーン（Vaughan, 1996）は，基準からの逸脱やルール違反がNASAで常態化していた点を指摘し，「基準からの逸脱は排除できない」「事前に検証不可能なリスクには（シャトルを）飛行させながら対応する」といった技術者の考え方に沿った日常的な意思決定が，結果的に大惨事につながる判断を引き起こしたと主張した。

　政治的背景の異なるソ連と米国という2つの大国で，奇しくも同じ年に，組織文化という拡張されたシステムの欠陥に端を発する大事故が発生した。これら2つの事故は，人間，機械，組織，管理の各要因が織り成す複雑な相互作用が事故を引き起こすことを裏づけた。

4. 「組織間関係」のフェーズ

　1995年頃から，システムとして扱う対象・範囲をさらに拡張すべき事故，具体的には組織外のアクターとの関係が，事故の発生や影響拡大につながる事故が相次いだ。組織外のアクターとは，国の規制当局や国民，マスメディア，関連組織（関連会社など）を指す。

（1）国民やマスメディアとの関係が問題となった事故

　1995年に高速増殖炉もんじゅで発生したナトリウム漏洩事故では，配管の温度検出器取出し部から0.7トンのナトリウムが漏洩し，建屋内で火災が発生した。可能性が極めて低いと考えられていたナトリウム漏洩が発生したため，国民の大きな関心を集めたこの事故では，動力炉・核燃料開発事業団（現在は日本原子力研究開発機構）が事故現場の様子を撮影したビデオを意図的に編集して公開したため，「事故隠し」との批判を浴びる結果となった。同様の事件は食

料品業界でも相次いだ。雪印集団食中毒事件（2000年），ミートホープ食肉偽装事件（2007年），船場吉兆による一連の食品偽装事件（2008年）では，いずれも記者会見に臨んだ経営幹部の発言によって国民やマスメディアとの信頼関係が悪化し，問題が拡大した。

（2）関連組織との関係が問題となった事故

2004年に関西電力美浜原子力発電所で発生した配管破断事故では，設備の点検リストから欠落していた配管が破断し，破口部から流出した蒸気や高温水で5名が死亡，6名が負傷した。発電所の保守に携わる電力会社やメーカーなど，複数企業の間で配管の保守管理に関する情報（機器の不具合情報，機器への要求事項など）が共有されていなかったことが主原因とされ，安全操業を考えるべきシステムの範囲として，操業に関わる他組織（他企業）をも考慮する必要性が示された。

（3）規制当局との関係が問題となった事故

2011年に発生した福島第一原子力発電所の事故では，事故前の規制当局による規制の実効性が問題視された。長時間にわたる全交流電源の喪失を考慮する必要はないと原子力安全委員会が判断するために，電力会社にその理由を作文させたといった実態や，規制が東電の道具にされていたといった証言に基づき，規制当局は電力会社の「虜」といった表現で安全規制のガバナンスの欠如が指摘された（東京電力福島原子力発電所事故調査委員会，2012）。

5. 安全マネジメントシステムの導入

今世紀に入る頃から，さまざまな産業分野の安全マネジメントが「安全マネジメントシステム（SMS）」として規格化された。SMSとは，組織の中で安全上の目標を数値で定め，目標達成のための一連の手続きを明文化し，PDCA（Plan-Do-Check-Act）のサイクルを回しながら安全性の維持に資する諸活動を体系的かつ継続的に実施する仕組みである。わが国では1999年に厚生労働省が労働安全衛生マネジメントシステム（OSHMS: Occupational Safety and Health

Management System) に関する指針を発出した。現在では,多くの組織がSMS という枠組みの中で各種の安全教育や安全活動を実施し,安全操業の維持に努めている。

しかしSMSの実効性は実証されていない(Robson et al., 2007など)。また,マネジメントシステムの導入は,組織に目標の達成度合いの評価や記録の文書化を要し,結果として文書化への注力を過剰にかきたてる。文書化の過大視は,大量の文書が組織の安全や品質を担保するという誤解や,適正な書類があれば書類通りの世界が実現されるという思い込みをもたらすリスクもある(Reason & Hobbs, 2005)。実際のところ,わが国でも各種産業におけるトラブル,事故,不祥事は後を絶たない。

SMSは,安全教育や安全活動の継続的実施という観点では実効性の高い仕組みである。しかしその導入が組織の安全性を保証するわけではない。社会情勢や技術がますます早く複雑に変化する時代においては,安全教育や研修の計画的実施だけでなく,日々の業務を通じた新たな危険性の察知や,早期の対処が求められる。時代の変化に伴って変遷を遂げてきた安全マネジメントには,また新たな考え方が必要とされている。第2節では,本節で紹介した2つの概念(システム・アプローチ,安全文化),および新しい安全マネジメントの考え方に基づく2つの概念(高信頼性組織,レジリエンス・エンジニアリング)についてそれぞれ解説する。

■ 第2節 ■

安全マネジメントの諸概念

第1節で紹介した,①システムズ・アプローチ,②安全文化は,安全マネジメントの文脈において個人に当てられていた焦点を,組織やシステムへと拡張させた概念である。また,本節で新たに述べる,③高信頼性組織,④レジリエンス・エンジニアリングは,不確実性やリスクの低減によってシステムの安定性の確立を目指す古典的な安全マネジメントから,不確実性をある程度保持し,

不測の事態への対処を継続することでシステムの柔軟性を維持するという，新しい安全マネジメントの考え方に基づく概念である。本節では，この①〜④を順にみていく。

1. システムズ・アプローチ

(1) 理論の背景および定義

　1970 〜 1980 年代に NASA のロケット開発の管理等を通じてシステム工学の重要性が知られるようになり，その領域で用いられた概念がシステムズ・アプローチである。対象の細部を分析するのではなく，対象全体を 1 つの「システム」とみなし，システムを構成する要素とそれらの役割や連携の仕方から，対象の働き（機能）をマクロに理解することに主眼を置く。複雑な現象の理解が困難な場合にも，システムを構成する要素間の「構造」が把握できれば，問題解決を合理的に進められる（池田，2013）。

　システムズ・アプローチを安全マネジメントに適用することは，事故の原因を個人のヒューマンエラーに求めるのではなく，個人を取り巻くシステムの欠陥，あるいはシステムを構成する要素間の相互作用の不具合とみなすことを意味する（個人を取り巻くシステムについては，後述の「SHEL モデル」で詳述）。個人に焦点を当てた従来のアプローチとの違いは以下のとおりである（Reason，2000）。

・個人へのアプローチ
　　個人の異常な心理プロセス（失念，不注意，モチベーション不足，無視，無謀など）によって不安全行動が発生すると考える。エラーはモラルの問題として扱い，「悪いことは悪い人がする」と考える。
・システムへのアプローチ
　　エラーの原因は，人間特性ではなくシステムの上流側（人間の振る舞いを規定するシステムの要素，括弧内は筆者加筆）にあるとみなす。エラーが発生すると，誰が失敗したかというよりも，なぜ，どのようにシステムが保有する防護策（後述の「スイスチーズモデル」で詳述）が破られたのか

を重視する。人間の状態は変えられないが，人間が働く状況は変えられるという考えに基づき，対策が採られる。

(2) システムズ・アプローチに基づく理論モデル
1) SHEL モデル

個人を取り巻くシステムの要素群を示したのが，SHEL モデル（Hawkins, 1984, 図 8-2）である。

- L（liveware）：中央にある L は操作などを行う本人，その下の L は，操作者の周囲で支援する人間を示す。
- S（software）：手順やマニュアル，引継ぎを行う際の文書などのソフトウェア。
- H（hardware）：道具や設備などのハードウェア。
- E（environment）：操作などを行う環境。気温，明るさ，騒音など。

操作者である人間は，単独で操作を行うのではなく，道具を使ったり手順に従ったりしながら，他のメンバーと協力して行動する。つまり，操作者が良いパフォーマンスをしようと努力しても，道具の状態が悪かったり，手順が変更されていたり，メンバーとの協力体制が築けていないと，ヒューマンエラーが発生しうる。システムを構成する要素を囲む枠がそれぞれ波打っているのは，各要素の状態が常に変動していることを示している。たとえば，操作者の注意力や設備の状態は時によって変化する。各要素がうまく連携しているときにはエ

図 8-2　SHEL モデル

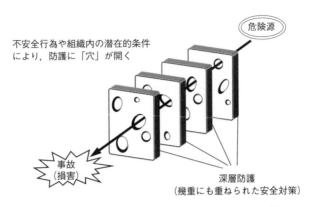

図8-3 スイスチーズモデル（Reason, 1997を一部改変）

ラーは発生しないが，中心のLと各要素の間に隙間ができるとエラーが生じる。

　システムは常に同じ状態で存在しているわけではない。いったん，システムが構築されても，各要素の状態や要素間の連携に注意を払わなければ，ヒューマンエラーや事故が起こりうる。要素の状態や連携を監視し，システムの良好な状態を維持する営みがマネジメントである。これをSHELモデルに採り入れたm-SHELモデル（河野，1994）も提案されている。

2) スイスチーズモデル

　システムの各構成要素に存在する欠陥が偶然重なったときに事故が発生する様子を表現したのが，スイスチーズモデルである（Reason, 1997, 図8-3）。組織では，設備の保護装置や操作手順書，従業員の教育など，さまざまな事故防止策（防護策）によって安全な操業を維持している。しかし個々の事故防止策にはそれぞれに欠陥があり，偶然にもそれらの欠陥が重なり合ったときに事故が発生する。スイス・チーズ・モデルは，多層の防護をすり抜けて事故が発生する過程を示している。この考えに則ると，事故防止には，個々の防護策の欠陥をできる限り少なく，小さくする努力が求められる。

2. 安全文化

(1) 理論の背景および定義

　安全文化は，チェルノブイリ原子力発電所事故を契機として IAEA によって提唱され，「すべてに優先して原子力プラントの安全の問題が，その重要性にふさわしい注意を集めることを確保する組織と個人の特質と姿勢を集約したもの」(INSAG, 1991) と定義されている。2000 年頃までに理論構築（Cox & Flin, 1998 など）や尺度開発研究（Lee, 1998 など）が行われ，現在でも幅広い産業における安全マネジメントの目標とされている。

(2) 実践に向けた理論構築と産業現場への適用

　2000 年以降は安全文化の実践，すなわち産業現場における安全文化の理解促進やその醸成に資する研究が重点的に行われた。安全文化は，複雑な組織事故を解き明かすシステムの一要素というよりも，職場の安全パフォーマンスや組織成員の安全行動に対する先行要因として扱われた。安全工学，人間工学といった工学的な観点に基づく研究が増加したのもこの頃である。また，組織が目指すべき方向性を示唆する理論やモデルが提唱された。

1) 安全文化の成熟モデル

　パーカーら（Parker et al., 2006）は，安全文化の成熟度を 5 段階で表現し，各段階で見られる組織行動を例示した。これを示した図 8-4 は安全文化のラダーモデルとも呼ばれ，航空業界や石油産業では安全文化醸成の基本的な考え方や指標として多用されている。

2) 情報に立脚する文化と 4 つの下位文化

　リーズン（Reason, 1997）は，リスクに対して継続的に注意を向け，安全性を最大にするという目標に向かって組織が動き続ける状態を理想的な安全文化と捉えた。リスクに対する注意の維持には，ヒヤリハットや軽微事象といった安全に関する情報を収集・活用する情報システムを構築し，重大な兆候の定期チェックや教訓の分析・普及を行い，安全情報が組織にあまねく行き渡っている状態，すなわち「情報に立脚した文化」の醸成が必要と考え，これを実現するための 4 つの下位文化（表 8-1）を提唱した。

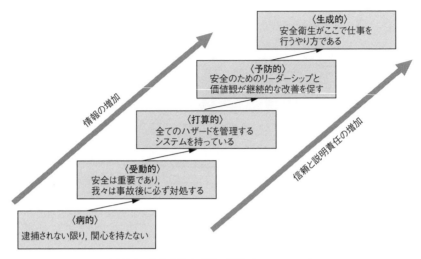

図 8-4　安全文化の成熟モデル（Hudson, 2007）

表 8-1　安全文化（情報に立脚する文化）の下位文化（Reason, 1997 に基づいて作成）

報告する文化	自らのエラーやニアミスを報告しようとする組織の雰囲気を指す。安全情報システムが有効に機能するには「報告する文化」を作り上げることが必要である。
正義の文化	効果的な「報告する文化」は，組織が非難や処罰をどのように行うかにかかっている。許容できる行動と許容できない行動の境界に関して，組織メンバーの中で合意が形成され，この合意（判断基準）に基づいて非難・処罰が行われることにより，「正義の文化」が醸成される。
柔軟な文化	ある種の危険に直面した時などに，中央集権型の階層構造からフラットな専門職構造へと一時的に移行するような柔軟さを指す。この柔軟さが機能するには，元々の中央集権型の構造が，規則や規制，標準化によるものではなく，規律正しい階層構造によって共有された価値観・仮定に基づくものでなければならない。
学習する文化	必要な時に安全情報システムから正しい結論を導き出して，大きな改革を実施する意思・雰囲気を指す。学習が深化すると，望ましくない結果を生んだ行動の前提条件が絶えず見直されるようになり，継続的な改善に向けた努力と資源を持てるようになる。

3) 安全文化の5つの特徴

IAEAは，原子力業界における安全文化の醸成手段としてSMSを推奨した（INSAG, 1999, 図8-5）。求められるのは，安全ポリシーの明示，施策（安全活動や安全教育等）の実施，効果評価やフィードバックなどPDCAサイクルを回すような体制と活動である。2006年には安全，環境，セキュリティ，品質，

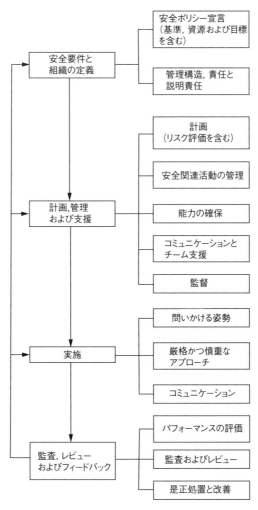

図8-5　安全マネジメントの要素（INSAG, 1999を一部改変）

財務の要素を統合したマネジメントシステムの要件を提示し，各国の規制機関も含めて適用を求めた。その際，安全文化の5つの特徴（key characteristics），すなわち，①安全が価値として明確に認識されている，②安全へのリーダーシップが明確に示されている，③安全への説明責任が明確に示されている，④安全がすべての活動に組み込まれている，⑤安全が学習によって推進されている，を提唱し，これが組織で具現化された37の属性（attributes）を新たに示した（IAEA, 2006）。この特徴と属性は，安全文化の理解促進や劣化兆候の監視指標として利用されたが，現在，わが国の原子力業界では，世界原子力発電事業者協会（WANO: World Association of Nuclear Operators）が提唱した10の特性（traits）と40の属性（WANO, 2013）の適用が主流とされている。

(3) 研究課題

　2006年以降，安全文化研究では急激に論文数が増え，特に昨今では医療分野における安全文化（patient safety culture）の研究が増加している。また，2010年頃まではリスクや事故，技術，安全マネジメントといった技術的側面に着目した研究が主流であったが，2010年頃を境とし，職務満足感やワークロードといった人間の認知的側面を重視した研究が増加している（van Nunen et al., 2018）。しかし以下の研究課題については2000年頃に指摘されたものの，現在も解決されぬまま研究や実践が進められている。

1）安全文化の多義性

　安全文化研究では，扱われる変数がそのつど定義されるため，概念の統一的な定義に至らない（Guldenmund, 2000, 2010）。また「安全風土」という既存概念との違いが明確でないまま，双方の研究が継続されている（安全文化と安全風土の違いについては，赤塚，2009に詳しい）。

　安全文化を把握する次元（因子）も再現性が乏しい。理由として，測定手法や研究対象とする産業の多様性があげられるが，研究者が既存研究を参照せず，探索的に研究を進めてきた影響も指摘される（Guldenmund, 2000）。統一的な定義が存在せぬまま次元（因子，構成要素）の同定や評価手法の開発，先行要因や促進要因の検討が続けられているため，安全文化醸成を支援する管理者のコミットメントやリーダーシップが，安全文化の特徴として扱われたり（Glendon

& Clarke, 2016），促進要因として扱われたり（Vecchio-Sadus & Griffiths, 2004; Cox & Cheyne, 2000）と，混乱をきたしている。

　この混乱は，何を「文化」と捉えるかという視点の違いに拠る。この違いはシャインの組織文化のモデル（Schein, 1999，図 8-6）で考えるとわかりやすい。図 8-6 におけるレベル 1 は，組織成員の行動や組織体制など，組織の中で最も容易に観察できるレベル，レベル 2 は組織が掲げている方針や価値観，レベル 3 は組織の中で潜在的に共有されている価値観や信念を指す。従来の安全文化の定義は以下の 3 つに分類される（Guldenmund, 2010）。

① 組織で共有された価値観や信念の中の暗黙の核となる部分に焦点を当てた定義
② 組織内で顕在化したものに焦点を当てた定義
③ ①も②も含めて焦点を当てた定義

　上記の①は図 8-6 のレベル 3，②はレベル 1，③はレベル 1 とレベル 3 の両方に焦点を当てた定義といえる。

　このような定義の多義性により，「安全文化の醸成」の意味合いや，図 8-6 の特定のレベルを安全文化の特徴と捉えるか，あるいは構成要素や促進要因として捉えるかが異なってくる。たとえば上記②の場合，構築された安全マネジメ

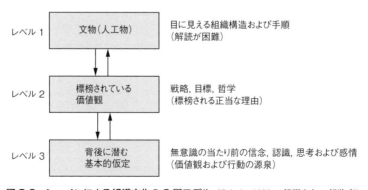

図 8-6　シャインによる組織文化の 3 層モデル（Schein, 1999 の邦訳より一部改変）

ントシステムや成員の安全行動を安全文化の構成要素とみなし，管理者のリーダーシップや職場の規則を促進要因とみなす。一方，上記①の場合，暗黙の価値観の内容（「安全は常に改善されるべきである」「事故は防げる」など）（IAEA, 2002）を構成要素とみなし，このような価値観の醸成を促す逸話（経験談）や日頃の業務手順などを促進要因とみなす。定義の多義性による混乱を避けるには，研究を行う際，どのレベルを安全文化とみなし，何を測定し（安全文化の特徴なのか，構成要素なのか，影響要因なのか），何の関係性を明らかにするのかを示す必要があろう。

2) 2つのアプローチの並存

多義性と同様，安全文化理論の精緻化や実践に混乱をきたしているもう1つの理由に，2つのアプローチの混在があげられる。1つは機能主義的アプローチで，安全文化を「客観的に実在するもの」，また組織が「持つべきもの」と捉える。安全文化は組織が目指す理想であり，組織は，自らの組織文化を安全なパフォーマンスを生み出す安全文化へ変革できるという考え方が前提にある。観察可能な測定指標による評価や量的な測定が可能と考えるため，このアプローチは規制やコンサルタントに好まれる。

もう1つは解釈主義的アプローチであり，安全文化を「集団内で複雑に現れる現象」と捉える。その前提には，安全文化は簡単に変化させたり操作できるものではないという考え方があり，この点が機能主義的アプローチと決定的に異なる。たとえば，リヒターとコッフ（Richter & Koch, 2004）は安全文化を「仕事や安全に関して共有されたり学習された意味，経験，解釈であり，一部ではシンボル化して表現され，リスクや事故，その予防に向けた人々の行動を導くもの」と定義している。つまり，シンボル化された部分以外は可視化されず，「客観的に実在するものから読み解かれる現象」（Guldenmund, 2016）とみなされる。そのため，評価にはエスノグラフィックなアプローチが多く用いられる。

機能主義的アプローチの一例として，IAEAが推奨する安全マネジメントシステムを適用した安全文化の醸成を考えてみよう（図8-5）。はじめに組織の安全ポリシーを宣言するが，これは組織の方針や価値観の明確化であり，レベル2に該当する。このポリシーに従って安全教育や安全活動が変更されるとレベル1，すなわち文物の変容に該当する。また，安全教育や安全活動によって組

織成員の行動が変容した場合も，レベル1の変容と捉えられる。

しかしレベル1やレベル2に伴い，レベル3も変容するとは限らない。特に産業現場における成員の行動は作業手順や規則によって規定される場合が多いため，職場で安全行動が観察されても，暗黙裡に共有されている価値観は行動と乖離している可能性もある。また，上級管理者のビジョンが変化しても，組織内の階層（職位）の違いによって認識が異なったり（Clarke, 1999），各職場の文化（サブカルチャー）（Pidgeon, 1998；Harvey et al., 2002）が強い場合には，新たに導入された価値観の浸透が阻害される場合もある。

その結果，規則が明確に定められていない状況下では，安全ポリシーよりも職場で共有された価値観に従った行動がとられるかもしれない。つまり観察しやすいレベル1や2だけを評価しても，その組織の文化を深く理解したことにはならないのである（Schein, 1999）。

一方，組織文化を「ある集団がその歴史を通じて獲得した基本的仮定の総和」（Schein, 2010），「社会的学習の産物」（Schein, 1999, 2010）と捉えると，レベル3が変わらない限り，安全文化が醸成されたとは言えない。つまり，組織の中でうまくいったという経験とともに新たな思考や行動が獲得・共有されないと，組織文化の変容には至らない。

このように，2つのアプローチの違いは安全文化醸成の実践面において，よ

表8-2　シャインによる組織文化の変容のモデル（Schein, 1999 の邦訳より）

第1段階
解凍－変化の動機づけを行う
・現状否認
・生き残りの不安あるいは罪悪感を作り出す
・学習することへの不安を克服するために心理的安心感を作り出す

第2段階
古い概念に取って代わる新しい概念および新たな意味を学習する
・役割モデルの模倣およびモデルとの同一化
・解決法の探査および試行錯誤による学習

第3段階
新しい概念と意味の内面化
・自己の概念およびアイデンティティへの取り込み
・継続している関係への取り込み

り顕著に現れる。機能主義的アプローチによる安全文化の醸成は，シャインの考える組織文化の変容過程（表8-2）と比較すると測定も介入も容易だが，表面的なレベル1の変容のみに終始する可能性もある。

3) 理論の実証や精緻化

安全文化の理論も，定義と同様，統一的な見解が見出されていない。特に2000年以降は実践面を重視した研究が先行したため，理論の実証や精緻化が行われぬまま，性急に産業現場に適用された傾向がある。昨今では，産業安全の分野で多用されてきた理論の実証性に疑問を呈する報告が相次いでいる。安全文化の成熟モデルに関しては，理論的裏づけがなく，本モデルを使用して安全文化を測定した研究において妥当性や信頼性に言及している研究は半数程度しかない点が指摘されている（Goncalves Filho & Waterson, 2018）。IAEAによる安全文化の5つの特徴に関しては，各特徴に独立性がなく1次元構造のほうが当てはまりがよい点や，十分な妥当性を有していない点が指摘されている（López de Castro et al., 2013）。

4) 測定・評価手法の開発

対象とする産業の拡張により，測定・評価手法の開発研究は依然として精力的に取り組まれている。手法としては質問紙調査が主流を占めているが，研究対象に応じて適切な評価手法（表8-3）を吟味する必要がある。信頼性の高い評価結果を得るには，複数の手法を用いた多面的な評価の実施（トライアンギュレーション）も考慮することが望ましい。

5) 醸成方法の検討

安全文化への介入に関する学術的な報告は少ない。複数業界にわたる17企業で介入を行った研究（Hale et al., 2010）では，安全文化への変革に成功した企業は，現場管理者とライン管理者の間の建設的な対話，SMSによる監視および学習のサイクルの強化，コーディネーターによる変革への熱意と創造性，ディレクターの支援など，より広範な介入を行っていた。その一方，教育は変革の成否に影響しない点も報告された。医療業界における介入研究のレビュー（Morello et al., 2012）では，管理職によるウォーク・ラウンド（現場を歩き回ること）ならびに部署特有の問題に焦点を当てた多面的なプログラムの実施が有効である点が明らかになった。すなわち安全文化の醸成には，教育・訓練だ

第 8 章　安全マネジメント

表 8-3　安全文化の測定手法（Glendon & Clarke, 2016 に基づいて作成）

対象		方　法
安全システム	文書（ドキュメント）分析	組織のポリシーや手順書，規定集などを体系的にレビューし，根底に流れるテーマを抽出する。しかしそのテーマは組織が標榜する理想のみを表している場合もあるため，他の測定手法との併用が望ましい。
	安全監査	SMS とその目的との適合性をレビューする。特定の組織や部門に特化した実施は有効だが，組織のスナップショットしか把握できず，深い分析は難しい。
	システム手法	・ハードシステムアプローチ（イベントツリー分析，フォルトツリー分析など工学的手法を用いる） ・災害ベースのアプローチ（組織がリスクに直面した事例のケーススタディを通じ，遭遇しやすいリスクや対処方法における傾向を分析する） ・ソフトシステムアプローチ（エスノグラフィックな方法を用い，組織文化によって生じる現象や規範を捉える）
安全態度	質問紙調査	選択式の質問項目が多用され，階層的サンプリングによって組織全体の構成員の態度や認識を簡便に把握できる。しかし人員の入れ替わりの影響を受けたり，安全文化の深層部分（基本的仮定）の把握が難しいという点も指摘される。
	インタビューとフォーカス・グループ	対象者は 1 人から複数，質問形式も構造化から非構造化までさまざまである。フォーカスグループでは，ある問題に対する参加者たちの考え方について豊富な質的データが収集できるが，データの質はファシリテーターの能力に依存する。データ分析にも長時間を要する。
	投影法	「組織とは…」といった自由作文や自由描画などの形式を用い，組織に対する感じ方（感情的側面）を把握する。対象者は，測定者の先入観に拠らず自由に自分の感情や考えを表現できるが，結果の解釈が難しい。
	レパートリー・グリッド分析	対象者は，組織内の複数の集団（例：上級管理職，中間管理職，一般職）を比較・分類した後，分類の理由（2 つの集団の共通点ともう 1 つの集団との相違点）や，より好ましいほうを選択する。この手法で複数対象者の回答を集計し，当該組織における安全文化の捉え方（視点）や好ましさを把握する。
安全行動	観察	非構造化手法（エスノグラフィックなアプローチ）から構造化手法（タスク分析や行動サンプリング）など手法は多岐にわたる。参与観察は正確で質の高いデータが得られるが，時間やコストがかかる。
	シャドウイング	測定者が特定の組織構成員と行動をともにし，業務活動を観察・記録する。業務活動中に考える内容を発話させるプロトコル分析と組み合わせてもよい。正確で質の高いデータが得られるが，労力やコストがかかる。
	業務日記	対象者は，業務中に発生した重大なインシデントや問題を毎日記録する。シャドウイングの代替手段として用いられることもあるが，労力がかかり，かつ記録の実施が対象者の認識や行動に影響を及ぼし，回答にバイアスがかかる可能性がある。
	アクション・リサーチ	参与観察の範囲を組織全体に拡張し，測定者が組織のパートナーとなってパフォーマンスの改善に継続的に取り組む。測定者は組織内の事象や活動の意味を徐々に理解可能となる。長期間にわたり質の高いデータが得られるが，測定者・組織ともに長期の投資が求められる。
労働災害		安全文化尺度の妥当性検証に多用されるが，災害発生は組織の表層的な変化であり，安全文化の指標としての使用には問題がある点も指摘されている。

225

けでなく，職場の問題に関わる広範な取り組みを管理職の支援の下に実施する点が重要と考えられる。安全文化の次元に関しては，コミュニケーション，組織学習，管理職のコミットメントやリーダーシップなど，共通して報告される要因も存在するため（López de Castro et al., 2013），今後はこれらの実践的な適用を支援する実証研究が求められる。

3. 高信頼性組織

(1) 理論の背景および定義

　高信頼性組織（HRO: High Reliability Organizations）は，1990年代に経営学，政治学，社会学などを含む学際的な研究グループによる一連の研究から生まれた。事故が不可避と考えられるシステムでも長期間安全を確保してきた組織が存在することに着目し，このような組織に見られる特徴を参与観察や調査で明らかにする過程で提唱された概念である。

　HROの定義は「つねに過酷な条件下で活動しながらも事故発生件数を相応量以下に抑えている組織」（Weick & Sutcliffe, 2001）である。具体的には高リスクかつシステムの構成技術が複雑である航空管制や原子力発電所，原子力空母のうち，障害や事故発生件数を水準以下に抑えている組織を指す。

　ワイクとサトクリフ（Weick & Sutcliffe, 2001, 2015）によると，HROで特徴的にみられる組織行動は，①失敗にこだわる，②単純化を避ける，③オペレーションに敏感になる，④復旧（レジリエンス）に注力する，⑤専門知を重んじる，の5種類である。不測の事態を予測・認識する際に機能する組織行動（①〜③）と，不測の事態が発生した際にその影響を抑制したり，事態に対応する際に機能する組織行動（④〜⑤）に大別できるが，それぞれが独立しているわけではなく，関連し合っている。

①失敗にこだわる

不測の事態の発生を抑止するため，常に失敗に対する懸念を持ち，発生した小さなミスを復旧可能なうちに発見することにこだわる。ひとたび失敗が見つかればそれをシステム全体の中で分析し，教訓を迅速に学習する。HROでは必

然的に失敗経験が少なくなるため，学習機会も減少するが，成功経験は現状の実践に対する過信を生みやすい。そこで失敗から多くを学ぼうとし，少ない情報でもできるだけ活用する方法を見つけようと努める。

②単純化を避ける

状況の意味合いに注意を払い，単純な図式で物事をとらえたり，「いつものことだ」と看過することを避ける。直面している状況と既知の状況の差異に着目し，多様な視点で状況を眺めながら，将来起こりうるさまざまなケースを予測する。多様な外乱に対応できるのは，多様な感知能力を持つことによる（Ashby, 1958）という考え方に拠っている。

③オペレーションに敏感になる

設計や事前の計画にかかわらず，実際に現場で何が発生し，組織成員が何をしているかに着目する。常に現場の状況変化に気を配り，得られた情報から意味を見出してストーリー（状況発生の理由や今後の展開）を構築し，これを継続的にアップデートする。問題発生時には，組織内で現場の状況が即座に共有され，状況に応じた戦略が立てられる。これにより，問題に対する早期の処置が可能となる。

④復旧（レジリエンス）に注力する

すべての状況を予測したり解決法を予め知ろうとしても限りがある。不測の事態への対応は，それを予測する際とは異なった考えが必要とされ，事態進展の予測よりも影響緩和が重視される。発生している状況を理解するために，行動しながら状況を部分的に定義する，いわゆるセンスメイキング（sensemaking, Weick, 1995）を継続しつつオペレーションを行う。さまざまな事態に対して柔軟に対応するには，不測の事態発生時にとるべき行動の訓練のほか，リスクやストレス，試練に絶え間なく対処し，対応レパートリーを増やすための広く深い知識やセンスメイキング能力を獲得しておくことが必要となる。

⑤専門知を重んじる

ここでいう専門知とは，複数の専門家や関係者が目の前の状況に対して会話を交わしながら共同生産する状況認識を指す。専門家たちは，自身が持つ知識や経験の限界を知っているため，他のメンバーの持つ専門性を尊重しながら状況認識に努め，場合によっては発生した事態の対処や問題解決に適した人材（事

態対処の最前線にいるメンバーである場合が多い）に状況認識を委譲する。

　これらの組織行動とともに HRO を特徴づけているのが，組織成員のマインドフルネス（mindfulness）である。これは，「今どういう状況なのか，何が問題なのか，どのような対処策があるかなど，妥当と思われる解釈を継続的に更新し，深めようとする」（Weick & Sutcliffe, 2001）心理状態であり，この5種類の組織行動を通じたさまざまな活動によって生み出される。具体的には「現状の予想に対する反復的チェック，最新の経験に基づく予想の絶え間ない精緻化と差異化，前例のない出来事を意味づけるような新たな予想を生み出す意志と能力，状況の示す意味合いとそれへの対処法に対する繊細な評価，洞察力や従来の機能の改善につながるような新たな意味合いの発見，といった要素が組み合わさったもの」（Weick & Sutcliffe, 2001）とされ，不測の事態につながる可能性のある状況の認識や予測，また柔軟な対応を可能とする，組織成員の注意や情報処理のスタイルを指している。

　マインドフルネスは，同じくワイクが提唱したセンスメイキングに通じる概念である。不確実性が高い状況では，不完全で曖昧な情報から「意味」を引き出すことが必要であるため，センスメイキングが強力な効果を発揮する（Grote, 2016）。意味を引き出した上で，その正しさを継続的に確認し，精緻化を図るのがマインドフルネスであり，不測の事態を察知し対処する能力につながると考えられる。

　先述の④「復旧（レジリエンス）に注力する」で述べたように，柔軟な対応力の維持には，継続的な試練への対処が必要とされる。すべてのリスクを予測することが困難な現代社会においては，ある程度の不確実性は保持したまま，それへの最適な対処を常に考え続けることで，現実に即した対応力を維持していく。この考え方は，複雑化する時代における新しい安全マネジメントの考え方を表している。

（2）研究課題

　当初は対象組織が限定されていた HRO 研究も，その後は研究範囲が広がり，消防，病院，情報通信産業，教育機関などへと対象を広げている。また，コン

サルタントなどの実務家も加わり，HRO の特徴を組織に実装する方法論などを議論する動きも顕著となっている（中西，2014）。

しかしこれらの動きは，元来，高リスク産業を対象として構築された概念の適用範囲が性急に拡張されたことを意味する（三沢・長谷川，2015）。先述の5つの組織行動の特徴に関しても，測定手法の開発は試みられているものの（Mu & Butler, 2009 など），調査対象が研究開始当初の高リスク産業に限定されていないこともあり，5つの組織行動を弁別しうる測定手法は開発されていない。先述のように，そもそも5つの組織行動は関連し合っているため，定量的な評価手法による弁別は難しい可能性もある。マインドフルネスに関しても，概念が複雑，かつ個人の心理状態を指すのか集団レベルでの心理状態を指すのかが定かでないことから，実証的検討に適した測定尺度は確立されていない。

また，組織の高信頼性を示す外的基準との関連性の検討も限られている（Anderson, 2010；中西・高木，2008）。この組織行動の特徴を HRO の要件とするならば，理論的予測の検証のためには，実証的データの蓄積が必要である（西本，2004）。しかし不測の事態は発生の予測が難しい。そのため，理論的予測を検証するための指標としては，日常業務の中で発生する突発的なトラブルや自然災害等による事業中断から再開までの目標復旧時間（RTO: Recovery Time Objective）などが考えられる（三沢・長谷川，2015）。

4．レジリエンス・エンジニアリング

（1）理論の背景および定義

2000 年初頭頃から提唱された概念で，「レジリエンス工学」と呼ばれる場合もある。複雑システムにおける安全マネジメントの新たなパラダイムとして理論化され，主に欧米の人間工学および組織安全の専門家たちによって枠組みが確立された。

好ましくない事象は，通常時には安全には関係ないと見られているような既知の動作変動が組み合わさって発生する場合が多い（Hollnagel, 2012）。そのため現代の安全マネジメントには，リスク予見の可否にかかわらず，発生した状況に対する適切な対処の維持が求められる。レジリエンス・エンジニアリング

ではこの点を考慮し，安全に対する既存の考え方を Safety-I，新たな考え方を
Safety-II と区別している。Safety-I の目的は，物事が望ましくない状態に陥る
ことの阻止（Hollnagel, 2012），Safety-II の目的は，変化する条件の下での成
功の維持（Hollnagel, 2014）にある。この両方を兼ね備えたレジリエンスとは，
①悪いことが発生しないようにする，②悪いことが悪化しないようにする，③
発生してしまった悪いことからリカバリーする，ための能力である（Westrum,
2006）。このような能力の保持のため，以下の 4 つの基軸（cornerstone）が提
示されている（Hollnagel, 2011）。

a. 対応（Responding）
現実への対応，すなわち実際に発生した混乱や障害への対応を指す。具体的に
は，①発生した事態を発見して状況を査定し，②事態の重要性や対応の必要性
を認識・評価し，③いつどのように対応すれば有効かを探索・決定することで
ある。

b. 監視（Monitoring）
危機の監視，すなわちシステムの内外に脅威が訪れていないかどうかの監視を
指す。何らかの指標を用いたシステムのパフォーマンスや環境の変化の評価な
どが該当する。

c. 予測（Anticipating）
可能性の予測，すなわち先を見据えた脅威や変化の予測を指す。将来起こりえ
て，かつシステムの能力に影響を及ぼしそうな出来事，状態，変化の予測が該
当する。

d. 学習（Learning）
事実に基づく学習，すなわち経験に基づく教訓の抽出を指す。安全性がある程
度確保されている産業分野では，失敗事例の発生頻度の低下に伴って学習資源
や学習機会が減少する。そのため，成功事例からの学習，すなわち「なぜ（事
故が）起こらなかったか？　なぜ安全を維持し続けられたのか？」を学ぶこと
も推奨されている。この点は HRO の「失敗にこだわる」とは異なる観点である。

230

（2）研究課題

　リーギら（Righi et al., 2015）はこれまでのレジリエンス・エンジニアリング研究の特徴として，ケース研究が多くレジリエントなパフォーマンスが生じる過程の記述が重視されている，レジリエンスの同定や分類にあたって既存の枠組みを活用しない，といった点をあげている。これらの特徴を踏まえ，今後の研究課題として，①重要な要素の定義の明確化（例：レジリエンス，ロバストネス，柔軟性，即興性，変動性など。なお，ロバストネスとは，システム内の微小な異常や環境変化によってシステム全体が変化することを阻止するためにシステム自体が持つ性質。頑健性とも呼ばれる），②HROやシステム・シンキングといった既存概念との関係性の明確化，③定量的研究，④レジリエントなシステムの設計・評価方法の開発，⑤レジリエンス・エンジニアリングを実装する際の障害の検討を指摘している。

　②に関しては，特にレジリエンス・エンジニアリングとHROとの類似性の高さが指摘され，レジリエンス・エンジニアリングにHRO理論以上の新しい点を見つけるのは難しいという批判もある（Hopkins, 2014）。長谷川（2014）は，安全文化，HRO，レジリエンス・エンジニアリングの3つの概念の統合化を試み，各概念の構成要素を整理・統合した。その結果，「学習」「監視」「予測」「防備」「（不測の事態発生時の）把握」「（不測の事態への）対応」の6つの要件に集約可能であった。また，6つの要件を，システムの安全マネジメントのために組織が達成すべき方向性を示す「目標」（機能）と捉えると，安全文化は目標実現のためのドライビング・フォース（駆動力）として組織内で共有される「信念・価値観」，HROの概念を構成する組織行動は目標実現のために組織成員がとる「行動」と位置づけられる点を示唆した。

　リーズン（Reason, 2008）も，組織をレジリエンスのある状態へと向かわせる推進力として，文化の力（cultural force），具体的には「コミットメント」「能力（competence）」「認識（cognisance）」をあげている。「コミットメント」とは，安全性向上に対するモチベーションを持ち，これを実現しうる資源（リソース）を配備している状態である。「能力」とは，安全性向上のために組織が備えるべき専門技術，多様性・冗長性が適切に施された安全措置，柔軟で適応性の高い組織構造，安全情報を収集・分析できる情報システムなどを指す。「認

識」とは，組織を脅かす危険の認識，つまり有害事象が発生していないときでも合理的な用心深さ（intelligent wariness）を維持している状態を指す。

　上記の「コミットメント」で述べられているように，レジリエンスの発揮における資源配備の必要性については，福島第一原子力発電所事故での対処時に緊急用電力手段の準備が不完全であったことを例に，小松原（Komatsubara, 2014）も指摘している。しかし通常のオペレーションでは必要のない資源，たとえば新規設備の導入や要員の能力開発にどの程度まで投資するかが常々問題となる。定量的・客観的にリスクを評価できても，予見できるリスクに対して防備を構築するかどうかは，人間の主観的判断，すなわち組織の経営トップの判断や，組織が共有する価値観に拠る。短期的な目的と比較して，中長期的な目的が十分に配慮されるためには，中長期的目的のほうが文化的に最も重要な価値であることを明確に位置づける方策が必要である（Woods, 2006）。

　レジリエンス・エンジニアリングでしばしば問題とされる，効率性と完全性のトレードオフ（ETTO: Efficacy-Thoroughness Trade-off, Hollnagel, 2004）のバランスは，安全性へのモチベーションや迫りくる危険への注意深さがなければ，容易に効率性重視へと偏るであろう。システムがゆっくりと安全範囲の境界へと移動し，やがてはその境界を越えてしまう「失敗へのドリフト」（Decker, 2006）は，安全性への悪影響を無視して効率性向上のために仕事のやり方を変更するという人間の意思決定の蓄積で生じる。この現象を阻止するには，自己過信を防ぐための不安感知力や，何が起こったのか，何が起こっているのか，何が起ころうとしているのか，何をすべきかについての知識（Hollnagel & Woods, 2006）が必要である。これは合理的な注意深さ（Reason & Hobbs, 2005）を働かせている状態であり，HROでいうところのマインドフルな状態といえよう。

　レジリエンス・エンジニアリング，HRO，安全文化の3つの概念は関連性が高いと考えられるが，各概念で扱っているのは組織が行うべき機能や，組織成員の行動，価値観であったりと一様でない。しかし，それらを組み合わせた「システム」として組織を捉えれば，3つの概念は互いを補完し，システム（組織）が機能を発揮するために必要とされる構成要素の状態や要素間の関わり合いを理論化できる可能性がある。

文　献

■ 第 1 章

Anderson, J. R. (1980). *Cognitive psychology and its implication*. W. H. San Francisco and London: Freeman and Company. 富田達彦・増井　透・川崎惠里子・岸　学（訳）（1982）．認知心理学概論　誠信書房

安藤史江（2001）．組織学習と組織内地図　南山大学学術叢書　白桃書房

安西祐一郎（1991）．認知科学における学習モデルの研究　日本認知科学会（編）認知科学の発展第 4 巻 特集 学習　講談社　pp.1-22.

Davenport, T. H., & Prusak, L. (1998). *Working knowledge: How organizations manage what they know*. Boston: Harvard Business School Press.

Dreyfus, H. L., & Dreyfus, S. E. (1986). *Mind over machine: The power of human intuition and expertise in the age of the computer*. Oxford: Basil Blackwell. 椋田直子（訳）（1987）．純粋人工知能批判　アスキー

Ericsson, K. A. (1996). *The road to excellence: The acquisition of expert performance in the arts and sciences, sports, and games*. Mahwah, NJ: Lawrence Erlbaum Associates.

Fitts, P. M., & Posner, M. I. (1967). *Human performance*. England: Brooks/Cole Publishing. 関　忠文・野々村　新・常盤　満（訳）（1981）．作業と効率　福村出版

Fleishman, E. A. (1975). Toward a taxonomy of human performance. *American Psychologist, 30* (12), 1127-1149.

藤井春雄（2011）．よくわかる「IE 七つ道具」の本〈ナットク現場改善シリーズ〉　日刊工業新聞社

藤田　忠（1979）．職務分析と労務管理〈新訂版〉　白桃書房

Gilbreth, F. B. (1911). *Motion study: A method for increasing the efficiency of the workman*. New York: D. Van Nostrand.

Guthrie, E. R. (1952). *The psychology of learning*. New York: Harper & Row.

原　ひろみ（2013）．職業能力開発　〈特集〉テーマ別にみた労働統計　日本労働研究雑誌　No.633/April. 22-25.

Hedberg, B. L. T. (1981). How organizations learn and unlearn. In P. C. Nystrom & W. H. Starbuck (Eds.), *Handbook of organizational design.* Vol.1. Oxford: Oxford University Press. pp.3-27.

細田　聡（2005）．技能伝承についての状況論　関東学院大学大学院社会学専攻（編）　現代社会のクロスロード　ハーベスト社　pp.99-114.

生田久美子（1987）．「わざ」から知る〈認知科学選書〉　東京大学出版会

狩野広之（1980）．技能の周辺―その生態と病態― I , II , III　労働科学，56，1-12，65-76.

Kolb, D. A. (1984). *Experiential learning: Experience as the source of learning and development*. Englewood Cliffs, NJ: Prentice Hall.

厚生労働省（2008-2018）．　能力開発基本調査―結果の概要―

　　https://www.mhlw.go.jp/toukei/list/104-1_kekka.html（2019 年 6 月 5 日閲覧）

233

厚生労働省（2015）．職務分析実施マニュアル　厚生労働省（編）　パンフレット No.14.

Lashley, K. S. (1951). The problem of serial order in behavior. In L. A. Jeffress (Ed.), *Cerebral mechanisms in behavior*. New York: Wiley. pp.112-146.

Lave, J., & Wenger, E. (1991). *Situated cognition: Legitimate peripheral participation*. Cambridge: Cambridge University Press. 佐伯　胖（訳）（1993）．状況に埋め込まれた学習―正統的周辺参加―　産業図書

Levitt, B., & March, J. G. (1988). Organizational learning. *Annual Review of Sociology, 14,* 319-340.

Mace, C. A. (1950). The analysis of human skills. *Occupational Psychology, 24* (3), 125-140.

松本雄一（2003）．組織と技能―技能伝承の組織論―　白桃書房

松尾　睦（2006）．経験からの学習―プロフェッショナルへの成長プロセス―　同文舘

McDonald, F. J. (1959). *Educational psychology*. Belmont, California: Wadsworth Publishing.

森　和夫（1996）．最近の製造ラインと保全技能習熟　日本人間工学会第 26 回関東支部大会講演集 pp.38-39.

森清義行（1981）．労働と技能　労働科学叢書 58　労働科学研究所出版部

中村　肇（1997）．高度熟練技能の伝承モデルの提案　人間工学，33，108-109.

野村幸正（1989）．知の体得　福村出版

Orr, J. E. (1990). Sharing knowledge, celebrating identity: Community memory in a service culture. In D. Middleton & D. Edwards (Eds.), *Inquiries in social construction*. Collective remembering, Thousand Oaks, CA, US: Sage Publications. pp.169-189.

小関智弘（2001）．仕事が人をつくる　岩波書店

Polanyi, M. (1966). *The tacit dimension*. London: Routledge & Kegan Paul. 佐藤敬三（訳）（1980）．暗黙の次元　紀伊國屋書店

Ryle, G. (1949). *The concept of mind*. New York: Barnes & Noble. 坂本百大・井上治子・服部裕幸（訳）（1987）．心の概念　みすず書房

佐藤博樹・藤村博之・矢代充史（1999）．新しい人事労務管理　有斐閣

申　紅仙（2017）．職務分析と作業研究　馬場正雄・馬場房子・岡村一成（監）小野公一・関口和代（編）産業・組織心理学〈改訂版〉　pp.221-240.

総務省統計局（2018）．労働力調査　長期時系列データ　総務省統計局
https://www.stat.go.jp/data/roudou/longtime /03roudou.html #hyo_9（2018 年 8 月 20 日閲覧）

田中萬年（1993）．職業訓練カリキュラムの歴史的研究　職業訓練大学校指導報告シリーズ No.12

Taylor, F. W. (1911). *The principle of scientific management*. New York: Harper & Brothers. 有賀裕子（訳）（2009）．〈新訳〉科学的管理法―マネジメントの原点―　ダイヤモンド社

十名直喜（2017）．現代産業論―ものづくりを活かす企業・社会・地域―　水曜社

Welford, A. T. (1976). *Skilled performance: Perceptual and motor skills*. Oxford, England: Scott & Foresman.

■ 第 2 章

Christian, R. (2014). When to use which user-experience research methods.
https://www.nngroup.com/articles/which-ux-research-methods/

畑田豊彦（1986）．VDT と視覚特性　人間工学，22（2），45-52.

東日本旅客鉄道（2011）．JR 東日本グループにおける節電の取組について
https://www.jreast.co.jp/press/2011/20110602.pdf

234

International Ergonomics Associatio (2017). Ergonomic Checkpoints in Health Care Work.
   https://www.iea.cc

International Labour Organization (2010). Ergonomic checkpoint.
   http://www.ilo.org

人事院（2018）．平成 30 年人事院勧告「国家公務員の給与」
   http://www.jinji.go.jp/kyuuyo/index.htm

John, B. E., & Kieras, D. (1994). The COMS family of analysis techniques: Tools for design and evaluation.
   Carnegie Mellon University Computer Science Technical Reports, 94-181.

黒須正明（2013）．人間中心設計推進と規格制定の意義，49（Supplement），S30-S31.

松島公嗣（1995）．光源の特徴と使い分け　電気設備学会誌，15（1），11-21.

正田　亘（1997）．人間工学　恒星社厚生閣

McCormick, E. J. (1976). *Human factors in engineering and design* (4th ed.). New York: McCraw-Hill
   Book.

内閣府 共生社会政策（2008）．バリアフリー・ユニバーサルデザイン推進要綱
   http://www8.cao.go.jp/souki/barrier-free/pdf/youkou.pdf

日本オフィス家具協会（2011）．事務机の高さについて
   http://www.joifa.or.jp/pdf/jimutukue_takasa.pdf

日本色彩研究所（2010）．色彩調査資料　最新データ紹介―色彩連想語― 154.
   http://www.jcri.jp/JCRI/hiroba/COLOR/buhou/154/154-7.htm

西尾健一郎（2011）．緊急節電対策としての一時的な照明間引き　SERC Discussion Paper, 11003.
   https://criepi.denken.or.jp/jp/serc/discussion/download/11003dp.pdf

日本工業規格 JIS（1994）．JIS Z8513：1994　視覚表示装置を用いるオフィス作業―視覚表示装置の
   要求事項―

日本工業規格 JIS（2010）．JIS Z 9110：2010　照度基準総則

日本色彩学会（編）（1980）．新編色彩科学ハンドブック　東京大学出版会

Norman, D. A. (1988). *The design of everyday things*. New York: Basic Books.

岡田　明（2014）．生活用品分野における人間工学の現状と展望　人間工学，50（3），112-116.

大島正光（1965）．アーゴノミクス〈人間工学〉　朝倉書店

大山　正（1997）．色彩の知覚とその心理効果　可視化情報，17（64），2-6.

大須賀美恵子（2014）．情報化の進展と人間工学，50（Supplement），S14-S15.

労働科学研究所（編）（1962）．労働衛生ハンドブック　労働科学研究所出版部

佐藤方彦（1971）．人間工学概論　光生館

斉藤　進（2014）．人間工学のルーツ　人間工学，50（Supplement），S6-S7.

照明学会（2011）．照明電力緊急節電対策　ピーク時間帯での照明電力の節減
   https://www.ieij.or.jp/files/201106setsuden.pdf

The Ronald L. Mace Universal Design Institute (1997). Principles of Universal Design.
   http://udinstitute.org/principles.php

ヴォイチェフ・ヤストシェンボフスキ（著）（1857）．／斉藤　進・松田文子・酒井一博（訳）（2012）．
   人間工学のルーツ「ヴォイチェフ・ヤストシェンボフスキ著　エルゴノミクス概説―自然につい
   ての知識から導かれる真理に基づく労働の科学―」労働科学，88（6），189-219.

高橋貞雄・渕田隆義（1996）．高齢者と推奨照度　照明学会誌，80（7），467-471.

戸上英憲・野呂影勇（1987）．VDT 作業台の最適高さの研究　人間工学，23（3），155-162.

山岡俊樹（2017）．人間工学 3.0 の世界―サービスデザインの世界―　53（Supplement1），S102-S103.

梁瀬度子・細井睦子・森本絢美・花岡利昌（1969）．収納作業の生体負担に関するポリグラフ的研究　人間工学，5（1），45-53.

■ 第3章

アメリカ合衆国労働省労働安全衛生局（編）（2003）．現場に役立つ騒音対策　大原記念労働科学研究所（Swedish work environment fund/ American labor education center (1980). Noise control: A guide for employees and employers. Occupational Safety and Health administration）

Baron, R. A. (1995). How environmental variables influence behaviour at work. In P. Collett & A. Furnham (Eds.), *Social psychology at work*. Routledg. pp.173-198. 長田雅喜・平林　進（訳）（2001）．仕事の社会心理学　ナカニシヤ出版

Bruce, P. B. (Ed.) (1997). Musculoskeletal Disorders and Workplace Factors: A Critical Review of Epidemiologic Evidence for Work-Related Musculoskeletal Disorders of the Neck, Upper Extremity, and Low Back, National Institute for Occupational Safety and Health (NIOSH), Cincinnati, July.

Byrne, D. C., & Morata, T. C. (2018). Noise exposure and hearing disorder. In B. S. Levy, D. H. Wegman, S. L. Baron & R. K. Sokas (Eds.), *Occupational and environmental health*. (7th ed.). New York: Oxford University Press. pp.243-258.

中央労働災害防止協会（2003）．VDT作業の労働安全衛生実務―厚生労働省ガイドラインに基づくVDT作業指導者用テキスト―　中央労働災害防止協会

Freivalds, A., & Niebel, B. (2009). *Niebel's methods, standards, & work design*. Singapore: McGraw Hill.

藤垣裕子（2002）．科学政策論―科学と公共性―　金森　修・中島秀人（編）科学論の現在　勁草書房　pp.149-179.

Hagberg, M. (2000). Epidemiology of neck and upper limb disorders and work place factors. In F. Violante, T. Armstrong & A. Kilbom (Eds.), *Occupational ergonomics: Work related musculoskeletal disorders of the upper limb and back*. Taylor & Francis. pp.20-28.

原　邦夫（2013a）．化学物質のラベル表示制度　小木和孝（編）労働安全保健ハンドブック　労働科学研究所　pp.642-645.

原　邦夫（2013b）．化学物質の安全データシート（SDS）　小木和孝（編）労働安全保健ハンドブック　労働科学研究所　pp.656-659.

堀江正知（2013）．温熱環境対策　小木和孝（編）労働安全保健ハンドブック　労働科学研究所　pp.594-597.

International Labour Office (2010). *Ergonomic checkpoints*. Geneva: International labour organization. 小木和孝（訳）（2014）．人間工学チェックポイント　労働科学研究所

伊藤昭好（2013）．騒音の測定と評価　小木和孝（編）労働安全保健ハンドブック　労働科学研究所　pp.598-601.

伊藤裕之（2007）．映像環境 7.1 概要　栃原　裕（編）人間環境デザインハンドブック　丸善出版　pp.297-300.

城内　博（2013）．GHS（化学品の分類および表示に関する世界調和システム）　小木和孝（編）労働安全保健ハンドブック　労働科学研究所　pp.646-649.

狩野広之（1970）．ホーソン実験の話　労働の科学，25（3），4-11.

甲田茂樹（2013）．労働安全法制度の進展　小木和孝（編）労働安全保健ハンドブック　労働科学研究所　pp.18-21.

厚生労働省（1992a）．事業者が講ずべき快適な職場環境の形成のための措置に関する指針

https://www.mhlw.go.jp/web/t_doc?dataId=74110500&dataType=0&pageNo=1（2019 年 1 月 31 日閲覧）

厚生労働省（1992b）．事業者が講ずべき快適な職場環境の形成のための措置に関する指針」について

　　https://anzeninfo.mhlw.go.jp/anzen/hor/hombun/hor1-21/hor1-21-3-1-0.htm（2019 年 1 月 31 日閲覧）

厚生労働省（2013）．職場における腰痛予防対策指針

　　https://www.mhlw.go.jp/stf/houdou/youtsuushishin.html（2019 年 1 月 31 日閲覧）

厚生労働省（2015）．化学物質等による危険性又は有害性等の調査等に関する指針について

　　https://www.mhlw.go.jp/file/06-Seisakujouhou-11200000-Roudoukijunkyoku/0000098259.pdf（2019
年 1 月 31 日閲覧）

厚生労働省（2017）．職場における熱中症による死傷災害の発生状況

　　https://www.mhlw.go.jp/file/04-Houdouhappyou-11303000-Roudoukijunkyokuanzeneiseibu-
Roudoueiseika/hasseijoukyou_1.pdf（2019 年 1 月 31 日閲覧）

厚生労働省（2019）．情報機器作業における労働衛生管理のためのガイドライン

　　https://www.mhlw.go.jp/content/000528418.pdf（2019 年 8 月 30 日閲覧）

厚生労働省労働基準局（2013）．化学物質のリスクアセスメントの義務化

　　https://www.jisha.or.jp/international/exchange/report06/pdf/symposium20150205_01_japan.pdf（2019
年 1 月 31 日閲覧）

前田節雄（2013）．振動の測定と評価　小木和孝（編）労働安全保健ハンドブック　労働科学研究所
pp.606-609.

眞野喜洋（2013）．酸素欠乏症　小木和孝（編）労働安全保健ハンドブック　労働科学研究所
pp.692-695.

宮本俊明（2013）．熱中症　小木和孝（編）労働安全保健ハンドブック　労働科学研究所　pp.752-
755.

森本泰夫・堀江祐範（2013）．粉じんによる障害　小木和孝（編）労働安全保健ハンドブック　労働
科学研究所　pp.860-863.

名古屋俊士（2013）．粉じんの測定と対策　小木和孝（編）労働安全保健ハンドブック　労働科学研
究所　pp.674-677.

日本建築学会（2014）．日本建築学会環境基準 AIJES-H0004-2014 温熱心理・生理測定法規準・同解説
丸善出版

日本工業標準調査会（2018）．JIS Q 45001：労働安全衛生マネジメントシステム―要求事項および利
用の手引き―　日本規格協会

日本産業衛生学会（2018）．許容濃度等の勧告（2018 年度）　産業衛生学雑誌，60（5），116-148.

二塚　信（2013）．振動障害　小木和孝（編）労働安全保健ハンドブック　労働科学研究所　pp.768-
771.

Parsons, K. (2014). Heat stress. In K. Parsons (Ed.), *Human thermal environments: The effects of hot,
moderate, and cold environments on human health, comfort, and performance* (3rd ed.). Boca Raton:
CRC Press. pp.331-345.

Ramazzini, B. (1713). *De morbis artificum diatribe*. Hafner Publishing. 東　敏明（監訳）（2004）．働く人
の病　産業医学振興財団

労働政策研究・研修機構（2018）．職業別就業者数

　　https://www.jil.go.jp/kokunai/statistics/chart/html/g0006.html（2019 年 1 月 31 日閲覧)

労働省（1992）．騒音障害防止のためのガイドライン

　　https://www.mhlw.go.jp/file/06-Seisakujouhou-11200000-Roudoukijunkyoku/0000180471.pdf（2019

年 1 月 31 日閲覧）

照明学会（2003）．照明ハンドブック　オーム社

外山尚紀（2013）．石綿（アスベスト）小木和孝（編）労働安全保健ハンドブック　労働科学研究所 pp.678-681.

有藤平八郎（2013）．化学物質の有害性評価　小木和孝（編）労働安全保健ハンドブック　労働科学研究所　pp.174-175.

大和　浩（2013）．禁煙・たばこ依存・受動喫煙　小木和孝（編）労働安全保健ハンドブック　労働科学研究所　pp.810-813.

吉川　徹（2013）．職域における血液媒介病原体対策　小木和孝（編）労働安全保健ハンドブック　労働科学研究所　pp. 940-943.

■ 第 4 章

Åkerstedt, T. (1988). Sleepiness as a consequence of shift work. *Sleep, 11* (1), 17-34.

Åkerstedt, T. (1996). *Wide awake at odd hours: Shiftwork, time zones and burning the midnight oil.* Stockholm: Swedish Council for Working Life Research. pp.52-53.

Åkerstedt, T., & Folkard, S. (1995). Validation of the S and C components of the three-process model of alertness regulation. *Sleep, 18* (1), 1-6.

Åkerstedt, T., Nilsson, P. M., & Kecklund, G. (2009). Sleep and recovery. In S. Sonnentag, P. L, Perrewé & D. C. Ganster (Eds.), *Currest perspectives on job-stress recovery: Research in occupational stress and well being.* Vol.7. pp.205-247.

Anund, A., Fors, C., Ihlström, J., & Kecklund, G. (2018). An on-road study of sleepiness in split shifts among city bus drivers. *Accident Analysis & Prevention,114*, 71-76.

Bambra, C., Whitehead, M., Sowden, A., Akers, J., & Petticrew, M. (2008). "A hard day's night?" The effects of compressed working week interventions on the health and work-life balance of shift workers: Asystematic review. *Journal of Epidemiol Community Health, 62* (9), 764-777.

Barton, J., Spelten, E., Totterdell, P., Smith, L., & Folkard, S. (1995). Is there an optimum number of night shifts? Relationship between sleep, health and well-being. *Work Stress, 9* (2-3), 109-123.

Basner, M., & Dinges, D. F. (2009). Dubious bargain: Trading sleep for Leno and Letterman. *Sleep, 32* (6), 747-752.

Basner, M., Fomberstein, K. M., Razavi, F. M., Banks, S., William, J. H., Rosa, R. R., & Dinges, D. F. (2007). American time use survey: Sleep time and its relationship to waking activities. *Sleep, 30* (9), 1085-1095.

Belenky, G., Wesensten, N. J., Thorne, D. R., Thomas, M. L., Sing, H. C., Redmond, D. P., Russo, M. B., & Balkin, T. J. (2003). Patterns of performance degradation and restoration during sleep restriction and subsequent recovery: A sleep dose-response study. *Journal of Sleep Resarch, 12* (1), 1-12.

Bittman, M. (2005). Sunday working and family time. *Labour & Industry, 16*, 59-83.

Bjorvatn, B., Kecklund, G., & Akerstedt, T. (1998). Rapid adaptation to night work at an oil platform, but slow readaptation after returning home. *Journal of Occupational and Environmental Medicine, 40* (7), 601-608.

Borbély, A. A. (1982). A two process model of sleep regulation. *Human neurobiology, 1* (3), 195-204.

Born, J., Hansen, K., Marshall, L., Mölle, M., & Fehm, H. L. (1999). Timing the end of nocturnal sleep. *Nature, 397* (6714), 29-30.

Bracci, M., Copertaro, A., Manzella, N., Staffolani, S., Strafella, E., Nocchi, L., Barbaresi, M., Copertaro, B., Rapisarda, V., Valentino, M., & Santarelli, L. (2013). Influence of night-shift and napping at work on urinary melatonin, 17- β -estradiol and clock gene expression in pre-menopausal nurses. *Journal of Biological Regulators & Homeostatic Agents, 27* (1), 267-274.

Brainard, G. C., Hanifin, J. P., Greeson, J. M., Byrne, B., Glickman, G., Gerner, E., & Rollag, M. D. (2001). Action spectrum for melatonin regulation in humans: Evidence for a novel circadian photoreceptor. *Journal of Neuroscience, 21* (16), 6405-6412.

Broughton, R. (1975). Biorhythmic variations in consciousness and psychological functions. *Canadian Psychological Review, 16*, 217-239.

Cajochen, C., Khalsa, S. B., Wyatt, J. K., Czeisler, C. A., & Dijk, D. J. (1999). EEG and ocular correlates of circadian melatonin phase and human performance decrements during sleep loss. *American Journal of Physiology, 277* (3 Pt 2), R640-649.

Carskadon, M. A., & Dement, W.C. （1979）. Effects of total sleep loss on sleep tendency. *Perceptual and Motor Skills, 48*, 495-506.

Carskadon, M. A., & Dement, W. C. (1982a). Nocturnal determinants of daytime sleepiness. *Sleep, 5 Suppl 2*, S73-81.

Carskadon, M.A., & Dement, W. C. (1982b). The multiple sleep latency test: what does it measure? *Sleep, 5 Suppl 2*, S67-72.

Carskadon, M. A., Deement, W. C., Mitler, M. M., Roth, T., Westbrook, R. P., & Keenan, S. (1986). Guidelines for the Multiple Sleep Latency Test (MSLT): A standard measure of sleepiness. *Sleep, 9* (4), 519-524.

Centofanti, S. A., Dorrian, J., Hilditch, C. J., & Banks, S. (2017). Do night naps impact driving performance and daytime recovery sleep? *Accident Analysis & Prevention, 99* (Pt B), 416-421.

Czeisler, C. A., Moore-Ede, M. C., & Coleman, R. H. (1982). Rotating shift work schedules that disrupt sleep are improved by applying circadian principles. *Science, 217* (4558), 460-463.

Czeisler, C. A., Weizmann, E. D., Moor-Ede, M. C., Zimmerman, J. C., & Knauer, R. S.(1980). Human sleep: Its duration and organization depend on its circadian phase. *Science, 210*, 1264-1267.

Davidson, A. J., Sellix, M. T., Daniel, J., Yamazaki, S., Menaker, M., & Block, G. D. (2006). Chronic jet-lag increases mortality in aged mice. *Current Biology, 6* (21), R914-916.

Dawson, D., Ian Noy, Y., Härmä, M., Åkerstedt, T., & Belenky, G. (2011). Modelling fatigue and the use of fatigue models in work settings. *Accident Analysis & Prevention, 43* (2), 549-564.

Dawson, D., & Reid, K. (1997). Fatigue, alcohol and performance impairment. *Nature, 388* (6639), 235.

Dement, W. C., Seidel, W., & Carskadon, M. A. (1982). Daytime Alertness, insomnia, and benzodiazepines. *Sleep, 5*, S28-S45.

Diekmann, A., Ernst, G., & Nachreiner, F. (1981). Auswirkungen der Schichtarbeit des Vaters auf dir schulische Entwicklung der Kinder. *Zeitschrift für Arbeitwissenshaft, 3*, 174-178.

Dinges, D. F., Pack, F., Williams, K., Gillen, K. A., Powell, J. W., Ott, G. E., Aptowicz, C., & Pack, A. I. (1997). Cumulative sleepiness, mood disturbance, and psychomotor vigilance performance decrements during a week of sleep restricted to 4-5 hours per night. *Sleep, 20* (4), 267-277.

Dinges, D. F., & Powell, J. W. (1985). Microcomputer analyses of performance on a portable, simple visual RT task during sustained operations. *Behavior Research Methods, Instruments, & Computers, 17*, 652-655.

Duffy, J. F., Cain, S. W., Chang, A. M., Phillips, A. J., Münch, M.Y., Gronfier, C., Wyatt, J. K., Dijk, D. J.,

Wright, K. P. Jr., & Czeisler, C. A. (2011). Sex difference in the near-24-hour intrinsic period of the human circadian timing system. Proceedings of *the National Academy of Sciences of the United States of America, 108*, Suppl 3, 15602-15608.

EUR-Lex (2003). Directive 2003/88/EC of the European Parliament and of the Council of 4 November 2003 concerning certain aspects of the organisation of working time. https://eur-lex.europa.eu/legal-content/EN/TXT/?uri=CELEX:32003L0088（2019 年 5 月 10 日閲覧）

Folkard, S. (2008). Do permanent night workers show circadian adjustment? A review based on the endogenous melatonin rhythm. *Chronobiology international, 25* (2), 215-224.

古沢一夫・白井伊三郎（1936）．重筋的労働の研究　労働科学研究，13，203-217.

Fushimi, A., & Hayashi, M. (2008). Pattern of slow-wave sleep in afternoon naps. *Sleep and Biological Rhythms, 6* (3), 187-189.

Gottlieb, D. J., Redline, S., Nieto, F. J., Baldwin, C. M., Newman, A. B., Resnick, H. E., & Punjabi, N. M. (2006). Association of usual sleep duration with hypertension: The Sleep Heart Health Study. *Sleep, 29* (8), 1009-1014.

Grandjean, E. (1968). Fatigue: Its physiological and psychological significance. *Ergonomics, 11* (5), 427-436.

Gujar, N., McDonald, S. A., Nishida, M., & Walker, M. P. (2011). A role for REM sleep in recalibrating the sensitivity of the human brain to specific emotions. *Cerebral Cortex, 21* (1), 115-123.

Halberg, F. (1959). Physiologic 24-hour periodicity: General and procedural considerations with reference to the adrenal cycle. *Internationale Zeitschrift für Vitaminforschung/ Beiheft, 10*, 225-296.

Hayashi, M., Motoyoshi, N., & Hori, T. (2005). Recuperative power of a short daytime nap with or without stage 2 sleep. *Sleep, 28* (7), 829-836.

Hochschild, A. R. (1979/2013). *The managed heart: Commercialization of human feeling.* University of California Press. 石川　准（訳）（2000）．管理される心—感情が商品になるとき—　世界思想社

Holl, R. W., Hartman, M. L., Veldhuis, J. D., Taylor, W. M., & Thorner, M. O. (1991). Thirty-second sampling of plasma growth hormone in man: correlation with sleep stages. *The Journal of Clinical Endocrinology and Metabolism, 72* (4), 854-861.

Horne, J. A., & Östberg, O. (1976). A self-assessment questionnaire to determine morningness-eveningness in human circadian rhythms. *International Journal of Chronobiology, 4* (2), 97-110.

Iber, C., Ancoli-Israel, S., Chesson, A., & Quan, S . (2007). *Scoring manual: The AASM manual for the scoring of sleep and associated events rules, terminology and technical specifications.* Westchester, IL: American Academy of Sleep Medicine.

ICAO (2015). Fatigue Management Guide for Airline Operators (2nd ed.). https://www.icao.int/safety/fatiguemanagement/FRMS%20Tools/FMG%20for%20Airline%20Operators%202nd%20Ed%20(Final)%20EN.pdf（2019 年 5 月 10 日閲覧）

Ikeda, H., Kubo, T., Izawa, S., Takahashi, M., Tsuchiya, M., Hayashi, N., & Kitagawa, Y. (2017). Impact of daily rest period on resting blood pressure and fatigue: A one-month observational study of daytime employees. *The Journal of Occupational and Environmental Medicine, 59* (4), 397-401.

Ingre, M., Åkerstedt, T., Ekstedt, M., & Kecklund, G. (2012). Periodic self-rostering in shift work: correspondence between objective work hours, work hour preferences (personal fit), and work schedule satisfaction. *Scandinavian Journal of Work, Environment & Health, 38* (4), 327-336.

International Agency for Research on Cancer. (2010). *IARC monographs on the evaluation of carcinogenic risks to humans. Painting, firefighting, and shiftwork.* Lyon: International Agency for Research on

240

Cancer.

Jay, S. M., Lamond, N., Ferguson, S. A., Dorrian, J., Jones, C. B., & Dawson, D. (2007). The ncharacteristics of recovery sleep when recovery opportunity is restricted. *Sleep, 30* (3), 353-360.

Jewett, M. E., Wyatt, J. K., Ritz-De Cecco, A., Khalsa, S. B., Dijk, D. J., & Czeisler, C. A. (1999). Time course of sleep inertia dissipation in human performance and alertness. *Journal of Sleep Research, 8* (1), 1-8.

John, U., Meyer, C., Rumpf, H. J., & Hapke, U. (2005). Relationships of psychiatric disorders with sleep duration in an adult general population sample. *Journal of Psychiatric Research, 39* (6), 577-583.

Kaneita, Y., Ohida, T., Uchiyama, M., Takemura, S., Kawahara, K., Yokoyama, E., Miyake, T., Harano, S., Suzuki, K., & Fujita, T. (2006). The relationship between depression and sleep disturbances: A Japanese nationwide general population survey. *The Journal of Clinical Psychiatry, 67* (2), 196-203.

Kecklund, G., & Åkerstedt, T. (1995). Effects of timing of shifts on sleepiness and sleep duration. *Journal of Sleep Research, 4* (S2), 47-50.

Kecklund, G., & Åkerstedt, T. (2004). Apprehension of the subsequent working day is associated with a low amount of slow wave sleep. *Biological Psychology, 66* (2), 169-176.

Kecklund, G., & Axelsson, J. (2016). Health consequences of shift work and insufficient sleep. *BMJ, 355*, i5210. doi: https://doi.org/10.1136/bmj.i5210

Kitamura, S., Hida, A., Enomoto, M., Watanabe, M., Katayose, Y., Nozaki, K., Aritake, S., Higuchi, S., Moriguchi, Y., Kamei, Y., & Mishima, K. (2013). Intrinsic circadian period of sighted patients with circadian rhythm sleep disorder, free-running type. *Biological Psychology, 73* (1), 63-69.

Kleitman, N. (1939/1963). *Sleep and wakefulness*. Chicago: The University of Chicago Press.

Knauth, P., & Rutenfranz, J. (1982). Development of criteria for the design of shiftwork systems. *Journal of Human Ergology, 11 Suppl*, 337-367.

Knutsson, A. (2003). Health disorders of shift workers. *Occupational Medicine (Lond), 53* (2), 103-108.

厚生労働省（1989）．自動車運転者の労働時間等の改善の基準
https://www.mhlw.go.jp/stf/seisakunitsuite/bunya/koyou_roudou/roudoukijun/gyosyu/roudoujouken05/index.html（2019 年 6 月 21 日閲覧）

厚生労働省（2014）．過労死等防止対策に関する法令・過労死等防止対策推進協議会
https://www.mhlw.go.jp/stf/seisakunitsuite/bunya/0000053525.html（2019 年 6 月 21 日閲覧）

小木和孝（1977）．疲労から休息への移行―疲労の自覚と他覚に共通する仕組み―　科学，47（7），394-403.

小木和孝（1983/1994）．現代人の疲労　紀伊國屋書店

小木和孝（1996）．10. 3 交替制　三浦豊彦・池田正之・桜井治彦・鈴木継美・高田　勗・西岡　昭・野村　茂・房村信雄（編）現代労働衛生ハンドブック　労働科学研究所　p.1220.

小木和孝・藤野明宏・加地　浩（訳）（1997）．労働における安全と保健―英国の産業安全保健制度改革―　委員会報告 1970-72 年　委員長ローベンス卿　労働科学研究所出版部

久保達彦（2014）．我が国の深夜交替制勤務労働者数の推計　産業医科大学雑誌，36（4），273-236.

Kubo, T., Izawa, S., Tsuchiya, M., Ikeda, H., Miki, K., & Takahashi, M. (2018). Day-to-day variations in daily rest periods between working days and recovery from fatigue among information technology workers: One-month observational study using a fatigue app. *Journal of Occupational Health, 60* (5), 394-403.

Lavie, P. (1986). Ultrashort sleep-waking schedule. III.'Gates'and 'forbidden zones' for sleep. *Electroencephalography and Clinical Neurophysiology, 63* (5), 414-425.

Lenzing, K., & Nachreiner, F. (2000). Effects of father's shift work on children-results of an interview study with children of school age. In S. Hornberger, P. Knauth, G. Costa & S. Folkard (Eds.), *Shiftwork in the 21st century*. Frankfurt am Main: Peter Lang. pp.399-404.

Lockley, S. W., Evans, E. E., Scheer, F. A., Brainard, G. C., Czeisler, C. A., & Aeschbach, D.(2006). Short-wavelength sensitivity for the direct effects of light on alertness, vigilance, and the waking electroencephalogram in humans. *Sleep, 29* (2), 161-168.

Lubin, A., Hord, D. J., Tracy, M. L., & Johnson, L. C. (1976). Effects of exercise, bedrest and napping on performance decrement during 40 hours. *Psychophysiology, 13* (4), 334-339.

松本一弥（1984）．6. 交代制勤務　鳥居鎮夫（編）睡眠の科学　朝倉書店　pp.127-147.

Minors, D. S., & Waterhouse, J. M. (1981). Anchor sleep as a synchronizer of rhythms on abnormal routines. *International Journal of Chronobiology, 7* (3), 165-188.

Moore-Ede, M. C. (1993). *The twenty-four hour society*. Addison-Wesley Publishing Company. 青木　薫（訳）（1994）．大事故は夜明け前に起きる　講談社

Naitoh, P., Englund, C. E., & Ryman, D. H. (1985). Circadian rhythms determined by cosine curve fitting: Analysis of continuous work and sleep-loss data. *Behavior Research Methods, Instruments, & Computers, 17* (6), 630-641.

日本産業衛生学会産業疲労研究会　疲労自覚症状調査票検討小委員会（1970）．産業疲労の「自覚症状しらべ」についての報告　労働の科学，25（6），12-62.

脳心臓疾患の認定基準に関する専門検討会（2001）．脳心臓疾患の認定基準に関する専門検討会報告書　平成 13 年 11 月 16 日

沼尻幸吉（1972）．働く人のエネルギー消費　労働科学研究所

Ong, J. C., Arnedt, J. T., & Gehrman, P. R. (2016). Insomnia diagnosis, assessment, and evaluation. In M. Kryger, T. Roth & W. C. Dement (Eds.), *Principles and practice of sleep medicine* (6th ed.). Philadelphia: Elsevier. pp.785-793.

Rechtschaffen, A., & Kales, A. (1968). *A manual of standardized terminology, techniques and scoring system for sleep stages of human subjects*. Los Angeles, CA: UCLA Brain Information Service/ Brain research Institute.

Roenneberg, T., Wirz-Justice, A., & Merrow, M. (2003). Life between clocks: Daily temporal patterns of human chronotypes. *Journal of Biological Rhythms, 18* (1), 80-90.

Rosekind, M. R., Graeber, R. C., Dinges, D. F., Connell, L. J., Rountree, M. S., Spinweber, C. L., & Gillen, K. A. (1994). Crew factors in flight operations IX: Effects of planned cockpit rest on crew performance and alertness in long-haul operations, NASA Ames Research Center. Report No: DOT/FAA/92/24.

Rutenfranz, J. (1976). Arbeitsmedizinische Erwartungen an die Ergonomie. In W. Brenner, W. Rohmert & J. Rutenfranz (Eds.), *Ergonomische Aspekte der Arbeitsmedizin*. Stuttgart. Alfons W. Gentner Verlag. pp.31-37.

斎藤良夫（1988）．産業疲労とは何か　日本産業衛生学会・産業疲労研究会（編）産業疲労ハンドブック　労働基準調査会　pp.13-22.

斎藤良夫（1993）．労働者の疲労とストレス―研究の構造からみた両者の相違―　*Bull Inst Public Health, 42* (3), 375-384.

斎藤良夫（1995）．労働者の過労概念の検討　労働科学，71（1），1-9.

斎藤良夫（1996a）．産業衛生協会・産業疲労委員会による労働者の疲労研究の検討―機能検査法を中心にして―　労働科学，72（10），385-395.

斎藤良夫（1996b）．生活概念としての疲れとストレス　労働科学，72（3），101-109.

斎藤良夫（2004）．労働者の疲労の研究方法に関する諸問題　労働科学　80（1），30-37．

斎藤良夫（2005）．労働者の疲労をどのように研究するべきか　中央大学教育学論集，47，205-221．

斎藤良夫（2016）．労働者の疲労研究における生理的実体理論の批判的検討　労働科学，92（1/2），1-16．

斎藤良夫・小木和孝・柏木繁男（1970）．疲労自覚症状の類型化について　労働科学，46，205-224．

斎藤良夫・松本一弥（1988）．睡眠時刻の推移にともなう生理・心理機能の変動とそれらの関係　産業医学，30，196-205．

Saito, Y., & Sasaki, T. (1996c). The effect of length of a nocturnal nap on fatigue feelings during subsequent early morning hours. *The Journal of Science of Labour, 72* (1), 15-23.

酒井一博（2002）．日本産業衛生学会産業疲労研究会撰「自覚症しらべ」の改訂作業　労働の科学，57，295-298．

Sakai, K., & Kogi, K. (1986). Conditions for three-shift workers to take nighttime naps effectively. In. M. Haider, M. Koller & R. Cervinka (Eds.), *Night and shiftwork: Longterm effects and their prevention*. Frankfurt: Peter Lang. pp.173-180.

産業衛生協会・産業疲労委員会撰（1957/1962）．疲労判定のための機能検査法　同文書院

佐々木　司（2013）．疲労と過労　小木和孝（編）産業安全保健ハンドブック　労働科学研究所出版 pp.424-427．

佐々木　司（2014）．超長時間運航時代の国際線運航乗務員の睡眠と安全リスク対策　白川修一郎・高橋正也（監）睡眠マネジメント─産業衛生・疾病との係わりから最新改善対策まで─　NTS pp.100-114．

佐々木　司・菊池安行・斎藤良夫（1992）．夜間時間帯にとられる仮眠の効果に関する文献的考察 労働科学，68（2），47-59．

Segawa, K., Nakazawa, S., Tsukamoto, Y., Kurita, Y., Goto, H., Fukui, A., & Takano, K. (1987). Pepticulcer is prevalent among shift workers. *Digestive Diseases and Sciences, 32* (5), 449-453.

Shen, J., Barbera, J., & Shapiro, C. M. (2006). Distinguishing sleepiness and fatigue: Focus on definition and measurement. *Sleep Medicine Reviews, 10* (1), 63-76.

Solms, M. (2000). Dreaming and REM sleep are controlled by different brain mechanisms. *Behavioral and Brain Sciences, 23* (6), 843-850.

Stampi, C. (1992). The effects of polyphasic and ultrashort sleep schedules. In C. Stampi (Ed.), *Why we nap. evolution, chronobiology, and functions of polyphasic and ultrashort sleep*. Boston: Birkhäuser. pp.137-179.

Stevens, R. G. (1987). Electric power use and breast cancer: A hypothesis. *American Journal of Epidemiology, 125* (4), 556-561.

Stevens, R. G., Hansen, J., Costa, G., Haus, E., Kauppinen, T., Aronson, K. J., Castaño-Vinyals, G., Davis, S., Frings-Dresen, M. H., Fritschi, L., Kogevinas, M., Kogi, K., Lie, J. A., Lowden, A., Peplonska, B., Pesch, B., Pukkala, E., Schernhammer, E., Travis, R. C., Vermeulen, R., Zheng, T., Cogliano, V., & Straif, K. (2011). Considerations of circadian impact for defining 'shift work' in cancer studies: IARC Working Group Report. *Occupational and Environmental Medicine, 68* (2), 154-162.

Strogatz, S. H., Kronauer, R. E., & Czeisler, C. A. (1987). Circadian pacemaker interferes with onset at specific times each day: Role in insomnia. *American Journal of Physiology, 253* (1 Pt 2), R172-178.

Takahashi, M. (2003). The role of prescribed napping in sleep medicine. *Sleep Medicine Reviews, 7* (3), 227-235.

Tamakoshi, A., & Ohno, Y. (2004). Self-reported sleep duration as a predictor of all-cause mortality: Results from the JACC study, Japan. *Sleep, 27* (1), 51-54.

暉峻義等（1925）．産業疲労　横手叢書

Torsvall, L., & Åkerstedt, T. (1980). A diurnal type scale. Construction, consistency and validation in shift work. *Scandinavian Journal of Work, Environment & Health, 6* (4), 283-290.

Torsvall, L., & Åkerstedt, T. (1987). Sleepiness on the job: Continuously measured EEG changes in train drivers. *Electroencephalography and Clinical Neurophysiology, 66* (6), 502-511.

Tsuchiya, M., Takahashi, M., Miki, K., Kubo, T., & Izawa, S. (2017). Cross-sectional associations between daily rest periods during weekdays and psychological distress, non-restorative sleep, fatigue, and work performance among information technology workers. *Industrial Health, 55* (2), 173-179.

Uehata, T. (2005). Karoshi, death by overwork. *Nihon Rinsho, 63* (7), 1249-1253.

Van Dongen, H. P. A., Baynard, M. D., Maislin. G., & Dinges, D. F. (2004). Systematic interindividual differences in neurobehavioral impairment from sleep loss: Evidence of trait-like differential vulnerability. *Sleep, 27* (3), 423-433.

Van Dongen, H. P. A., & Belenky, D. (2008). Alertness level. In M. D. Binder, N. Hirokawa & U. Windhorst (Eds.), *Encyclopedia of neuroscience*. Berlin, Germany: Springer. pp.75-77.

Van Dongen, H. P. A., Maislin, G., Mullington, J. M., & Dinges, D. F. (2003). The cumulative cost of additional wakefulness: Dose-response effects on neurobehavioral functions and sleep physiology from chronic sleep restriction and total sleep deprivation. *Sleep, 26* (2), 117-126.

Vedaa, Ø., Harris, A., Bjorvatn, B., Waage, S., Sivertsen, B., Tucker, P., & Pallesen, S. (2016). Systematic review of the relationship between quick returns in rotating shift work and health-related outcomes. *Ergonomics, 59* (1),1-14.

Vedaa, Ø., Mørland, E., Larsen, M., Harris, A., Erevik, E., Sivertsen, B., Bjorvatn, B., Waage, S., & Pallesen, S. (2017). Sleep detriments associated with quick returns in rotating shift work: A diary study. *Journal of Occupational and Environmental Medicine, 59* (6), 522-527.

Viola, A. U., Archer, S. N., James, L. M., Groeger, J. A., Lo. J. C., Skene, D. J., von Schantz, M., & Dijk, D. J. (2007). PER3 polymorphism predicts sleep structure and waking performance. *Current Biology, 17* (7), 613-618.

Wertz, A. T., Ronda, J. M., Czeisler, C. A., & Wright, K. P Jr. (2006). Effects of sleep inertia on cognition. *JAMA, 295* (2), 163-164.

Wesensten, N. J., Belenky, G., Thorne, D. R., Kautz, M. A., & Balkin, T. J. (2004). Modafinil vs. caffeine: Effects on fatigue during sleep deprivation. *Aviation, Space, and Environmental Medicine, 75* (6), 520-525.

Wever, R. A. (1979). *The circadian system of man: Results of experiments under temporal isolation*. New York: Springer-Verlag.

Wittmann, M., Dinich, J., Merrow, M., & Roenneberg, T. (2006). Social jetlag: Misalignment of biological and social time. *Chronobiology International, 23* (1-2), 497-509.

吉田有希・佐々木　司・三澤哲夫・肝付邦憲（1998）．12時間2連続夜勤を想定した夜間覚醒時にとる仮眠の効果―仮眠後の覚醒水準に及ぼす影響―　労働科学, 74（10）, 378-390.

■第5章

Cannon, W. B. (1932). *Wisdom of the body*. London: Kegan Paul, Trench, Trubner and Company Ltd. 舘　鄰・舘　澄江（訳）（1981）．からだの知恵　講談社

文献

中央労働災害防止協会（2015）．衛生管理者の実務〈第 5 版〉 中央労働災害防止協会

Dohrenwend, B. P., & Dohrenwend, B. S. (1974). *Stressful life events: Their nature and effects*. New York: John Wiley & Sons.

Holmes, T. H., & Rahe, R. H. (1967). The social readjustment rating scale. *Journal of Psychosomatic Research, 11*, 213-218.

Hurrell, J. J., & Mclaney, M. A. (1988). Exposure to job stress: A new psychometric instrument. *Scandinavian Journal of Work, Environment, and Health, 14* (supplement 1), 27-28.

市川佳居（2004）．EAP 導入の手順と運用 かんき出版

厚生労働省（2011）．精神障害の労災認定
https://www.mhlw.go.jp/bunya/roudoukijun/rousaihoken04/dl/120427.pdf（2018 年 9 月 11 日閲覧）

厚生労働省（2015a）．職場における心の健康づくり―労働者の心の健康の保持増進のための指針―
https://www.mhlw.go.jp/file/06-Seisakujouhou-11300000-Roudoukijunkyokuanzeneiseibu/0000153859.pdf（2018 年 9 月 11 日閲覧）

厚生労働省（2015b）．改正労働安全衛生法に基づくストレスチェック制度について
https://www.mhlw.go.jp/bunya/roudoukijun/anzeneisei12/pdf/150422-1.pdf（2018 年 9 月 11 日閲覧）

厚生労働省（2016）．労働安全衛生法に基づくストレスチェック制度実施マニュアル
https://www.mhlw.go.jp/bunya/roudoukijun/anzeneisei12/pdf/150507-1.pdf（2018 年 9 月 11 日閲覧）

厚生労働省（2018a）．過労死等の防止のための対策に関する大綱（平成 30 年 7 月 24 日閣議決定）の概要
https://www.mhlw.go.jp/content/11201000/30_TAIKOU_HOUDOU_BETTEN1.pdf（2018 年 9 月 11 日閲覧）

厚生労働省（2018b）．心理的な負担の程度を把握するための検査及び面接指導の実施並びに面接指導結果に基づき事業者が講ずべき措置に関する指針（ストレスチェック指針）
https://www.mhlw.go.jp/file/04-Houdouhappyou-11201250-Roudoukijunkyoku-Roudoujoukenseisakuka/0000082591.pdf（2018 年 9 月 11 日閲覧）

Lazarus, R. S., & Folkman, S. (1984). *Stress, appraisal, and coping*. New York: Springer.

日本 EAP 協会（1998）．国際 EAP 学会（EAPA）による EAP の定義
http://eapaj.umin.ac.jp/coretech.html（2019 年 7 月 16 日閲覧）

裁判所（2000）．最高裁判所判例集 民集，54（3），1155．
http://www.courts.go.jp/app/hanrei_jp/detail2?id=52222（2018 年 9 月 11 日閲覧）

Selye, H. (1967). *In vivo: The case for supramolecular biology*. New York: Liveright Publishing Corp. 細谷東一郎（訳）（1998）．生命とストレス―超分子生物学のための事例― 工作舎

島津明人（2006）．コーピングと健康 小杉正太郎（編） ストレスと健康の心理学 朝倉書店 pp.21-34.

下光輝一・大野 裕・中村 賢・横山和仁（2000）．「ストレス測定」研究グループ報告 労働省平成 11 年度「作業関連疾患の予防に関する研究」労働の場におけるストレス及びその健康影響に関する研究報告書 pp.126-164 東京医科大学衛生学公衆衛生学教室

WHO (1992). The ICD-10 classification of mental and behavioural disorders: Clinical descriptions and diagnostic guidelines. 融 道男・中根允文・小見山 実・岡崎祐士・大久保善朗（監訳）（2005）．ICD-10 精神および行動の障害 臨床記述と診断のガイドライン〈新訂版〉 医学書院

吉川 徹・川上憲人・小木和孝・堤 明純・島津美由紀・長見まき子・島津明人（2007）．職場環境改善のためのメンタルヘルスアクションチェックリストの開発 産業衛生学雑誌，49（4），127-142.

■ 第6章

芳賀　繁（2000）．失敗のメカニズム―忘れ物から巨大事故まで―　日本出版サービス

芳賀　繁（2007）．違反とリスク行動の心理学　三浦利章・原田悦子（編）事故と安全の心理学　東京大学出版会　pp.8-22.

芳賀　繁（2009）．安全技術では事故を減らせない―リスク補償行動とホメオスタシス理論―　電子情報通信学会技術研究報告，109，9-11.

芳賀　繁・赤塚　肇・楠神　健・金野祥子（1994）．質問紙調査によるリスクテイキング行動の個人差と要因の分析　鉄道総研報告，8，19-24.

Heinrich, H. W., Petersen, D., & Roos, N. (1980). *Industrial accident prevention* (5th ed.). McGraw-Hill. 総合安全工学研究所（訳）(1982). ハインリッヒ産業災害防止論　海文堂

広瀬弘忠（1993）．リスク・パーセプション　日本リスク研究学会誌，5，78-81.

警察庁（2018）．平成29年中の交通事故の発生状況
　　https://www.npa.go.jp/publications/statistics/koutsuu/toukeihyo.html

木下富雄（1997）．科学技術と人間の共生―リスク・コミュニケーションの思想と技術―　有福考岳（編）環境としての自然・社会・文化　京都大学学術出版会

航空・鉄道事故調査委員会（2002）．航空事故調査報告書
　　http://www.mlit.go.jp/jtsb/aircraft/rep-acci/2002-5-JA8904.pdf

河野龍太郎（2014）．医療におけるヒューマンエラー〈第2版〉　なぜ間違える　どう防ぐ　医学書院

森泉慎吾・臼井伸之介(2011)．リスクテイキング行動尺度の信頼性・妥当性の再検証　労働科学，87(6)，211-225.

森泉慎吾・臼井伸之介・和田一成（2014）．エラー体験型教育の効果　労働科学，90（5），171-182.

森泉慎吾・臼井伸之介・和田一成・上田真由子（2018）．急ぎ・焦りエラーに関する体験型教育の効果　労働科学，94（4），99-107.

仁平義明（1990）．からだと意図が乖離するとき　佐々木正人・佐伯　胖（編）アクティブ・マインド　東京大学出版会　pp.55-86.

Norman, D. A. (1981). Categorization of action slips. *Psychological Review, 88*, 1-15.

Reason, J. (1990). *Human error*. New York: Cambridge University Press. 林　喜男（監訳）(1994). ヒューマンエラー―認知科学的アプローチ―　海文堂出版

蓮花一己（2000）．ハザード知覚とリスク知覚　高木　修（監）蓮花一己（編）交通行動の社会心理学　北大路書房　pp.36-48.

Slovic, P. (1986). Informing and educating the public about risk. *Risk Analysis, 6*, 403-415.

Slovic, P. (1987). Perception of risk. *Science, 236*, 280-285.

Slovic, P., Fischhoff, B., & Lichtenstein, S. (1979). Rating risks. *Environment, 21*, 14-20, 36-39.

新幹線重大インシデントに係る有識者会議（2018）．新幹線異常感知時の運転継続事象への再発防止対策に関する検討結果について
　　https://www.westjr.co.jp/press/article/items/180327_00_yuushikishakaigi_2.pdf

Starr, C. (1969). Social benefit versus technological risk. *Science, 208*, 1114-1119.

臼井伸之介（2008）．リスクマネジメント教育の有効性評価に関する総合的研究　厚生労働科学研究費補助金労働安全衛生総合研究事業平成19年度総括・分担報告書　pp.1-147.

臼井伸之介（2011）．産業安全におけるヒューマンエラーと違反　原田悦子・篠原一光（編）事故と安全の心理学　東京大学出版会　pp.47-69.

Wilde, G. J. S. (1982). The theory of risk homeostasis: Implications for safety and health. *Risk Analysis, 2*, 209-225.

文　献

Zuckerman, M. (1994). *Behavioral expressions and biosocial bases of sensation seeking*. Cambridge: University of Cambridge Press.

■ 第7章

中央労働災害防止協会（2000）．「高年齢労働者の労働災害防止に係わる調査研究報告書」

中央労働災害防止協会（編）（2011）．安全衛生運動史　安全専一から100年　中央労働災害防止協会

中央労働災害防止協会（2018）．衛生管理者の実務 能力向上教育用テキスト　中央労働災害防止協会

Flin, R., O'Connor, P., & Crichton, M. (2008). *Safety at the sharp end: A guide to non-technical skills*. CRC Press. 小松原明哲・十亀　洋・中西美和（訳）（2012）．現場安全の技術—ノンテクニカルスキル・ガイドブック—　海文堂出版

芳賀　繁（2000）．失敗のメカニズム—忘れ物から巨大事故まで—　日本出版サービス

芳賀　繁（2009）．安全技術では事故を減らせない—リスク補償行動とホメオスタシス理論—　電子情報通信学会技術研究報告，109，9-11.

芳賀　繁・赤塚　肇・白戸宏明（1996）．「視差呼称」のエラー防止効果の室内実験による検証　産業・組織心理学研究，(9) 2, 107-114.

長谷川尚子（2014）．不測の事態を抑止し，対処できる組織の要件—高信頼性組織，レジリエンス，安全文化を踏まえて—　信頼性，36 (2)，113-120.

橋本邦衛（1979）．安全人間工学の提言（安全人間工学特集号）　安全工学，18 (6)，306-314.

橋本邦衛（1984）．安全人間工学　中央労働災害防止協会

Heinrich, H. W., Petersen, D.. & Roos, N. (1980). *Industrial accident prevention* (5th ed.). 総合安全工学研究所（訳）（1982）．ハインリッヒ産業災害防止論　海文堂

Hollnagel, E. (2014). *Safety-I and Safety-II: The past and future of safety management*. Farnham, UK: Ashgate. 北村正晴・小松原明哲（監訳）（2015）．Safety-I & Safety-II —安全マネジメントの過去と未来—　海文堂出版

Hollnagel, E., Woods, D. D., & Levenson, N. (Eds.) (2006). *Resilience engineering: Concepts and precepts*. Ashfate Publishin Limited. 北村正晴（監訳）（2012）．レジリエンスエンジニアリング—概念と指針—　日科技連出版社　pp.iii-viii.

Johnson, J. V., & Hall, E. M. (1988). Job strain, workplace social support, and cardiovascular disease: A cross sectional study of a random sample of the swedish working population. *American Journal of Public Health, 78*, 1336-1342.

鎌形剛三（2001）．エピソード安全衛生運動史　中央労働災害防止協会

Karasek, R. (1979). Job demands, job decision latitude,and mental strain: implications for job redesign. *Administrative Science Quarterly, 24*, 285-311.

経済産業省関東経済産業局（2017）．ダイバーシティ経営について
http://www.kanto.meti.go.jp/seisaku/humanresources/diversity_keiei.html（2017年10月1日閲覧）

経済産業省経済産業政策局経済社会政策室（2017）．新・ダイバーシティ経営企業100選
http://www.meti.go.jp/policy/economy/jinzai/diversity/kigyo100sen（2017年10月1日閲覧）

岸田孝弥（1983）．作業中の手待ち時間と作業者の副次行動　人間工学，19（Supplement），86-87.

清宮栄一・池田敏久・富田芳美（1965）．複数選択反応における作業方法とPerformanceとの関係について—「指差・喚呼」の効果についての予備的検討—　鉄道労働科学，17, 289-295.

木下富雄（1997）．科学技術と人間の共生—リスク・コミュニケーションの思想と技術—　有福考岳（編著）環境としての自然・社会・文化　京都大学学術出版会　pp.145-191.

247

小木和孝（1977）．疲労から休息への移行―疲労の自覚と他覚に共通する仕組み―　科学, 47（7）, 394-403.

小木和孝（1983/1994）．現代人の疲労　紀伊國屋書店

小松原明哲（2016a）．安全方法論としての Safety-I & Safety-II の論理　産業・組織心理学会第 32 回大会（立教大学）講演会資料

小松原明哲（2016b）．安全方法論としてのレジリエンス・エンジニアリングの考え方　安全工学シンポジウム 2016 特別講演資料

厚生労働省（2018）．平成 29 年労働災害発生状況の分析等
https://www.mhlw.go.jp/file/04-Houdouhappyou-11302000-Roudoukijunkyokuanzeneiseibu-Anzenka/0000209163.pdf（2019 年 2 月 20 日閲覧）

三沢　良・長谷川尚子（2015）．不測の事態に強い高信頼性組織に関する実証的知見の現状と課題奈良大学紀要, 4, 161-174.

三宅晋司・神代雅晴（1993）．メンタルワークロードの主観的評価法―NASA-TLX と SWAT の紹介および簡便法の提案―　人間工学, 29（6）, 399-408.

内閣府男女共同参画局（2019）．男女共同参画白書　平成 27 年度版「就業をめぐる状況」
http://www.gender.go.jp/about_danjo/whitepaper/h27/zentai/html/honpen/b1_s02_01.html（2019 年 5 月 31 日閲覧）

中谷内一也・Cvetkovich, G.（2008）．リスク管理機関への信頼―SVS モデルと伝統的信頼モデルの統合―　社会心理学研究, 23（3）, 259-268.

Norman D. A. (1981). Categorization of action slips. *Psychological Review, 88*, 1-15.

岡本浩一・鎌田晶子（2006）．組織の社会技術 3　属人思考の心理学―組織風土改善の社会技術〈組織の社会技術 3〉―　新曜社

岡本満喜子（2012）．安全安心社会研究の古典を読む（No.2）―橋本邦衛博士の「安全人間工学」―安全安心社会研究, 2, 84-91.

Reason J. (1990). *Human error*. New York: Cambridge University Press. 林　喜男（監訳）（1994）．ヒューマンエラー―認知科学的アプローチ―　海文堂出版

Reason, J. (1997). *Managing the risks of organizational accidents*. Ashgate Publishing Limited. 塩見　弘（監訳）高野研一・佐相邦英（訳）（1999）．組織事故　日科技連出版社

酒井一博（1984）．夜勤の疲労回復に有効な仮眠条件　労働科学, 60（10）, 451-477.

World Economic Forum (2016). The Global Gender Gap Report 2016
http://reports.weforum.org/global-gender-gap-report-2016/results-and-analysis/（2019 年 8 月 3 閲覧）

申　紅仙（2014）．日常生活の中で見られる大学生の不安全行動とリスク評価に関する一考察　人間科学（常磐大学人間科学部紀要）, 32（1）, 23-28.

申　紅仙（2015）．大学生アルバイトと事故リスクについて―ヒヤリ・ハットおよび怪我事例から考える―　人間科学（常磐大学人間科学部紀要）, 33（1）, 13-21.

申　紅仙（2018）．ダイバーシティ（多様性）経営時代の労災リスクと今後の事故防止活動を考える立教大学心理学研究, 60, 15-28.

申　紅仙・正田　亘（2001）．作業現場におけるコミュニケーションに関する一考察―2 つの建設現場の KYM から―　産業・組織心理学会第 17 大会発表論文集, 166-169.

Slovic, P., Fischhoff, B., & Lichtenstein, S. (1979). Rating risks. *Environment, 21*, 14-20, 36-39.

Slovic, P. (1987). Perception of risk. *Science, 236*, 280-285.

総務省消防庁（2019）．女性消防吏員の活躍推進のためのポータルサイト
http://www.fdma.go.jp/josei_shokuin/（2019 年 8 月 3 日閲覧）

総務省統計局（2018）．労働力調査　長期時系列データ

    https://www.stat.go.jp /data /roudou /longtime /03roudou.html #hyo_9（2018 年 8 月 20 日閲覧）

総務省統計局（2019）．人口推計

    https://www.stat.go.jp/data/jinsui/index.html（2019 年 1 月 1 日現在）

Wilde, G. J. S. (1982). The theory of risk homeostasis: Implications for safety and health. *Risk Analysis, 2,* 209-225.

▉ 第 8 章

赤塚　肇（2009）．組織安全アプローチにおける安全文化と安全風土―両者の差異について―　産業教育学研究．39（2）．31-38.

Anderson, C. L. (2010). *It is risky business: Three essays on ensuring reliability, security, and privacy in technology-mediated settings.* Dessertation submitted to the Faculty of the Graduate School of the University of Maryland.

Ashby, W. R. (1958). Requisite variety and its implications for the control of complex systems. *Cybernetica, 1* (2), 83-99.

Clarke, S. (1999). Perceptions of organizational safety: Implications for the development of safety culture. *Journal of Organizational Behavior, 20,* 185-198.

Cox, S. J., & Cheyne, A. J. T.（2000). Assessing safety culture in offshore environments. *Safety Science, 34,* 111-129.

Cox, S., & Flin, R. (1998). Safety culture: Philosopher's stone or man of straw? *Work & Stress, 12* (3), 189-201.

Decker, S.（2006). Resilience engineering: Chronicling the emergence of confused consensus. In E. Hollnagel, D. D. Woods & N. Leveson (Eds.), *Resilience engineering: Concepts and precepts.* Ashgate Publishing Limited. pp.77-94. レジリエンスエンジニアリング―未統一の発展記録―　北村正晴（監訳）（2012）．レジリエンスエンジニアリング―概念と指針―　日科技連出版社　pp.77-95.

Glendon, A. I., & Clarke, S. G.（2016）. *Human safety and risk management: A psychological perspective* (3rd ed.). CRC Press.

Goncalves Filho, A. P., & Waterson, P. (2018). Maturity models and safety culture: A critical review. *Safety Science, 105,* 192-211.

Grote, G. (2016). Managing uncertainty in high-risk environments. In S. Clarke, T. M. Probst, F. Guldenmund & J. Passmore (Eds.), *The Wiley Blackwell handbook of the psychology of occupational safety and workplace health.* Wiley Blackwell. pp.485-505.

Guldenmund, F. W. (2000). The nature of safety culture: a review of theory and research. *Safety Science, 34,* 215-257.

Guldenmund, F. W. (2010). (Mis) understanding safety culture and its relationship to safety management. *Risk Analysis, 30* (10), 1466-1480.

Guldenmund, F. W. (2016). Organizational safety culture. In S. Clarke, T. M. Probst, F. Guldenmund & J. Passmore (Eds.), *The Wiley Blackwell handbook of the psychology of occupational safety and workplace health.* Wiley Blackwell, pp.437-458.

Hale, A. R., Guldenmund, F. W., van Loenhout, P. L. C. H., & Oh, J. J. H. (2010). Evaluating safety management and culture interventions to improve safety: Effective intervention strategies. *Safety Science, 48,* 1026-1035.

Harvey, J., Erdos G., Bolam, H., Cox, M. A. A., Kennedy, J. N. P., & Gregory, D. T. (2002). An analysis of safety culture attitudes in a highly regulated environment. *Work & Stress, 16* (1), 18-36.

長谷川尚子（2014）．不測の事態を抑止し，対処できる組織の要件―高信頼性組織，レジリエンス，安全文化を踏まえて― 信頼性，36（2），113-120.

Hawkins, F. H. (1984). Human factors education in European air transport operations. In J. Cullen, J. Siegrist & H. M. Wegmann (Eds.), *Breakdown in human adaptation to 'stress' towards a multidisciplinary approach*, Vol.1. pp.329-362.

Hollnagel, E. (2004). *Barriers and accident prevention*. Aldershot: UK. Ashgate Publishing Limited.

Hollnagel, E. (2011). Prologue: The scope of resilience engineering. In E. Hollnagel, J. Pariès, D. D. Woods & J. Wreathall (Eds.), *Resilience engineering in practice*. Ashgate publishing Limited. pp.xxix-xxxix.

Hollnagel, E. (2012). 日本語版に寄せて 北村正晴（監訳）（2012）．レジリエンスエンジニアリング―概念と指針― 日科技連出版社 pp. iii - viii .

Hollnagel, E. (2014). Becoming resilient. In C. P. Nemeth & E. Hollnagel (Eds.), *Resilience engineering in practice*, Vol. 2. Ashgate Publishing Limited. pp.179-192. レジリエントな組織になるために 北村正晴（監訳）（2017）．レジリエンスエンジニアリング応用への指針―レジリエントな組織になるために― 日科技連出版社 pp.167-180.

Hollnagel, E., & Woods, D. D. (2006). Epilogue: Resilience engineering precepts. In E. Hollnagel, D. D. Woods & N. Leveson (Eds.), *Resilience engineering: Concepts and precepts*. Ashgate Publishing Limited. pp.347-358. エピローグ―レジリエンスエンジニアリングの指針― 北村正晴（監訳）（2012）．レジリエンスエンジニアリング―概念と指針― 日科技連出版社 pp.339-351.

Hopkins, A. (2014). Issues in safety science. *Safety Science, 67*, 6-14.

Hudson, P. (2007). Implementing a safety culture in a major multi-national. *Safety Science, 45*, 697-722.

池田蔣明（2013）．システムズアプローチによる問題解決の方法―システム工学入門― 森北出版

International Atomic Energy Agency (2002). *Safety culture in nuclear installations: Guidance for use in the enhancement of safety culture*. IAEA TECDOC-1329. Vienna: International Atomic Energy Agency.

International Atomic Energy Agency (2006). *Application of the management system for facilities and activitie*s. Safety Guide No. GS-G-3.1. Vienna: International Atomic Energy Agency.

International Nuclear Safety Advisory Group (1986). *Summary report on the post-accident review meeting on the Chernobyl accident*. Safety Series No.75-INSAG-1. Vienna: International Atomic Energy Agency.

International Nuclear Safety Advisory Group (1991). *Safety culture*. Safety Series No.75-INSAG-4. Vienna: International Atomic Energy Agency.

International Nuclear Safety Advisory Group (1992). *The chernobyl accident: Updating of INSAG-1*. Safety Series No.75-INSAG-7. Vienna: International Atomic Energy Agency.

International Nuclear Safety Advisory Group (1999). *Management of operational safety in nuclear power plants*. INSAG-13. Vienna: International Atomic Energy Agency.

河野龍太郎（1994）．Human Factors TOPICS 東京電力ヒューマンファクター研究室

Komatsubara, A. (2014). Resilience must be managed: A proposal for a safety management process that includes a resilience approach. In C. P. Nemeth & E. Hollnagel (Eds.), *Resilience engineering in practice*, Vol. 2. Ashgate Publishing Limited. pp.97-111. レジリエンスはマネジメントされなくてはならない―レジリエンスアプローチを含む安全マネジメントプロセスの提案― 北村正晴（監訳）（2017）．レジリエンスエンジニアリング応用への指針―レジリエントな組織になるために― 日科技連出版社 pp.93-107.

250

文　献

Lee, T. (1998). Assessment of safety culture at a nuclear reprocessing plant. *Work & Stress, 12* (3), 217-237.

López de Castro, B. Gracia, F. J., Peíro, J. M., Pietrantoni, L., & Hernández, A. (2013). Testing the validity of the International Atomic Energy Agency (IAEA) safety culture model. *Accident Analysis and Prevention, 60*, 231-244.

Mu, E., & Butler, B. S. (2009). The assessment of organizational mindfulness processes for the effective assimilation of IT innovations. *Journal of Decision Systems, 18*, 27-51.

三沢　良・長谷川尚子（2015）．不測の事態に強い高信頼性組織に関する実証的知見の現状と課題　奈良大学紀要，43，161-174.

Morello, R. T., Lowthian, J. A., Barker, A. L., McGinnes, R., Dunt,D., & Brand, C. (2012). Strategies for improving patient safety culture in hospitals: a systematic review. *BMJ Quality & Safety, 22*, 11-18.

中西　晶（2014）．高信頼性組織についての比較研究のための理論的・実証的基盤に関する考察　明治大学社会科学研究所紀要，52（2），187-211.

中西　晶・高木俊雄（2008）．情報通信産業における高信頼性組織の研究―安全性・信頼性を確保できる組織力とは―　電気通信普及財団研究調査報告書，23，104-111.

西本直人（2004）．HRO 研究の革新性と可能性　経営史学会（編）経営学を創り上げた思想　文眞堂　pp.199-209.

Parker, D., Lawrie, M., & Hudson, P. (2006). A framework for understanding the development of organisational safety culture. *Safety Science, 44*, 551-562.

Pidgeon, N. (1998). Safety culture: Key theoretical issues. *Work & Stress, 12* (3), 202-216.

Reason, J. (1997). *Managing the risks of organizational accidents*. Ashgate Publishing Limited. 塩見　弘（監訳）高野研一・佐相邦英（訳）（1999）．組織事故　日科技連出版社

Reason, J. (2000). Human error: Models and management. *British Medical Journal, 320* (7237), 768-770.

Reason, J. (2008). *The human contribution: Unsafe acts, accidents, and heroic recoveries*. Ashgate Publishing Limited. 佐相邦英（監訳）（財）電力中央研究所ヒューマンファクター研究センター（訳）（2010）．組織事故とレジリエンス　日科技連出版社

Reason, J., & Hobbs, A. (2005). *Managing maintenance error: A practical guide*. Ashgate Publishing Limited. 高野研一（監訳）佐相邦英・弘津裕子・上野　彰（訳）（2005）．保守事故　日科技連出版社

Richter, A., & Koch, C. (2004). Integration, differentiation and ambiguity in safety cultures. *Safety Science, 42*, 703-722.

Righi A. W., Saurin, T. A., & Wachs, P. (2015). A systematic literature review of resilience engineering: Research areas and a research agenda proposal. *Reliability Engineering and System Safety, 141*, 142-152.

Robson, L. S., Clarke, J. A., Cullen, K., Bielecky, A., Severin, C., Bigelow, P. L., Irvin, E., Culyer, A., & Mahood, Q. (2007). The effectiveness of occupational health and safety management system interventions: A systematic review. *Safety Science, 45*, 329-353.

Schein, E. H. (1999). *The corporate culture survival guide*. Jossey-Bass Inc. 金井壽宏（監訳）・尾川丈一・片山佳代子（訳）（2004）．企業文化―生き残りの指針―　白桃書房

Schein, E. H. (2010). *Organizational culture and leadership* (4th ed.). John Wiley & Sons Inc. 梅津祐良・横山哲夫（訳）（2012）．組織文化とリーダーシップ　白桃書房

東京電力福島原子力発電所事故調査委員会（2012）．国会事故調 報告書　国会

van Nunen, K., Li, J., Reniers, G., & Ponnet, K. (2018). Bibliometric analysis of safety culture research. *Safety Science, 108*, 248-258.

251

Vaughan, D. (1996). *The Challenger launch decision*. The University of Chicago Press.

Vecchio-Sadus, A. M., & Griffiths, S. (2004). Marketing strategies for enhancing safety culture. *Safety Science, 42*, 601-629.

Weick, K. E. (1995). *Sensemaking in organizations*. Sage publications, Inc. 遠田雄志・西本直人（訳）（2001）．センスメーキング イン オーガニゼーションズ　文眞堂

Weick, K. E., & Sutcliffe, K. M. (2001). *Managing the unexpected* (1st ed.). Jossey-Bass. 西村行功（訳）（2002）．不確実性のマネジメント　ダイヤモンド社

Weick, K. E., & Sutcliffe, K. M. (2015). *Managing the unexpected: Sustained performance in a complex world* (3rd ed.). John Wiley & Sons, Inc. 中西　晶（監訳）杉原大輔 他　高信頼性組織研究会（訳）（2017）．想定外のマネジメント―高信頼性組織とは何か―〈第 3 版〉　文眞堂

Westrum, R. (2006). A typology of resilience situations. In E. Hollnagel, D. D. Woods & N. Leveson (Eds.), *Resilience engineering: Concepts and precepts*. Ashgate Publishing Limited. pp.55-65. レジリエンス状況の類型化　北村正晴（監訳）（2012）．レジリエンスエンジニアリング―概念と指針―　日科技連出版社　pp.57-67.

Wilpert, B. (2001). The relevance of safety culture for nuclear power operations. In B. Wilpert & N. Itoigawa (Eds.), *Safety culture in nuclear power operations*. London: Taylor & Francis. pp.5-18.

Woods, D. D. (2006). Essential characteristics of resilience. In E. Hollnagel, D. D. Woods & N. Leveson (Eds.), *Resilience engineering: concepts and precepts*. Ashgate Publishing Limited. pp.21-34. レジリエンスの本質的特性　北村正晴（監訳）（2012）．レジリエンスエンジニアリング―概念と指針―日科技連出版社　pp.21-36.

World Association of Nuclear Operators (2013). Traits of a healthy nuclear safety culture. WANO PL 2013-1. World Association of Nuclear Operators.

索 引

人 名

▶あ行

安藤史江　20
生田久美子　9
ヴァン・ドンジェン（Van Dongen, H. P. A.）
　　92, 105
ウェゼンシュテン（Wesensten, N. J.）　100
ウェンガー（Wenger, E.）　8
臼井伸之介　168, 173
ウッズ（Woods, D. D.）　232
オッケルシュタッド（Åkerstedt, T.）　96,
　　98, 99, 102, 105, 111

▶か行

木下富雄　160, 186
キャノン（Cannon, W. B.）　116
ギルブレス（Gilbreth, F. B.）　15
ギルブレス（Gilbreth, L. M.）　15
グランジャン（Grandjean, E.）　89
黒須正明　54
小木和孝　86, 87, 106, 114, 183
コルブ（Kolb, D. A.）　5

▶さ行

斎藤良夫　86, 90, 91, 113
サトクリフ（Sutcliffe, K. M.）　226, 228
シャイン（Schein, E. H.）　221, 223, 224
スロヴィック（Slovic, P.）　159, 186
セリエ（Selye, H.）　116

▶た行

テイラー（Taylor, F. W.）　15, 30, 31
デッカー（Decker, S.）　232
暉峻義等　30, 85

▶な行

ノーマン（Norman, D. A.）　47, 155, 185
野村幸正　10

▶は行

ハインリッヒ（Heinrich, H. W.）　157
芳賀　繁　157, 164, 166, 183, 186
橋本邦衛　181
広瀬弘忠　161
フィッツ（Fitts, P. M.）　2, 4
ベレンキー（Belenky, D.）　92
ポスナー（Posner, M. I.）　2, 4
ホルナゲル（Hollnagel, E.）　187, 229, 230
ホルムズ（Holmes, T. H.）　118

▶ま行

松本雄一　6, 23
森清義行　11, 18, 19

▶や行

山岡俊樹　54

253

▶ ら行

ラヴィ（Lavie, P.）　104

ラザルス（Lazarus, R. S.）　117

ラマツィーニ（Ramazzini, B,）　57

リ ー ズ ン（Reason, J.）　153, 185, 213, 216, 217, 231

ルーテンフランツ（Rutenfranz, J.）　108, 110, 111

レイブ（Lave, J.）　8

蓮花一己　165

▶ わ行

ワイク（Weick, K. E.）　226, 228

ワイルド（Wilde, G. J. S.）　167, 186

索　引

事　項

▶あ
アクション・スリップ　154
アブセンティーズム　94
安全データシート（SDS）　67
安全配慮義務　125
安全文化　186, 210, 217, 220, 224
安全マネジメントシステム（SMS）　212
暗黙知　6
アンラーニング　21

▶う
ウルトラディアンリズム　104

▶え
エネルギー代謝率（RMR）　89
エルゴノミクス　29

▶か
外国人労働者　199
改正健康増進法　70
科学的管理法　31
確証バイアス　162
可視性　47
可読性　47
仮眠　113
過労死　90, 121
過労自殺　131
過労死等防止対策推進法　121

▶き
危険予知訓練（KYT）　180
技能　1
技能伝承　6
急速反復書字スリップ　154

▶く
グレア　77

▶け
警告反応期　116
係留睡眠　114

▶こ
高信頼性組織（HRO）　226
高ストレス者　141
公認心理師　202
5S　32
コンピタンス　23

▶さ
サーカディアンリズム　102
サーブリック記号　16
作業改善　31
作業環境　34
作業研究　15

▶し
自覚症しらべ　90
自覚症状しらべ　88, 99
時間研究　15, 32
識別性　36
事業場内産業保健スタッフ　135
システムズ・アプローチ　209, 214
実践の文化　8
失敗へのドリフト　232
視認性　36
社会再適応評価尺度（SRRS）　118

255

熟達化　4
熟練技能　3
受動喫煙　69
照度　34, 35
職業訓練　24
職業能力開発　25
職場環境改善　146
職務分析　12
徐波睡眠　97, 101
シングルループ学習　22
人的資本理論　25

▶す
スイスチーズモデル　186, 216
睡眠慣性　98
睡眠構築　96
睡眠負債　94
睡眠ポリグラフ　96
ストレスチェック（の結果）　137, 139, 141
スペースシャトル・チャレンジャー号　211
スリーマイル島原子力発電所　209
スリップ　154, 172

▶せ
正常性バイアス　161
ゼロ災運動　181
全身適応症候群　116
センスメイキング　227, 228
全断眠　91

▶そ
騒音性難聴　75
騒音レベル　37
操作具　48
組織学習　20
組織文化の3層モデル　221
組織文化の変容過程　224

組織ルーティン　20

▶た
ダイバーシティ経営　191, 198
タスク分析　17
ダブルループ学習　22
多様性　83, 191

▶ち
知覚－運動技能　4

▶て
電通事件　125

▶と
動作研究　16, 32
闘争－逃走反応　116
トータル・ヘルス・プロモーションプラン
　（THP）　183

▶に
2007年問題　7
人間工学アクションチェックポイント　80
人間工学的チェックリスト　33
認知技能　3, 4

▶ね
熱中症　72, 77
眠気　92

▶の
ノン・テクニカルスキル　187

索　引

▶は
ハインリッヒの法則　186
働き方改革　187
働き方改革関連法　196
バリアフリー　51

▶ひ
疲憊期　117
ヒューマンファクター　172
ヒューマン・マシン・インタフェース　45
ヒューマン・マシン・システム　45
疲労リスク管理システム（FRMS）　100

▶ふ
部分断眠　91
プレゼンティーズム　94

▶ほ
ホメオスタシス　116
本質安全　66

▶ま
マインドフルネス　228
マミートラック　198
慢性疲労　91

▶み
ミステイク　154

▶め
メタ認知技能　4
メンタルスキル　5, 17
メンタルヘルスアクションチェックリスト
　143, 144

▶メンタル
メンタルヘルス指針　131, 133, 135
メンタル・ワークロード　186

▶や
夜勤リスク　108

▶ゆ
ユーザエクスペリエンス　54
ユーザビリティ　52
誘導性　47
誘目性　36
ユニバーサルデザイン　51

▶よ
4M　182

▶り
リスクアセスメント　63, 82
リスクコミュニケーション　160, 186
リスクテイキング　157, 158, 165 172
リスク認知　186
リスク補償　167
リスクホメオスタシス（理論）　167, 186
リワーク　136

▶る
ルーテンフランツ9原則　110

▶れ
レジリエンス　231
レジリエンス・エンジニアリング　187, 229
レム睡眠　97, 101

257

▶ろ

労働衛生の3管理　123, 184
労働衛生の5管理　123, 184
労働安全衛生法　61, 120, 175, 182, 185
労働安全衛生マネジメントシステム（OSHMS）
　212
労働災害　120, 175
ロバストネス　231

▶わ

わざ　9

▶欧文

ATS システムモデル　155
BGM　39
clo　40
CTD risk index　80
EAP（Employee Assistance Program）　136
ECRS　33
ETTO（Efficacy-Thoroughness Trade-off）
　232
FRMS（Fatigue Risk Management System）
　100
GOMS　53
HRO（High Reliability Organizations）　226
KYT　180
M 字カーブ　189
m-SHEL モデル　216
NASA-TLX　186
NIOSH 職業性ストレスモデル　138, 143
Off-JT（Off-the-Job Training）　26
OJT（On-the-Job Training）　26
OSHMS（Occupational Safety and Health
　Management System）　212
OWAS 法　44
PDCA（Plan-Do-Check-Actin）　64
PMV（Predicted Mean Vote）　39
PRIMA-EF（Psychological Risk Management

-European Framework）　146
PVT（Psychomotor Vigilance Task）　92,
　100, 105
RMR（Relative Metabolic Rate）　74, 89
Safety-II　187, 230
SDS（Safety Data Sheet）　67
SET（Standard Effective Temperature）
　39
SHEL モデル　215
SMS（Safety Management System）　212
SRRS（Social Readjustment Rating Scale）
　118
THP　183
TLV（Threshold Limit Values）　59
WBGT（Wet Bulb Globe Temperature）　73

執筆者一覧

*は編者

金井篤子　（名古屋大学大学院教育発達科学研究科）
　　　　　　　………刊行の言葉

芳賀　繁 ＊　（株式会社社会安全研究所，立教大学名誉教授）
　　　　　　　………はじめに

正田　亘　（立教大学名誉教授）
　　　　　　　………第4巻の発刊に寄せて

細田　聡　（関東学院大学社会学部）
　　　　　　　………第1章

吉村健志　（国立研究開発法人海上・港湾・航空技術研究所）
　　　　　　　………第2章

鈴木一弥　（労働者健康安全機構 労働安全衛生総合研究所）
　　　　　　　………第3章

佐々木　司　（大原記念労働科学研究所）
　　　　　　　………第4章

大塚泰正　（筑波大学人間系心理学域）
　　　　　　　………第5章

臼井伸之介　（大阪大学大学院人間科学研究科）
　　　　　　　………第6章

申　紅仙　（常磐大学人間科学部）
　　　　　　　………第7章

長谷川尚子　（電力中央研究所）
　　　　　　　………第8章

編者紹介

芳賀　繁（はが・しげる）

1953 年：北海道生まれ
1977 年：京都大学大学院文学研究科修士課程修了（心理学専攻）
1999 年：京都大学博士（文学）
現　在：株式会社社会安全研究所技術顧問，立教大学名誉教授

〈主著・論文〉

失敗のメカニズム―忘れ物から巨大事故まで―　日本出版サービス　2000 年

メンタルワークロードの理論と測定　日本出版サービス　2001 年

事故がなくならない理由（わけ）―安全対策の落とし穴―　PHP 新書　2012 年

レジリエンス・エンジニアリング―インシデントの再発予防から先取り型安全マネジメ
ントへ―　医療の質・安全学会誌，7（3），207-211．2012 年

自動化システムとドライバの心理　自動車技術，69，86-89．2015 年

うっかりミスはなぜ起きる―ヒューマンエラーを乗り越えて―　中央労働災害防止協会
2019 年

—— 産業・組織心理学講座　第 4 巻 ——

よりよい仕事のための心理学
安全で効率的な作業と心身の健康

2019 年 11 月 10 日　初版第 1 刷印刷	定価はカバーに表示
2019 年 11 月 20 日　初版第 1 刷発行	してあります。

企画者　　産業・組織心理学会
編　者　　芳　賀　　繁
発行所　　㈱ 北 大 路 書 房
　　　　　〒 603-8303　京都市北区紫野十二坊町 12-8
　　　　　電　話　(075) 431-0361 ㈹
　　　　　Ｆ Ａ Ｘ　(075) 431-9393
　　　　　振　替　01050-4-2083

編集・製作　本づくり工房　T.M.H.
装　幀　　　野田和浩
印刷・製本　亜細亜印刷（株）

ISBN 978-4-7628-3087-7　C3311　Printed in Japan© 2019
検印省略　落丁・乱丁本はお取替えいたします。

・ JCOPY 〈㈳出版者著作権管理機構　委託出版物〉
本書の無断複写は著作権法上での例外を除き禁じられています。
複写される場合は，そのつど事前に，㈳出版者著作権管理機構
（電話 03-5244-5088,FAX 03-5244-5089,e-mail: info@jcopy.or.jp）
の許諾を得てください。

産業・組織心理学会設立 35 周年記念出版

産業・組織心理学講座 [全 5 巻]

- ■ 企　画 ………… 産業・組織心理学会
- ■ 編集委員長 …… 金井篤子
- ■ 編集委員 ……… 細田　聡・岡田昌毅・申　紅仙・小野公一・角山　剛・芳賀　繁・永野光朗

第 1 巻は，すべての心理職が習得すべき産業・組織心理学の知見をコンパクトに解説した標準テキスト。第 2 巻から第 5 巻は，それぞれ「人事部門」「組織行動部門」「作業部門」「消費者行動部門」の研究分野をより深く専門的に扱う。研究者と実務家の双方にとっての必携書。

――― 第 1 巻 ―――
産業・組織心理学を学ぶ
心理職のためのエッセンシャルズ
金井篤子 編

――― 第 2 巻 ―――
人を活かす心理学
仕事・職場の豊かな働き方を探る
小野公一 編

――― 第 3 巻 ―――
組織行動の心理学
組織と人の相互作用を科学する
角山　剛 編

――― 第 4 巻 ―――
よりよい仕事のための心理学
安全で効率的な作業と心身の健康
芳賀　繁 編

――― 第 5 巻 ―――
消費者行動の心理学
消費者と企業のよりよい関係性
永野光朗 編

各巻 A 5 判・約 240 頁〜 280 頁
本体価格：第 1 巻 2400 円／第 2 巻〜第 5 巻 3100 円